JN086462

新 道徳教育全集 ● 第3巻

# 幼稚園、小学校における新しい道徳教育

日本道徳教育学会全集編集委員会

永田　繁雄
浅見　哲也
大庭　茂美
柴田八重子

● 編著

学 文 社

## 執　筆　者（執筆順，＊は編著者）

| | |
|---|---|
| 押谷　由夫 | 武庫川女子大学大学院教授（刊行のことば） |
| ＊永田　繁雄 | 東京学芸大学大学院特任教授（はじめに，第6章，第Ⅲ部概要，第Ⅴ部概要） |
| ＊大庭　茂美 | 九州女子短期大学名誉教授（第Ⅰ部概要，第２章） |
| 神長美津子 | 大阪総合保育大学特任教授（第１章） |
| 平野　良明 | 札幌国際大学短期大学部学長（第３章） |
| 湯淺阿貴子 | 太子幼稚園園長（第４章） |
| 三宅　茂夫 | 神戸女子大学文学部教授（第５章） |
| ＊浅見　哲也 | 国立教育政策研究所教育課程調査官（第Ⅱ部概要，第７章） |
| 森　　有希 | 高知大学教職大学院准教授（第８章） |
| 坂本　哲彦 | 山口県山口市立良城小学校校長（第９章） |
| 土田　雄一 | 千葉大学教育学部教授（第 10 章） |
| 木下　美紀 | 福岡県宗像市立玄海東小学校主幹教諭（第 11 章） |
| 和井内良樹 | 宇都宮大学共同教育学部准教授（第 12 章） |
| 八木橋朋子 | 千葉県船橋市立小室小学校教頭（第 13 章） |
| 齋藤　道子 | 東京医療保健大学千葉看護学部教授（第 14 章） |
| 林　　敦司 | 鳥取県八頭町立船岡小学校校長（第 15 章） |
| 東風　安生 | 横浜商科大学商学部教授（第 16 章） |
| 矢作　信行 | 帝京平成大学健康医療スポーツ学部教授（第 17 章） |
| 中野　啓明 | 新潟青陵大学福祉心理学部教授（第 18 章） |
| 安井　政樹 | 北海道札幌市立幌北小学校教諭（第 19 章） |
| ＊柴田八重子 | 愛知淑徳大学非常勤講師（第Ⅳ部概要，第 28 章） |
| 彦阪　聖子 | 大阪府堺市立西陶器小学校教諭（第 20 章） |
| 廣瀬　仁郎 | 法政大学兼任講師（第 21 章） |
| 木原　一彰 | 鳥取県鳥取市立大正小学校教諭（第 22 章） |
| 日下　哲也 | 前高松市立亀阜小学校校長（第 23 章） |
| 坂口　幸恵 | 江戸川区教育委員会教育指導調査員（第 24 章） |
| 宮里　智恵 | 広島大学大学院人間社会科学研究科教授（第 25 章） |
| 赤堀　博行 | 帝京大学大学院教授（第 26 章） |
| 服部　敬一 | 大阪成蹊大学教育学部教授（第 27 章） |
| 杉中　康平 | 四天王寺大学教育学部教授（第 29 章） |

# 刊行のことば

日本道徳教育学会全集編集委員会（代表　押谷由夫）

コロナ禍で，日々の生活がすっかり変わってしまいました。コロナ禍の世界的影響によって，今まで行われてきた社会改革や教育改革が何であったのかが，あらためて問われています。コロナ禍は，まさに全人類に，一人ひとりの生き方を直接問いかけています。これからの教育は大きく変わっていくことが予想されますが，その根幹には，人間としてどう生きるかを追い求める道徳教育が位置づくことは間違いありません。

**道徳教育を国民的課題と捉え，総合的・実践的に考察し提言する**

文部科学省では，道徳教育の抜本的改善・充実について検討され，その核として2015（平成27）年に「特別の教科　道徳」が設置され，具体的な取組がなされています。日本道徳教育学会では，このような道徳教育改革を今後の道徳教育に大きな影響を与えるエポックメイキングな改革と捉え，４年前より，学会の総力を結集して「新道徳教育全集」の構想を練り，検討を重ねてきました。道徳教育を国民的課題として，教育に関心をもつ多くの人々に読んでいただけるように，学会員以外の研究者や実践者にもご執筆をお願いし，総合的な視点から検討・分析しながらこれからの道徳教育を提言したいと考えました。そしてまとまったのが，『第１巻　道徳教育の変遷・展開・展望』『第２巻　諸外国の道徳教育の動向と展望』『第３巻　幼稚園，小学校における新しい道徳教育』『第４巻　中学校，高等学校，特別支援教育における新しい道徳教育』『第５巻　道徳教育を充実させる多様な支援—大学，教育委員会，家庭，社会における取組—』の５巻です。ちょうど原稿が揃いはじめたところに，コロナ禍が発生しました。

**コロナ禍における道徳教育の影響**

そこで，確認したのが，このような時代においてこそ，真の道徳教育が求められるということです。2017～2019年度に連続して実施された全国規模の道徳教育調査では,「道徳教育を重視している」学校が９割以上,「道徳の授業を全校体制で取り組んでいる」学校が95%以上,「先生方が道徳教育に熱心である」と答えた学校が７割以上でした。また,「道徳の授業を積み重ねると道徳性が高まる」に肯定的に答えた先生が９割以上でした。コロナ禍の中で,学校現場は大変だったと思います。いろいろな実態が報告され,さまざまな課題が指摘されています。しかし,私は,各学校が道徳教育の充実に取り組んでいただいていたために,混乱しつつもしっかりとした対応ができたのではないかと思うのです。

道徳教育は,子どもたち一人ひとりが,人間としての自分らしい生き方をしっかり考え,日常生活やさまざまな学習活動の中で主体的に追い求め,自分を成長させていけるようになることを目的とします。その要としての「特別の教科　道徳」は,人間らしさの根幹にある道徳的価値意識を育み,その価値に照らして自分を見つめ直し,さまざまな状況下において多面的・多角的に考え,判断し,具体的な行動へと繋げていける力を育てることを目標としています。このような道徳教育が充実していれば,子どもたちは,コロナ禍という未曾有の状況においてのみならず,科学技術の驚異的発達による急激な社会の変化によるさまざまな課題も,むしろ自分が試されていると捉え,共に幸せに生きる生き方を,現実を直視しながら考え,新しい社会を創っていってくれるであろうと確信する次第です。

それには,子どもたちにかかわる大人自身が,道徳教育について広い視野から学び,実態を把握し,確たる生き方をもち,具体的に実践していく必要があります。「新道徳教育全集」(全５巻)が,そのための道案内ができればと願います。

執筆者の皆様には,このような思いを共有してご執筆いただきました。また,学文社の田中千津子社長と編集部の皆様には,厳しい出版状況にある中,本全集の意義をご理解くださり,全面的にご支援いただきました。上廣倫理財団からは助成をいただきました。お世話になりました皆様に心より感謝申し上げます。

# はじめに

永田　繁雄

令和の時代となって，新たな枠組みによる「特別の教科　道徳」（以下，道徳科）が，小学校段階に加え中学校段階でも全面実施となった。現在は，幼児期での道徳教育の延長線上で，その一層の充実への途上にある。しかし，その年の冬季より予想もかけないコロナ禍に直面し，日々新たな行動様式での生活を強いられることになった。そのなかでも，子どもたちは大人の言葉を遵守し，健気に生き，成長を止めることはない。そんな状況下だからこそ，子どもの教育に向き合う私たち自身の意志，本来的な実践力や子どもたちへの思いなどがどこまで本物であるかが改めて試されていると思えてならない。

さて，本全集のこの第３巻は，幼児教育や小学校教育段階における道徳教育の考え方やその具体化などを視野に入れて編集された。

幼児期は，生涯にわたる人格形成の基礎を培う段階であり，幼児教育・保育機関等では環境の工夫などを通して心身の健全な発達を促してきた。しかし，また同時に，幼児期と小学校の教育との間にあるさまざまな負の段差も指摘されていた。たとえば，生活リズム，心理的な側面，環境のハード面，そして教育課程上の不連続性などがあり，それが小１プロブレムの課題につながっているとの声もあった。そのなかで，2017（平成29）年告示の幼稚園教育要領において「幼児期の終わりまでに育ってほしい姿」として「道徳性・規範意識の芽生え」を明示するようになるなど，特に，領域「人間関係」に関わる指導などを通して，子どもの道徳性の発芽や豊かな心の成長が促されてきた。

また，それに続く小学校教育の段階は，生涯を通じて追求すべき根幹としての道徳教育を，「生きる力」とそこでの「豊かな心」の涵養を目指した教育課程のなかで進めてきた。その際，学校の教育活動全体で進める道徳教育の要としての役割を担ったのは道徳の時間であった。しかし，平成20年代半ばから，道徳授業の効力感の弱さや指導の不安定さなどの実施上の課題を克服するべく道徳教育改革の強力な波が起こり，それが「考え，議論する道徳」をキャッチコピーとした道徳科の誕生へとつなげられたのだった。

私たちは，この道徳教育の大きな変革の機会を稀有のビッグチャンスとして，子どもたちに向き合いながら生かしていくことが重要である。

そこで，第３巻は，子どもの発達の流れに即して，第Ⅰ部に幼児期の道徳教育に関する基礎的な論考から具体的な実践論を並置した。それに続けて，第Ⅱ部から第Ⅴ部において，小学校段階での道徳教育について，そのあるべき姿と諸課題，さまざまな授業論，学校経営的な視点，そして評価をめぐる課題の４区分で提示できるように構成し，テーマごとに８ページという章立てのなかで，種々の知見や考察および授業実践事例とそのもつ意味などを各担当者に考察・整理いただいた。多忙極まるなか，執筆の労をとっていただいたことに心より感謝したい。また，これらは，全国の各所で日常より道徳教育に強い関心をもつ皆さんの息の長い創意ある取組の英知の土壌の上に結実したものでもある。互いにその労苦を認め合いつつ共有することとしたい。

現在，自然災害と新型コロナの感染状況が重なるなかで，学校園の道徳教育の行く手がみえにくい状況が続いている。しかし，時代の流れは止まらず，人工知能（AI），IoT などが生活のなかに入り込む Society5.0 時代が到来しつつある。国際連合が示す「持続可能な開発目標（SDGs）」は，子ども一人ひとりの幸せな生き方に直結するものでもある。私たちは，このような課題にも向き合いながら，道徳教育の新たな可能性を求めて歩み続けなくてはならない。

その視点からも，本書の内容が，全集の他の巻とともに，実際の教育実践と研究の場で，多くの皆さんのご意見や知見，成果などによって，一層研ぎ澄まされていくものとなることを期待している。そして，子どもの未来を切り拓く道徳教育の更なる充実のための先行きを照らし，何らかの手掛かりを提示するものにでもなればこの上ないことと感じている。

# 目　　次

## 第Ⅱ部　小学校における道徳教育の構想と展開



## 第Ⅲ部　小学校道徳科の学習指導のさまざまな工夫と具体的展開

## 第Ⅳ部　カリキュラム・マネジメントが生きた一体的な道徳教育

## 第V部 小学校道徳教育における評価の取組

第 I 部

# 幼児教育における道徳性の育成

# 概要　幼児期の道徳教育にどう取り組むか

大庭　茂美

幼児は自ら成長しようとする内在的な力をもち，生活や遊びの中で経験した不思議さや葛藤，気付きなどを糧にして成長している。保育者は，そこで自らが環境の中に入り，その効果的な構成をすることで，自発的な意志や豊かな感性，知的好奇心などを高め，人格形成の基礎が培われるように配慮していく。生涯にわたる人格形成の基礎を培う重要なこの時期に，幼稚園，保育所，認定こども園などの幼児教育・保育機関は，それぞれの設置目的の違いを踏まえながらも，幼児教育という大きな枠組みの中でその方向性は共有されていく。このこと自体が，幼児の生涯にわたる「生きる力」の基礎ともなっており，まさに，道徳教育そのものということができる。

幼稚園教育要領において「道徳性の芽生え」を培うことがその目標に最初に位置づけられたのは，1998（平成10）年の改訂であり，領域「人間関係」につながる「内容の取扱い」の中にも特記された。続く2008（平成20）年の改訂の際には，領域「人間関係」の「内容の取扱い」の事項として，「道徳性の芽生え」を培う際の配慮とともに「規範意識の芽生え」についても言及され，特に主張の折り合いをつける体験や気持ちを調整する姿が育つようにすることが求められた。さらに，2017（平成29）年告示においては，後述の第1章で詳しく触れられるように，「幼児期の終わりまでに育ってほしい姿」のひとつとして「道徳性・規範意識の芽生え」を項目立てしている。これらは，ほぼ同時期に改訂された保育所保育指針等についても同様である。

このように，幼児教育においては，道徳性の芽生えに加え，より特化した形で，規範意識の芽生えをも押さえどころに含めた改訂へと焦点化する流れが見られる。ここには，幼児教育と小学校教育の環境の違いや学習形態の不連続性等の段差から生じる問題を踏まえ，道徳性の自然で豊かな連続的成長につなげようとする配慮があったと考えられる。

幼児教育における道徳性や規範意識の芽生えについてどのように押さえ，その方向を見据え，実践の場で具体的に展開していくことができるだろうか。第Ⅰ部においては，今までの経緯やこれらの問題意識を踏まえ，次の５つの章立ての展開で，その課題に向き合おうと考えた。

◇　第１章では，幼児教育段階における「道徳性の芽生えの指導」について論じられる。生活や遊びを通し，特に，領域「人間関係」に着眼した指導の具体化を軸に，小学校教育との円滑な接続についても考察される。

◇　第２章では，幼児期における「道徳性を育む教育・保育計画」について検討される。そこでは，楽しくかつ保育の実が上がる体験や行事への配慮，家庭教育との連携，「徳の木」で描く内容の系統性などが大事にされる。

◇　第３章においては，「豊かな体験による道徳性の育成」の視点から，遊び中心の生活を「原体験学習」として押さえて，そのあり方が論じられる。特に幼児の発達課題に即した指導事例の具体に着眼していただきたい。

◇　第４章では，幼児期の道徳教育を「規範意識の形成に関する指導」にシフトして検討される。幼児の規範の内容と，規範意識が表れる生活や遊びの場面を実証的な調査で押さえ，そこでの指導上の課題が考察される。

◇　第５章では，「幼児期における特別支援教育と道徳教育」と題して，インクルーシブ教育を推進する角度から，ユニバーサルデザインによる教育・保育，「合理的配慮」と「基礎的環境整備」を含む方向性などが論考される。

幼児教育・保育機関は，家庭生活の延長線上にあり，地域生活のフィールドの中にあって，多くの場合，教育機能を焦点化させて展開する機能をもつ最初の場所である。教育や保育に携わる大人は，その背景に意図や計画をもつものの，その原点は，子ども一人ひとりの気持ちに共鳴し，共感的な心もちを携えて，幼児の自発的な成長を支援することであり，それがまた道徳教育の場にもなる。その際，どこまで道徳的な考えや規範を教え，どこから子どもの中から引き出すのか。それは常に私たちの悩みでもある。そのあり方や方向性について，以下の章をもとに考えを深めていただくことを期待している。

# 第1章 幼児教育・保育機関における道徳性の芽生えの指導

――――神長　美津子

## 1 「幼児期の道徳性」についての基本的な考え方

### (1) 生活や遊びを通して道徳性の芽生えを培う

幼稚園，保育所，認定こども園で行われている幼児期の教育（以下，本章では「幼児教育」と表記）では，生涯にわたる人格形成の基礎を培うことを目指している。すなわち，幼児は遊びや生活を通して「生きる力」の基礎を培うことにつながるさまざまな体験を積み重ねていくことを踏まえ，日々実践での援助を工夫している。とりわけ幼児期の道徳性の発達では，園生活で起こるさまざまないざこざや葛藤の体験は重要である。保育者（以下，本章では，幼稚園教諭，保育士，保育教諭を「保育者」と表記）は，必要に応じて幼児同士のいざこざに介入し，幼児自らがその体験を乗り越えて人間関係を学んでいく過程を支えている。友定啓子ら（2009）の論文「子ども同士のトラブルに保育者はどうかかわっているか」によると，現職の幼稚園教諭や保育を学ぶ学生の保育記録を分析した結果，幼児同士のトラブルに保育者が関わることによって，幼児は「自己回復の体験をする」「共生の体験をする」「解決法を学ぶ」「価値や規範を学ぶ」などをあげ，人間関係を学んでいく上で大切な直接的・具体的体験をしていることを報告している。

### (2) 幼児期は他律から自律に向かう

一般に，幼児期は道徳性の発達において他律的であるといわれている。たとえば，幼児の行動について「なぜ，そのような行動をするのか」と尋ねると，「先生にいわれたから」あるいは「母親に怒られるから」など，信頼する大人の言葉に従って行動しているという答えが返ってくる。信頼する大人の価値をそのまま受け止めている。この意味では，幼児が悪いことをした時には「それは，だめ」と叱ったり，よいことをした時にはしっかり褒めたりして，身近にいる大人が毅然とした態度で「よいこと・悪いこと」を示していくことが必要である。

しかし，一方には，幼児期においても自分なりに考えて行動するという自律に向かう姿も大切に捉えていく必要がある。たとえば，友達との間で順番が問題となりいざこざが起こったとする。相手が泣いたり悲しそうな表情になると，これまでの相手を責めていた強い口調が急に変わったりもする。幼児は，相手の表情の変化から，自分が行動した結果，相手を泣かせてしまったことに気づいたからである。この場面で，保育者が「よく気づいたね。どうしたら友達も自分も気持ちよく過ごせるかしら」と問いかけると，おそらく幼児は保育者に受け止めてもらっている安心感から，友達と一緒に遊ぶためには，どうしたらよいかについて自分なりに考えて行動するようになっていく。

このようにして，幼児がある価値に気づきながら行動する経験を重ねることを通して道徳性の芽生えが培われていくことを踏まえると，保育者は，日常の生活や遊びのなかで，幼児が友達との関わり，喜びや悔しさ，驚き，落胆などのさまざまな感情を味わっていることを見逃さないようにして，幼児が自らの行動を振り返ることができる体験を多様に積み重ねていくことが求められる。

### (3) 幼児の道徳性の発達を支える保育者の多様な役割

幼児期における道徳性の芽生えを培うための指導では，幼児の他者理解を支える保育者の多様な役割が鍵を握っている。同年代の幼児が集団で生活する園生活では，幼児はしだいに友達との関わりを深め，相互理解を深めていく。つまり，入園当初は，自分中心に物事を捉えていたが，友達と一緒に過ごす機会が増えてくると，友達は自分とは異なる思いやイメージをもっていることに気づき始める。特に気の合う友達に対しては，その友達と一緒に遊ぶためには，友達の視点から自分の行動を考えることが必要となり，さらに相互理解が深まっていく。ただし，幼児が友達の視点に気づき，友達の視点から自分の行動の抑制をしていくようになるためには，その間を調整する保育者の役割は大きい。

たとえば，友達が棚の上にあった遊具を取ろうとして，間違って棚の上のコップの水をこぼしてしまったとする。実は，その友達は，コップの先にある遊具を小さい子どもに取ってあげようとして，ついコップに手が触れて倒してしまったのである。おそらく，その幼児は，友達の意図までを察することができないので，初めは「コップを倒してしまった」という物理的な結果だけを問題にする。もし，そのために自分の服が濡れてしまったりすると，強い口調で友達を責めることになってしまうかもしれない。しかし，保育者が気づいて，その友達に「小さい組さんのために取ってあげようとしたのに，失敗しちゃったね」と話しかけ，周りの幼児たちにもその状況がわかるように話していたらどうだろうか。また「コップを倒して友達の服を濡らしちゃったことは，一緒に謝ろうか」と，その友達に声を掛けたとしたらどうなるだろうか。服を濡らされた幼児も初めてその状況を理解することができ，相手にはそれなりの思いや意図があって行動していることを知り，友達への怒りの気持ちを少し収めることができるだろう。

同年代の幼児たちが共に過ごす園生活では，こうしたいざこざや葛藤はよく起こる。むしろ，いざこざや葛藤の体験を通して，自分とは異なる思いをもつ友達の存在に気づき始め，友達の視点から自分の行動をみてどうしたらよいのかを考えるようになることが大切である。そのためには，幼児の他者理解や状況の理解に向けて保育者は適度な働き掛けをすることが必要である。幼児は，保育者の支えを得て，そのことが起こってしまった状況や友達の視点を理解し，「自分はどうしたらよいのかを考える」ようになっていくからである。

### (4)　領域「人間関係」のねらい及び内容とその指導

幼児教育の教育内容は，心身の健康に関する領域「健康」，人との関わりに関する領域「人間関係」，環境との関わりに関する領域「環境」，言葉の獲得に関する領域「言葉」，感性と表現に関する領域「表現」の５つの領域から構成されている。道徳性の芽生えを培うための指導は，主に「他の人々と親しみ，支え合って生活するために，自立心を育て，人と関わる力を養う」という視点から構成されている領域「人間関係」のねらい及び内容にまとめられている。以下の３つの「内容」について取り上げ，幼児教育における道徳性の芽生えを培うための指導の考え方を解説する。

**①　よいことや悪いことがあることに気づく体験**

幼児期の道徳性の芽生えを培うに当たっては，「他律的な道徳性」と「幼児なりに自律に向かう姿」の２つの視点をもつことが大切であることは前述した通りである。しかし，他律的であるからといって，大人が常によいことと悪いことを一方的に教えるというわけではない。幼児であっても，自分の行動の結果について，たとえば「友達を泣かせてしまった」であれば，なぜ友達は泣いたのかを考えることは必要である。そのためには，保育者は，まずその幼児の気持ちが落ち着くことを待ち，友達の気持ちが想像できるような言葉を掛け，どうすればよかったかについて自分なりに考えることができるような状況をつくっていく必要がある。この場合，保育者との信頼関係は重要であり，信頼関係があるからこそ，保育者の言葉を受け止めることができ，幼児が自律的な道徳性に繋がる体験になっていく。

領域「人間関係」の内容⑼「よいことや悪いことがあることに気付き，考えながら行動する」では，まさに他律的な道徳性をいかにして自律的な道徳性に繋がる体験にしていくかを指摘している。ここでは，幼児が「気付き，考えながら行動する」ようになることが重要である。いざこざなど，幼児が混乱している状況であれば，まず幼児の気持ちを受け止めたり場面を切り替えたりして，幼児が自己回復することを支え気持ちを落ち着かせること，さらに，一緒にどうしたらよいかを一緒に考えながら道徳的な価値や規範を伝えていくことが必要な援助である。

**②　思いやりの気持ちをもつようになる過程**

乳幼児期の発達においては，かなり早い時期に，他者への興味や関心の行動がみられるといわれている。しかし，まだ自他が未分化の状態であるために，必ずしもそれらは「思いやり」の気持ちや行動になっていないことが多い。このため，友達との関わりを深め，友達は自分とは異なる気持ちや思いをもっていることに気づくことが必要である。そのためには，「気の合う友達と繰り返し遊ぶ体験」を通して，共感性を高め，友達の心の揺れ動きを感じとれるようになっていくという，長期的な視点をもって友達関係を育てていく必要がある。

また，幼児期の子どもは，友達に寄り添う気持ちがあっても，それをうまく言語化できなかったりして，その気持ちにどう応えて行動していくかがわからなかったりもする。具体的な場面で，困っている友達のために，どうしたらよいかを一緒に考えたり行動したりする保育者の関わりも大切である。

領域「人間関係」の内容⑽「友達との関わりを深め，思いやりをもつ」では，単に大人から指示されて「思いやり」の行動をするのではなく，友達の痛みを感じるからこそ，思いやりのある行動になっていくことを大切にしたい。

### ③　「きまりの大切さ」に気づく体験

道徳性の発達では，社会のルールを意識するなかで，自らを律するようになることが大切である。そのためにはルールは単に与えられるものではなく，そのルールと自分の内面から発する思いと結びつくことが必要である。規範意識の芽生えを培う幼児教育においては，幼児期にふさわしい生活を通して自己発揮するなかで，先生や友達とともに園生活を営むなかできまりがあることに気づき，自分たちの生活を守ろうとする気持ちを育んでいくことが必要である。すなわち，前提として「友達と楽しい生活」があり，そのためにきまりがあることを理解する必要がある。

たとえば，夢中になって鬼遊びを楽しんでいる幼児たちの姿を観察していると，初めは簡単なルールで遊んでいたのに，だんだんに必要な遊びのルールができてくる。「鬼につかまったら，勝手に動くのはだめだよ」と行動を制限したり，「10 数えたら逃げるということにしない」と提案したりする。それらを受け入れて，遊びのルールを守ることでより遊びが楽しくなっていく。

領域「人間関係」の内容⑾「友達と楽しく生活するなかできまりの大切さに気付き，守ろうとする」では，「なぜきまりが必要なのか」を保育者や友達と一緒に考えたりして，「きまりの大切さ」に気づく体験を重ねることが大切である。

## 2 小学校教育との円滑な接続を図る

### ⑴ 幼児期の終わりまでに育ってほしい姿

2017（平成29）年３月の学習指導要領等の改訂では，学校教育全体で育成すべき資質・能力の三つの柱が示された。このことをうけて，幼児教育では育みたい資質・能力の三つの柱「知識及び技能の基礎」「思考力，判断力，表現力等の基礎」「学びに向かう力，人間性等」が示され，幼児教育から高等学校教育までを一貫して「生きる力」を培うことが確認された。また，学校段階間の連携の推進が一層求められ，特に幼児教育から小学校教育への円滑な接続を図ることを目的として，「幼児期の終わりまでに育ってほしい姿」として，幼児期の終わりの具体的な幼児の姿の10項目が示されている。

「幼児期の終わりまでに育ってほしい姿」は，あくまでも，幼児期にふさわしい生活を通して５領域にわたるさまざまな教育活動を展開してきた結果，幼児期の終わりにみられる姿である。これらを到達すべき姿としてとらえたり，個別に取り出して指導したりすることがないように留意する必要がある。

遊びや生活を通して総合的な指導を中心とする幼児教育と，教科等の学習指導を中心とする小学校教育とでは，子どもの一日の生活や教育方法が大きく異なっている。小学校教員と幼児教育を担う保育者で話し合いながら，子どもの姿を共有することが必要である。その際，「○○ができている」「○○ができていない」という「できる」「できない」という捉え方ではなく，どういう場面ならうまくできるのか，またどういう場面ではできないのかなど，子どもの行動の背景にある保育者や小学校教員の関わりや指導についても情報交換することが必要である。そのことは１年生の指導を考えるヒントになる。

### ⑵　幼小間で，道徳性・規範意識が芽生える姿を共有する

幼児期の終わりまでに育ってほしい姿では，「道徳性・規範意識の芽生え」について，「友達と様々な体験を重ねる中で，してよいことや悪いことがわかり，自分の行動を振り返ったり，友達の気持ちに共感したりし，相手の立場に立って行動するようになる。また，きまりを守る必要性が分かり，自分の気持ちを調整し，友達と折り合いを付けながら，きまりをつくったり，守ったりするようになる」と示されている。

これらの姿を幼小間で共有していくためには，２つの視点を理解する必要がある。ひとつは，ここに至る指導の過程である。幼児教育では，生活や遊びのなかで友達と関わるさまざまな体験を重ね，直接的・具体的な体験を通して人間関係を学んできているということである。３，４歳児であれば，友達といざこざになったりすると，なかなか自分の気持ちを調整することができなかっただろう。何度か同じような場面に直面し，保育者の援助を支えにして，やっと友達の気持ちに思いを馳せることが可能となっている。あくまでも「友達と様々な体験を重ねる中で」という条件の下で，自分の思いや感情を表現しながら，友達とやり取りし，さまざまな感情体験を重ねるなかでみられてくる姿なのである。「友達との様々な体験」には，当然，一緒に何かをつくり上げたり，役割分担して目的に向かったりする活動で，互いの思いを何とか生かそうとして試行錯誤しながら，共に目的を実現していくことも含まれている。こうした幼児期の個別，具体的な体験を通した学びをいかにして小学校における学習につなげていくかは課題である。５歳児後半から小学校１年生にかけては，自分の行動の振り返りや仲間と問題を解決するための話合いなどについての指導を共有し，円滑な接続を考えることが求められている。

２つ目の視点は，「行動するようになる」と，その方向に育ってきているという方向性を示す表記になっていることである。同じように，規範意識の芽生えについても「守ったりするようになる」という方向性を示している。５歳児でも，きまりは大事だと思っていても，必ずしもそのきまりに沿って自分の行動を律することができるとはかぎらない。遊びのルールはわかっていても，ゲ

ームに負けそうになると，興奮しすぎてルールを忘れてしまったりすることもある。その場合，保育者の「守れなくて残念，困ったね。どうしよう」という，信頼する保育者の言葉掛けがあれば，「きまりの大切さを痛感し，今度こそは守ろう」とする気持ちが生まれる。芽生えている段階なので，うまくできなかった時にこそ，指導者はどのような関わりをするかが重要であり，幼小間で共有しながら状況に応じたきめ細かな指導が必要である。

遊びや生活を通しての総合的な指導を基本とする幼児教育と，教科等の学習指導を中心とする小学校教育との間には教育の内容や方法の違い，いわゆる段差と接続がある。その間の段差を埋めて，カリキュラムの円滑な接続を図っていくためには，集団の生活のなかで，子ども一人ひとりが自己発揮し，他者との関わりを深め，きまりや約束を守るという社会のルールに合わせて自分の気持ちを調整していく力を身に付けて人としてよりよく生きる力を培っていくという，育成すべき資質・能力を共有し確認する必要がある。その上で，幼児教育と小学校教育のそれぞれの学校段階で子どもたちの道徳性の育ちを支えていく体制を整えていくことが求められている。

**• 参考文献 •**

岡本夏木（1994）「子どもは世界をどうとらえるか」『講座　幼児の生活と教育 4　理解と表現の発達』岩波書店

山岸明子編著（2000）『新しい幼稚園教育と実践事例集「道徳性の芽生え」』チャイルド本社

友定啓子（研究代表者）（2009）「子ども同士のトラブルに保育者はどうかかわっているか―500 枚の保育記録から」（平成 19-20 年度科学研究費補助基盤研究（C）1953070）

# 幼児期における道徳性を育む保育・教育計画

———大庭　茂美

## 1 道徳性の芽生えの捉え方

子どもは，平素の生活のなかで庇護してくれる大人や親を摸倣して学習的に人としての生き方や在り方を体得していく。環境が極めて強い要因ともなるので，自然的，社会的，そして文化的な環境が勘定にいれられねばならない。よいこととよくないことの分別力は快適な社会生活には肝要である。この力が発露し定着する根源ともいえるのが道徳性である。自分と他者の欲求や充足感の調和的実現を目指す姿勢の萌芽が待たれ，この土壌を培う指導がこの幼児期にこそ大切である。

## 2 道徳性の育成と助長

子どもの道徳性を育む方法上の特性を考えるとき，遊びの変化への着眼が重要である。「一人遊び」に始まり，「中間遊び」や「集団遊び」へ，さらに「集団一人遊び」「協同遊び」「組織的なあそび」へと進化形をたどるのであるが，子どもの個性を大切に見守り，遊びのなかにみられる建設性と破壊性の両面に気を配り，目配りをすることが求められる。そこでは，遊びの効能といえる協調性やおもいやり，気配りなどを求められる複雑な行動様式の獲得は道徳性の発達と歩調を合わせるといえよう。子どもの性格形成に遊びは大きく関わっている。創造と破壊，そして再建設の反復の過程をじっくりと歩む自由とゆとりを保障しての保育活動と子どもの発達をじっくりとみつめてゆくことが求められる。さわやかな気分を満喫できる人間関係を幼児期の生活から体感させたいものである。

遊びの発展性を考慮するとき，「勉強」への，さらに「労働」への進化飛躍を忘れてはならない，「よく遊び」「よく学び」「よく働く」という成長発達のリズムを忘れてはなるまい。「遊ぶ子はそだつ」というように，幼少のときに手足を活発に躍動させることは頭脳の発達にとっても重要である。自然環境を生活の舞台として思いきり遊ぶことは人間の育つ源泉である。泥だらけで遊ぶことに人生の基盤があるともいえよう。その意味において，「子どもの発見者」ルソー, J.-J.（1712 ～ 1778）は「自然に帰れ」といった。

幼児園教育の父といわれるフレーベル, F.（1782 ～ 1852）は恩物〈Gabe〉での遊びを中核的な基盤とする教育を行ったが，その真意を確かに受け止められよう。遊びを通して，自分を抑える心と振り返る反省の道徳心の芽生えにも注目したい。不自由さを工夫したり創造したりして楽しむ機会をもたらすことにも着目したい。自由遊びから２，３の例をあげると，「あやとり」のような「手の形あそび」，伊呂波やことわざの「かるたあそび」，「ままごと」や「おみせ」や「おに」のような「ごっこあそび」は後の体験的な創造学習へと導かれていく。

## 3 幼児教育の目標と内容

幼児教育においては，その教育課程の５領域（健康・人間関係・環境・言葉・表現）を押さえてその内容を考えることが肝要である。生涯にわたる人格形成の基盤を培う幼児教育が目指され幼稚園教育要領はおおむね 10 年毎の見直しが行われ，現行のものは 2017（平成 29）年３月に公示され 2018（平成 30）年４月より実施されたものである。ここでは，育みたい幼児の４つの資質・能力として「知識及び技能の基礎」「思考力，判断力，表現力等の基礎」「学びに向かう力，人間性等」と，10 にわたる「幼児期の終わりまでに育ってほしい姿」が明確化されている。

幼児教育段階で獲得してほしいこれらの資質能力のなかでも道徳性の育成はもっとも重要なものといえよう。幼児教育・保育機関におけるカリキュラム・マネジメントの視点から考えるならば，教育内容や時間の適切な配分，必要な物的・人的体制の確保と運営実施状況に基づく改善などを通して，教育活動の質の向上や幼児の学習の効果の最大化を企図する経営や運営が問われているのである。

## 4 幼児のあり様の把握

人間関係の絆は母子関係を基調として双方向のコミュニケーションで育まれる。仲間とルールは人としての個性発揮に欠かせない事柄のひとつでもある。信頼関係と互恵のためには約束と規範遵守なども重要である。

幼児期の徳育の基本構図として，心の芽生えの観点から幼児期に取り上げたい心の教育のスキーム（行列）として，ホップ①「してはならないこと」とステップ②「していいこと」，ジャンプ③「しなければならないこと」の3列を，また，文部科学省公示の小学校学習指導要領にある道徳の内容の4つの視点を切り口と考えて，マトリックスの状態（表態化）を創案した。それが図表2-1であり，就学前の徳育を小学校低学年のそれと確かな形で連動させようと企図したものである。

この図表からは，幼児の労作を通しての「生命の尊重」や手作業の「勤労」の大切さおよび手作りの食育や徳育の重要さなどを確認できる。みて習う稽古

図表2-1　3段階4視点図

| | ホップ①禁止<br>「してはならないこと」 | ステップ②選択<br>「していいこと」 | ジャンプ③当為・義務<br>「しなければならないこと」 |
|---|---|---|---|
| A．視点<br>自分自身 | うそをつく<br>ごまかす<br>わがまま<br>いじわる・いじめ | 声かけ<br>ほがらか<br>げんき | すなお<br>じかく<br>規則正しい生活<br>あとかたずけ<br>なかよく |
| B．視点<br>他の人々 | 乱暴な言葉遣い<br>ねたみ<br>乱暴な態度<br>無愛想<br>変顔 | えがお<br>微笑み | あいさつ<br>やさしいことば<br>おじぎ<br>ていねいなことば<br>おもいやり<br>ゆずりあい<br>助け合い |
| C．視点<br>集団や社会 | 無用の大声<br>食べ散らかし | 快適な空間（場）<br>気持ちのいい通行 | みんなと一緒に<br>おてつだい<br>公園の清掃 |
| D．視点<br>自然や崇高 | 動物いじめや虐待<br>植物の踏みつぶし<br>自然をこわすこと | 動物の飼育<br>植物の栽培<br>動植物のスケッチ | 長幼の序<br>偉人や先賢への敬老励行 |

に由来する訓育がスタートする（芽生える）家庭と第２の子どもの宮殿機能を果たす幼稚園，保育所，認定こども園などの幼児教育・保育機関に生涯にわたる人格形成の基礎を培うものとして熱い支援を贈りたいものである。

## 5 保育計画立案の留意点と実際

幼児期の教育は，教育の内容に基づいた環境を創出しそれに順応して幼児自身が主体的に行動し生活することを促すことが基本でもある。指導の５つの領域は「健康」（心身の健康に関する領域），「人間関係」（人との関わりに関する領域），「環境」（身近な環境に関する領域），「言葉」（言葉の獲得に関する領域），「表現」（感性と表現に関する領域）である。それは具体的な活動を通じて総合的に指導されるものであり，道徳性の芽生えに関する指導については小学校や中学校の学習指導要領の道徳の内容の４つの視点へと連動させて考えることも重要になる。

就学前教育となる幼児教育の時期には，特に生活のなかでできるだけ身近な自然に触れる機会を多くして，幼児なりに，その偉大さ，美しさ，不思議さを全身で体感できる指導を目指したい。このような幼児の体験は，自然に対する畏敬の念，親しみ，愛情などを育て科学的な物の見方や考え方の芽生えを培う基盤となる。その意味からも，幼児には身近な自然に親しみ自然と遊ぶなかで，動物の飼育や植物の栽培などを豊富に経験させたい。

指導の諸計画としては週案，学期案，年間案などが考えられる。その際，立案の原理には5W1H 思考と，いわゆる「デトニ学習」「さしすせそ学習」の精神を生かし，５つの領域への目配りと，環境との調和，家庭教育との連携などを大切にしたい。そして，日本の伝統的な年中行事への配慮も重要になる。

これらを踏まえ，計画立案に際しては，特に次の点に着眼したいと考える。

### (1) 小学校教育との連携

まず，小学校での道徳学習に継続する指導が求められる。幼児期には，道徳性の基盤となる教育に注目し重点を置いて考えなければならない。

今日の学校における道徳教育は，2015（平成27）年3月の学習指導要領の一部改正によって新しい段階に入り，2018（平成30）年4月の小学校での実施に続いて2019（平成31）年4月からの中学校での全面実施につなげられている。道徳教育の出発点をなす家庭教育と就学前期の幼児期における徳育はいかにあり，いかにあらまほしいか，あるべき（当為）かを考える営みが問われよう。

筆者はこれに四面体モデル（四角錐）と表態図（マトリックス）を創案して応えてみたい。健康と徳育のモデルは，現象を点や線・面で捉える延長と敷衍による立体的把握（四面体・三角錐）方法が考えられる。そこで，4つのモデルを図表2-2のように描出した。

今日の情報化・少子高齢化・国際化などの変化と多様性やICTの嵐の時代にあっても，不易と流行を押さえた子どもの育成は「撫育教導」を理念とすることが望まれる。人格形成の土台となる幼児期の人・物・出来事との出会いは極めて重要である。その際，経営学の構想に依拠した「PDSサイクル」や「PDCAサイクル」での人間形成には重大な欠陥が潜んでいると思えてならない。教育を考える時は，ドレッセルやドラッカーのアイデアよりもキルパトリ

**図表2-2　四面体思考の4つのモデルと生涯学習教育**

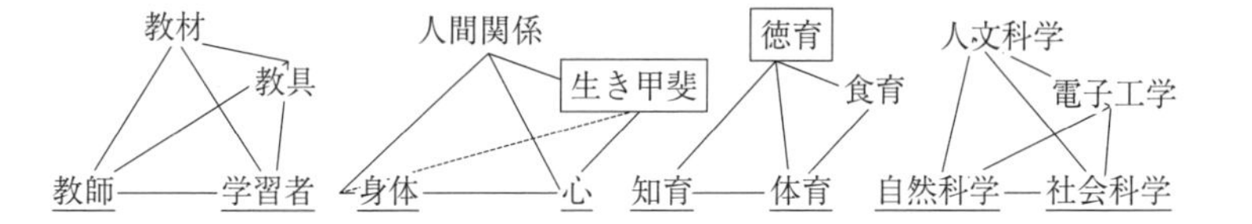

教材　教具　教師　学習者

人間関係　生き甲斐　身体　心

徳育　食育　知育　体育

人文科学　電子工学　自然科学　社会科学

生涯学習教育の図式　　※以下は目安としての整理。

| 誕生 | 7歳 | 13歳 | 15歳 | 18歳 | 22歳 | 27歳 | 逝去 |
|---|---|---|---|---|---|---|---|
| 乳幼児 | 児童 | 生徒 | | 学生 | | 職業人 | 退職後 |
| 修学前 | 義務教育期 | 選択(保護者)・自主教育期 | | | | リカレント期 | |
| 幼稚園<br>保育所<br>認定こども園 | 小学校 | 中学校 | 高等学校 | 大学・大学院 | | | |

家庭での訓育　学校での道徳教育

地域社会での薫風教化環境

ック, W.（1871～1965）の「プロジェクト・メソッド」の視点に立脚したいものである。なぜならば，デューイ, J.（1859～1952）に学んだ彼には，前段階での「目的」意識の明確化である“Aiming”が備わっている「APDEサイクル」の唱道がみられるからである。

また，図表2-2内に示すように，知育・体育・食育に支えられた徳育をイメージする時，子どもの育ちを支持援助する態度・姿勢が見えてくる。人間らしさの自己形成のサポーターの幼児教育者・保育者の訓育の在り様（Zein）と在るべき姿（Sollen）に，以下において，さらに一考を加えてみたい。

### (2) 幼児期の人格形成について

人間の発達段階でゆりかごの乳児期と学校段階の始まる児童期のあいだに位置づけられる幼児期の人格形成には手厚い配慮が望まれる。養育の主人公である保護者とその双方の祖父母や親戚一同を含め，家族全員が関わるわけである。さらに，兄弟姉妹の関わりも重要である。周囲の友達も忘れてはならない。それら全体に目配りや気配りが求められる幼児教育者・保育者は，保護者の代行としても支援するわけである。

**図表2-3　先生如何なる存在か**

| | |
|---|---|
| | 生産活動に従事 |
| 先導して | 生命尊重・畏敬 |
| 先達として | 生物現象知 |
| 先進して | 生活技術・習慣 |
| 先駆として | 生業に専心する |

この幼児教育・保育に携わる「先生」とは如何なる存在か。そのことについて図表2-3でも確かめておきたい。丘の上で目印や旗印を掲げる「師」の象形文字の意味に立ち戻って反芻してみたいものだ。

幼児期の教育の理念については，2006（平成18）年改正の教育基本法第11条において，「幼児期の教育は，生涯にわたる人格形成の基礎を培う重要なものであることにかんがみ，国及び地方公共団体は，幼児の健やかな成長に資する良好な環境の整備その他適当な方法によって，その振興に努めなければならない」とされている。特に，ここでの「健やかな成長」のくだりは，健康な体はもとより安らかな心にも留意していきたい。また，「適当な方法」の部分は当然のこととして，適当気ままではなく適切さや的確さであることを改めて押さえておきたい。

### (3) 「徳の樹」から描く芽生えのイメージ

何を目標とすればよいのかについては，学習指導要領に示す目標や内容をひとつの答えとすることができよう。たとえば，小・中学校「特別の教科　道徳」の価値内容項目に範をとり，そこから就学前教育期に求められ育てたい価値規範を類推していくようにする。

筆者は1998年以来，これを「徳の樹」に仕立てて扱ってきた。幹が〔人間尊重の精神〕と〔生命に対する畏敬の念〕で４つの大枝はＡ・Ｂ・Ｃ・Ｄの視点で小枝が項目，さらに葉は花と実ということになろう。徳の実をたわわに実らせる子どもに育てることが期待され，それは訓育的な指導が求められる所以でもある。その「徳の樹」をモデルとして，幼児期の道徳性の芽生えから双葉への成長のイメージを描出したのが図表２-４である。

幼児期からの育成について深く考えてみると，家庭での心の教育と平仄を合わせて幼稚園，保育所や認定こども園でも心の芽生えとして社会的な視点が注

図表２-４　幼児期の道徳性育成の概念図―「芽生えイメージの図」―

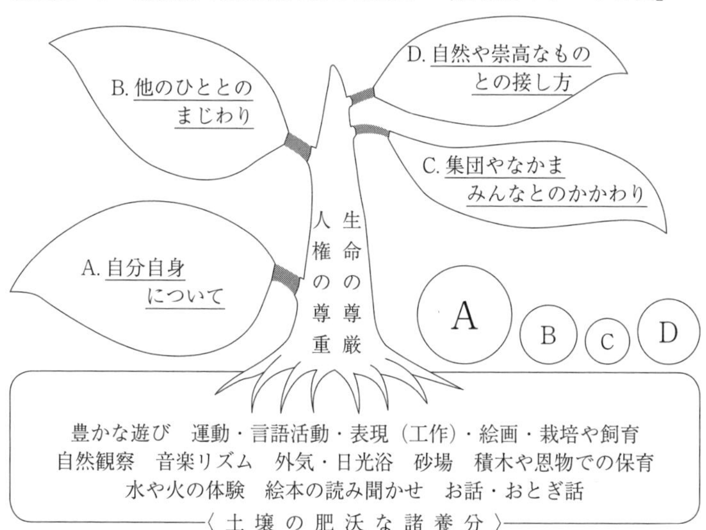

目されてしかるべきと考える。親和的な家庭的雰囲気を越えて，仲間や友達との社会的な関係のもつ教育力と遭遇することである。協調的な活動を広げることによって心の弾力や思いやりや忍耐力が鍛えられる好機でもある。

これらを育むことに注目すれば，幼児期と児童期のこころ育ての見通しができるのではないか。自己と他者の区別が孤立に連なるのではなく，「みんな違ってみんないい」という態度や姿勢へと子どもを誘いたいものである。

課題としては，保育現場の保育者の抱いている訓育観や育児の当事者としての保護者，さらには，関係する祖父母など家族が描いている子ども像の聞き取りやアンケート調査などによるエヴィデンスが望まれることである。実際に，現場の指導に当たっている実践家の保育士や幼稚園教諭のこの点に対する見解がとりわけ有効である場合が広く見られる。

今後，これらに関しての実践の交流や調査活動を展開して，より立体的で実効性があり深みのある指導の技法を導いていくことができればと考えている。

## 6 むすびとして

幼児期は人生の基盤の整備のために「あそび」を基調に取り組む自由と錯誤の連続の時でありたい。身体の「健」やかな成長と心の「康」らかな状態を実現して，いきいきとした「生きがい」の３要素を土台に，道徳性に支えられた人と人のつながり（人間関係）を良好・安寧なものとしたいものである。心育ての目標を，このように「健体康心」の調和において考えたい。

**• 参考文献 •**

厚生労働省（2017）「保育所保育指針」

野瀬寛顕（1980）『学び方教育のすすめ』小学館

波多野完治（1976）『子どもの心理』講談社学術文庫

文部科学省（2018）『文部科学白書　平成 29 年版』：198-201

文部科学省（2018）「小学校学習指導要領解説　特別の教科　道徳」

文部科学省（2017）「幼稚園教育要領」

文部科学省（2001）「幼稚園における道徳性の芽生えを培うための事例集」

依田明（1979）『やさしい児童心理学』あすなろ書房

# 幼児教育・保育機関における豊かな体験による道徳性の育成

———平野　良明

## 1 遊び中心の生活と幼児期

図表３－１　幼児期の教育は根っこ育て

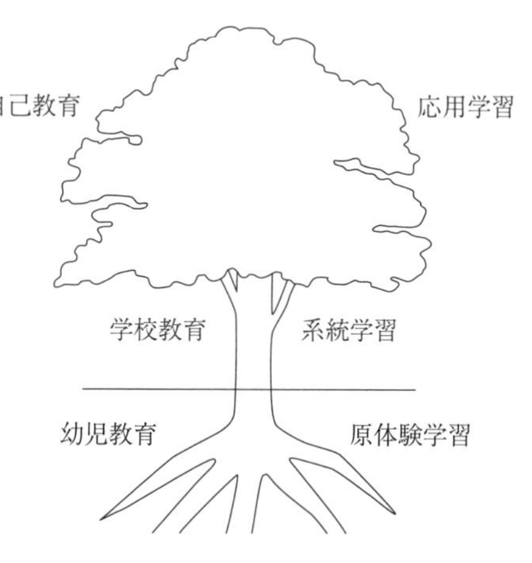


幼児期は人の全人格の基礎を培う時期である。

右の図は岸井勇雄ほか（2018）の９頁に示された「生涯学習体系」であり，幼児期の「原体験学習」，その後の学校教育における「系統学習」さらに，先の「応用学習」が表されている。

幼児期の教育は五感を通し，体験を通して「下へ下へと根を育て，将来を支える力」を育むことをその目標としている。

幼稚園教育要領では，幼稚園における教育が「環境を通して」「遊びを通して」総合的に行われ，将来の豊かな人格の大切な基本である「道徳性・規範意識の芽生え」もここにおいて豊かに育まれることが期待されている。

また，乳幼児期から卒園まで，園生活の全体を通して「おはようございます」「こんにちは」「さようなら」「ありがとう」「いいよ」「だいじょうぶ？」「がんばろう」の挨拶や共感的な言葉や気持ちのやりとり，保育者と子ども，子ども同士，保育者同士の共感的な生活と笑顔，また保育者の後姿が子どもたちの道徳性や規範意識の豊かな育ちを引き出すことに気づいておきたい。

以下，本章では発達段階を踏まえた遊びを通した総合的な指導と道徳性・規範意識の芽の育ちについて，理解しやすい事例を中心に紹介する。

## 2　1・2歳児の姿

美晴の家保育園　古郡美智子

幼児教育・保育機関における道徳性・規範意識の芽生えは，時には自己主張のぶつかり合いによる葛藤などを通して互いに理解し合う体験を重ねるなかで育まれる。

子どもたちは，遊びを中心とした生活体験を重ねるなかで，してよいことや悪いことがあることを知り，より深く考えながら行動するようになっていく（図表３-２）。

０歳から保育園に通う乳児期の子どもたちは初めから他の子どもたちに気持ちが向くわけではない。日々の生活を重ねるなかで徐々に「他の子」を意識するようになる。乳児期は，生活そのものが遊びで，たとえば，自分が心細くて涙を流している時，保育士以外に年上の子どもたちが頭を撫でてくれたり，声をかけてくれたり，ティッシュをもって来て涙を拭いてくれたりするなど優しくしてもらう体験を重ねるなかで，自分のことを優しく包み込んでくれる温かな人がいることを知っていくことになる（図表３-３）。

私たち保育者は，子どもたちの乳幼児期からの育ちを見通しながら明日の道徳性・規範意識の芽生えを願っている。

以上のように，乳幼児期の子どもたちは，皆から愛されて安心して生活するなかで遊びを通して「他の子」への関心が芽生え，願いと見通しをもった保育者に見守られながら育まれる。乳児期から幼児期にかけて，保育者は遊びを通した総合的な育ちを視野に道徳性・規範意識の芽生えも常に意識し，多くの場面で種をまき続けている。

### 図表３-２　「じゅんばんこ」（遊びのなかで「じゅんばん」があることに気づき始める）

| 健康な心と体 | 自立心 | 協同性 | 道徳性・規範意識の芽生え | 社会生活との関わり | 思考力の芽生え | 自然との関わり・生命尊重 | 数量・図形，文字等への関心，感覚 | 言葉による伝え合い | 豊かな感性と表現 |
|---|---|---|---|---|---|---|---|---|---|

（操作手順：色選択→「書式のコピー」→円の線上で「書式の貼り付け」）

教師の願いと園目標

- 保育士やお友達と一緒に安心して楽しい園生活を過ごしてほしい。
- お友達と楽しく遊ぶことができるかな。
- 少しずつ“順番”があることに気づいてね。

評価

- 保育士やお友達と楽しく遊べたか。
- 集団あそびの楽しさを知る（感じる）ことができたか。
- 少しずつ，楽しく遊ぶためのルールに気づく。

### 図表３-３　「だいじょうぶだよ」（心細く泣く子に寄り添いお世話する２歳児）

| 健康な心と体 | 自立心 | 協同性 | 道徳性・規範意識の芽生え | 社会生活との関わり | 思考力の芽生え | 自然との関わり・生命尊重 | 数量・図形，文字等への関心，感覚 | 言葉による伝え合い | 豊かな感性と表現 |
|---|---|---|---|---|---|---|---|---|---|

（操作手順：色選択→「書式のコピー」→「書式の貼り付け」）

教師の願いと園目標

- 保育園も安心できる場所だと感じてほしい。（新入園児）
- 優しいお友達や保育士がいつも一緒にいるよ。（新入園児）
- 新入園のお友達が入ってくることを知ってほしい。（進級在園児）

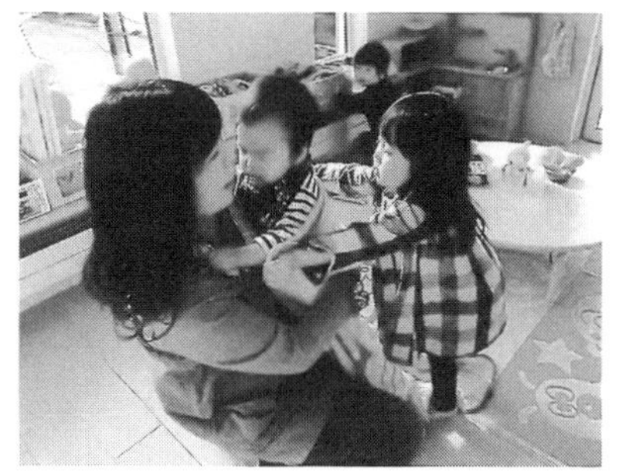

評価

- 保育園という新しい環境に馴染めたか。
- 保育園に，優しいお友達や保育士がいることが感じられたか。
- 新しいお友達に優しい気持ちで寄り添うことができる。

## 3 3歳児の事例

札幌市立かっこう幼稚園　秋月美恵子

この節では多くの実践のなかで，特に幼児の姿がよく見える事例を紹介する。

「関わりの中で相手の思いを知ったＡ子」
[生活場面と幼児の姿]

| ・幼児の姿 | 教師の見取り　・援助 |
|---|---|
| ・降園準備の際，Ｂ子がＡ子の側を通った。Ａ子はＢ子の鞄がわずかにかすったことに「Ｂちゃんがやった。ぶつかって痛かった」と言う。Ｂ子は気付かずにきょとんとしている。 | ［ぶつかったというほどではないのだが。それぞれ受け止めていこう。］<br>・痛い所を確かめるとともに，Ｂ子にも「ぶつかっちゃったんだって。気が付いた？」と聞く。わざとではなく，気付かずにぶつかることがあると双方に知らせる。<br>・Ｂ子には謝ると気持ちがよいことを知らせ促す。 |
| ・Ｂ子も始めは不本意そうにＡ子を見ていたが，教師の言葉に納得して「ごめんね」と言う。Ａ子は「嫌だ。痛かった！」と引かなかった。 | ［たまたまぶつかったことが納得できないのだな。今後も経験することだろう。気持ちよく過ごせるようになってほしいな。］<br>・「嫌だったんだね。分かったよ」「ごめんねって言ってくれたね。こういうこともあるんだね」<br>・次の日，学級で担任と副担任が「気付かずにぶつかる」ことを実演して見せる。謝らない場合，謝った場合，その返し方など子どもたちにどう感じるか聞きながら，気持ちよくいられるために必要なことを知らせた。<br>・同じような場面がある度に，「気付かなかったけど，○○だったんだね」「大丈夫」などの言葉をかけた。また，「こういう時はどうしたらいいのかな」と投げかけた。<br>・「わざとじゃなくて気が付かなかったんだよね。こういうこともあるね」と言葉をかける。 |
| ・数日後，今度はＡ子が気付かない時に「ぶつかった」と言われ，「やってない」と不満げに言う。 | ［自分が言われてどうするのかな。様子を見てみよう。］ |
| ・困った顔をしていたＡ子だったが，少しして「ごめんね」と自分から言った。<br>相手の子がすぐに「いいよ」と言ったことで，気持ちを切り替え，座る。褒められたことで嬉しそうにする。 | ［自分から謝った。大いに認めよう。相手もすぐに許してくれ，いろいろな思いを経験できたのではないか。次につながっていくとよいな。］ |

**幼児の姿**
降園準備で座っていたＡ子の横をＢ子が通り過ぎた。するとＡ子が「Ｂちゃんがやった。ぶつかって痛かった」とべそをかく。Ｂ子は名指しされ，きょとんとしている。

**姿の読み取り**
- Ａ子は嫌なことをされた気持ちが強いのだろう。
- Ｂ子は気付かなかったのだろう。

**幼児の指導**
- わざとではなく，気付かずにぶつかることがあると双方に知らせる。
- Ｂ子には謝ると気持ちがよいことを知らせ促す。
- 学級で気付かずにぶつかることがあることを教師が実演して見せる。「〇〇ちゃん，今ぶつかって痛かったよ」「えっ？　気が付かなかった。ごめんね」「いいよ，大丈夫」「ごめんねって言ってもらうと気持ちいいな」

**指導のポイント**
- 状況を見て分かるようにする。
- お互いが気持ちよく過ごすために必要な考え，言葉などを知らせる。

**幼児の姿の変容**
- 数日後，Ａ子が気付かない時に「ぶつかった」と言われ，「やってない」と不満げに言う。
- 困った顔をしていたＡ子だったが，少しして「ごめんね」と自分から言った。
  相手の子もすぐに「いいよ」と言ったことで，気持ちを切り替え，座る。褒められたことで嬉しそうにする。

**分析・考察**
- 教師の話を聞いたり，友達の様子を見たりしてきたことでどうするとよいか，分かってきていたのだろう。
- 以前と立場が入れ替わり，相手の気持ちを考えようとしたのではないか。

〈幼児の実態〉

今年度は教育日数が減り，ようやく園生活に慣れ，友達との触れ合いが多くなってきた。事例のＡ子は友達のした些細なことでも気になり，「嫌だった」と泣くことが多く，気持ちの切り替えに時間が掛かっていた。

〈教師の願い〉

幼児同士でぶつかる場面を通して，自分の考えと違うことがあると知ることや相手に思いをはせるような経験を大切にしたいと考えていた。

〈考察〉

今回のことで，Ａ子は皆と生活するなかでは，自分では気が付かないこと，思いもよらないことが起こるのだということを知ったのではないか。そこで味わった負の感情や葛藤を味わう経験があったからこそ立場が変わったときに，相手の思いを自分と重ね合わせ，友達に謝るという姿になったのだろう。このことから，人との関わりを通してしか学べないさまざまな思いが豊かな心，相手に思いを寄せる基となっていくのだと感じられた。

## 4　4・5歳児の事例

**厚別幼稚園　年中児の事例**

週末，お帰りのバスの出発前，子どもたちは順番を守って絵本の貸し出しをうけている。借りた子どもは全員が借り終わるまで，借りた本を開き集中している。

図表3-4　「絵本の楽しみ（年中の読書指導-6・7月）」

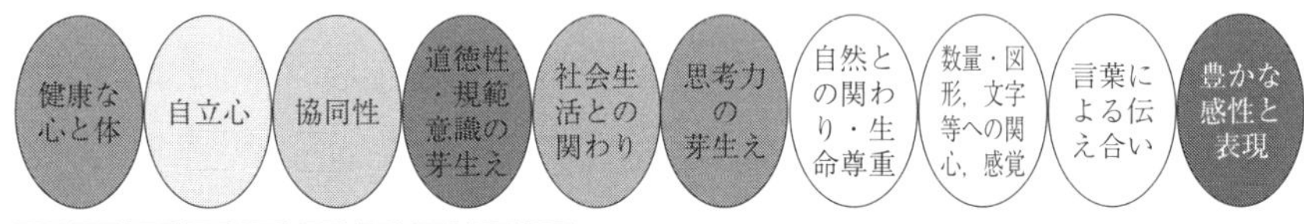


（操作手順：色選択→「書式のコピー」→「書式の貼り付け」）

目標（ねらい・願い）

毎日の読み聞かせを通して絵本が好きになる（健康(1)(4)，環境(9)，言葉(5)(9)）
園生活を通して規範意識の芽が育つ（人間関係(11)，健康(8)）。

評価と考察

どの子も，絵本の楽しさを知る。
少しずつ，集中力が身についてくる。
週末の絵本選びの時間，順番を待つことができるようになる。

当園は，入園時より遊びを大切にしながら，特に絵本の読み聞かせやわらべ唄などの活動を軸に教育活動を展開している。教師は，一人ひとりの子どもたちが，年長までに，また卒園までに少しずつ「10の姿」を身につけていけるようにと願い，長期的な視野を共有し，園の目標でもある豊かな心の基本育てに取り組んでいる。

一日の活動を終え，お帰り直前の時間帯，落ち着いた時間の流れの中での子どもたちの様子から，入園から１年数ヵ月経った年中児の確かな育ちを見ることができる。遊びを中心とした総合的な教育活動，園生活の中で「道徳性・規範意識の芽生え」は子どもたちの多様な生活場面で認められるようになってきている。

**幼保連携型認定こども園びえい青葉幼稚園　年長児の事例**

豊かな環境下での野外体験を重視している園で見かけた一場面である。卒園を間近に控えた年長さんが，さり気なく年少さんの「あやとり」に寄り添っていた。豊かな人間性の基本が育まれている姿そのものと感じる場面であった。

当園の子どもたちは，園庭活動のみならず，四季を通して山や川などの自然を体感し，花や虫や動物たちとも触れ合う機会に恵まれて園生活を送っている。子どもたちの主体的な遊び，共感的な遊びを大切にしながら，保育者は一人ひとりの子どもの発達段階を丁寧に記録し（図表３-５の写真もその２人の子どもの記録としてファイルされる），親とも育ちを共有しながら日々の保育を展開している。幼稚園教育要領等の「心情」「意欲」「態度」の育ちの順序性・発展性を園内研修で確かめ合い，「卒園までに」という長期的な視野を園全体で共有する教育活動は幼児期に求められる「質」に応えるものとなる。

本事例に見られる「さり気ない優しさ」は当園が取り組んできた教育の成果として２月に見られたひとコマであり，「道徳性・規範意識の芽生え」すなわち人格の基礎が培われていることが強く感じられる場面であった。

幼稚園，保育所，認定こども園のどこにおいても保育者は子どもたちの豊かな未来を拓くために，小学校入学までに必要とされる基本育てに向き合っている。新しい幼稚園教育要領等で示された「幼児期の終わりまでに育って欲しい10の姿」のなかに，「道徳性・規範意識の芽生え」という文言が明示されたことによって，総ての保育者が日々の保育の具体的な計画，評価の視点としてこれを受け止め，実践を重ねることの意義は一層重要になっている。

図表３－５　「２月の室内遊び・年長（異年齢）」

| 健康な心と体 | 自立心 | 協同性 | 道徳性・規範意識の芽生え | 社会生活との関わり | 思考力の芽生え | 自然との関わり・生命尊重 | 数量・図形，文字等への関心，感覚 | 言葉による伝え合い | 豊かな感性と表現 |
|---|---|---|---|---|---|---|---|---|---|

（操作手順：色選択→「書式のコピー」→「書式の貼り付け」）

目標（ねらい）

卒園直前の年長さん，自分が小さかった時の冬の遊びを小さな子に伝えながら楽しく遊ぶ（表現(3)，人間関係(5)～(12)，言葉(2)～(5)）。
素敵な年長さんとしての自信と自覚を引き出す。

環境構成

冬の中遊び，暖かな部屋での自由遊び
お正月から続く「こままわし」コーナー，「お手玉，竹割」コーナー，「あやとり」コーナー，「工作（凧作り）」コーナー，「ゲーム」コーナー，１保育室２コーナーで遊びの発展を見守る。先生も一緒に楽しく。

異年齢活動終了後，月末の旭山動物園遠足に向けて学年（もしくはクラス）活動。
昨年冬や夏の動物園遠足の写真，絵本，写真集，グループづくり，計画づくりを楽しむ。

## •参考文献•

文部科学省（2017）『幼稚園教育要領解説』フレーベル館
文部科学省（2017）『小学校学習指導要領』教育出版
岸井勇雄ほか（2018）『幼児教育の原理』同文書院

# 幼児教育・保育機関における規範意識の形成に関する指導

———湯淺　阿貴子

幼稚園や保育所，認定こども園といった幼児教育・保育機関で過ごす日常には，「～すべきである」「～すべきでない」といった規範がさまざまな場面に存在している。それは“慣習”や“習慣”のように無意識のうちに行動を規定するものから“約束”や“ルール”のように，明文化され，強く言動を規定する事柄まで多様なものがあり（上杉，2011），人は生涯にわたってこれに関わりながら生きてゆくこととなる。このような，「規範」に対する意識，すなわち「規範意識」は規範に接することによって形成されていくことが考えられるが，社会的集団に加わり始める幼児期に，子どもたちはどのような規範に接しているのだろうか。

## 1 幼児教育・保育機関における規範の内容

幼児教育・保育機関で子どもたちが経験する普遍的な活動は，生活と遊びに大別してみることができる。生活習慣に関わる行動は必然性が伴い，初めは大人からの見守りと具体的な援助をうけながら繰り返し，習得していく行動である。一方，遊びの本質は自発性と自由性にあり，自分の意思でやめることも続けることもできる（永瀬・倉持，2011）。したがって，生活場面と遊びの場面では，異なる規範が存在することが考えられる。そこで筆者が幼稚園教諭を対象に実施した調査結果を以下に紹介しながら，「日常生活」と「遊び」の場面別にみる規範の内容について考察したい。

筆者が実施した調査の概要は次のとおりである。

全国の幼稚園教諭を対象に質問紙調査を実施し，幼児の規範意識があらわれる場面を「日常生活」と「遊び」の場面別に質問した。調査期間は2014年9

月下旬～11月末である。調査の手続きは，無作為に抽出した公立幼稚園，私立幼稚園に調査への協力を依頼し，公立幼稚園551部，私立幼稚園526部，不明9部，合計1,086部（回収率23.2%）の調査協力を得た。詳細は『幼児期における道徳的規範意識の形成に関する研究』（湯淺，2018）に掲載している。

**分析方法**：自由記述回答に対してテキストマイニングによる形態素解析を行った。分析には，SPSS Text Analytics for Surveys4.0を使用した。その後，キーワード同士の関係について主成分分析を行った。算出された第1主成分と第2主成分の得点を散布図に示し，キーワード同士の関係を視覚的に捉えることで，幼児の規範意識が表出される場面として記述された内容を捉えた。

第2節に，「日常生活のなかで幼児の規範意識があらわれる場面」の結果，第3節に「遊びのなかで規範意識が表出される場面」の結果を示す。

## 2 日常生活のなかで幼児の規範意識があらわれる場面

日常生活のなかで規範意識があらわれる場面についての記述からキーワードを抽出し，キーワード同士の関係について主成分分析を行った結果の散布図を図表4-1に示している。

その内容は，次の(1)から(6)のまとまりとして捉えることができた。

### (1) 話を聞く場面

(1)話を聞く場面は，朝や帰りの集まりといった活動に関わる場面から，生活のなかで個別的に友達や保育者の話を聞く場面など，日常のあらゆる場面で生じることが考えられる。また，小学校教諭が就学前教育のなかで身につけさせることを強く期待するものとしてもあげられている（中川ほか，2010）。戸田（2007）は「話を聞く」といった経験は単に「態度」や「能力」，「慣れ」の問題ではなく，話をする意味や聞く意味が理解できるような経験，面白さを理解できる経験が必要であると述べている。「話を聞く」経験は就学前教育において日常的に積み重ねるものであるが，相手の話を聞いたり話したりする経験のなかでの育ちを読み取りながら「聞く態度」に繋げていくことが幼児期の教育の課題となるのではないだろうか。

図表４－１　「日常生活のなかで幼児の規範意識があらわれる場面」の主成分分析結果の散布図

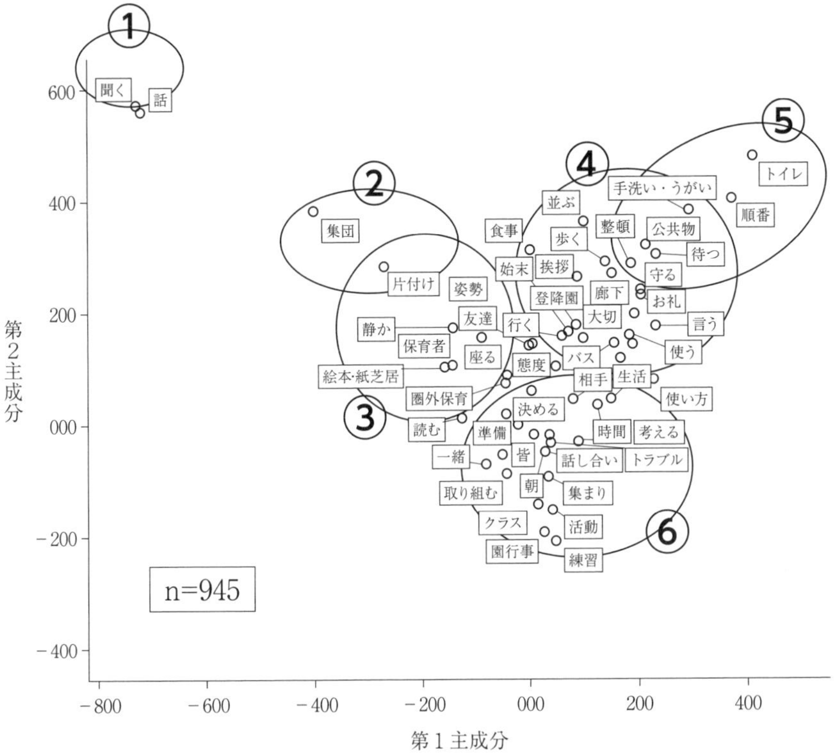

## ⑵　片付け場面

片付け場面は，活動と活動の間，または遊びと活動の境に生じるものである。それは今やっている行動を中断して，あるいはやろうと思っていることに反しても開始し，ある一定時間しなければならない行動である（永瀬・倉持，2011）。このことは子どもにとって，時に強い葛藤が生じることが推測できる。幼児の片付けに関する研究では，保育者は子どもの遊びたかった思いをまず受け止めつつ，先の見通しがもてるよう声を掛けたり，保育者も手伝うなどして主体的に片付けができるよう促す指導を行う傾向性が報告されている（箕輪ほか，2017）。子どもが片付けることの必要性に気づくには片付けを促されることだけではなく，片付けなくて困った経験をしたり，片付けた後に活動がしやすくなることを実感するなど，片付けに対するイメージをもてるようになることが必要となるだろう。

### ⑶ 集団活動への参加場面

集団活動への参加場面では，保育者が絵本や紙芝居などの読み聞かせを行う場面などで，幼児がどのような姿勢や態度で参加しているのかについての記述であることが窺える。クラスや集団で絵本や紙芝居などをみたり聞いたりする際には，周囲への配慮としての規範が存在することが考えられるが，これは保育施設に限ったことではなく，目的のある対象を観たり聴いたりする場所では一般的な「マナー」となっている。このように，社会一般での規範に共通するものであるゆえに，規範意識が表出する場面として捉えられていることが窺える。

### ⑷ 慣習的場面

幼児教育・保育機関では，「ありがとうが言える子」「素直にごめんねが言える子」といったように挨拶やお礼が言えることを教育目標に掲げる園も少なくない。こうした言葉は本来，「きまり」だから発するのではなく相手との関係を維持したり調和的に過ごすといった便宜的な要素も含まれている。このように，行動様式としての側面も有していることから，特に規範意識があらわれる場面としてあげられたことが考えられる。

### ⑸ 公共物の使用場面

公共物の使用場面ではトイレや水道などを使用する際に生じるきまりに関するキーワードがあがった。保育施設では「順番」に使用することを求められる場面が少なくない。トイレなどの公共物はその代表的なひとついえる。しかし子どもは「皆のもの」「順番」ということを初めから理解しているわけではない。また，順番があることを知っていても，他に優先して行いたいことがある場合などに順番を守れなくなることも珍しくない。しかしそのようななかで繰り返し並ぶことを周囲に促されたり，園生活のなかで順番を守らずに割り込みをする例なども経験し，その必要性を理解していくといえるだろう。

### ⑹　協同を目的とする意見の摺合せ場面

協同を目的とする意見の摺合せ場面では，集団で活動を展開したり，周囲とのトラブルによって意見を擦り合わせるような場面についての内容が記述された。協同的な活動をするためには周囲と意思の疎通を図り目的を共有したり，問題が生じた場合にはその解決に向けて話し合うことが求められる。こうした場面は自己調整能力が発揮される場面とも換言できるだろう。このようなことから規範意識が表出する場面としてあげられたことが考えられる。

## 3　遊びのなかで規範意識が表出される場面

遊びのなかで規範意識が表出する場面の記述からキーワードを抽出し，キーワード同士の関係について主成分分析を行った結果の散布図を図表４-２に示している。

その内容は，次の⑴から⑷のまとまりとして捉えることができた。

### ⑴　ゲーム遊び場面

ゲーム遊びにはルールが存在し，参加者に共通のルールを理解することが求められる。具体的には，「もし〜ならば〜する」という命題を理解し，行動すること（河邉，2001）である。しかしルールによって変化していく役割や遊びの展開のあり方は必ずしも自分のイメージに沿った形で進む場合ばかりではない。このように欲求とルールが対立する場面での言動は，自分の気持ちと行動を統制する必要がある。そのため規範意識が表出する場面のひとつと捉えられることが考えられる。

### ⑵　集団遊びの展開場面

集団で遊びを展開していく場合，それぞれの参加者が望む展開にずれが生じることがある。その場合，強引に主張する側の意見ばかりが通っていたり，幼児同士の仲間関係によって一方的に決定していったりすることも考えられる。

図表４－２　「遊びのなかで規範意識が表出される場面」の主成分分析結果の散布図

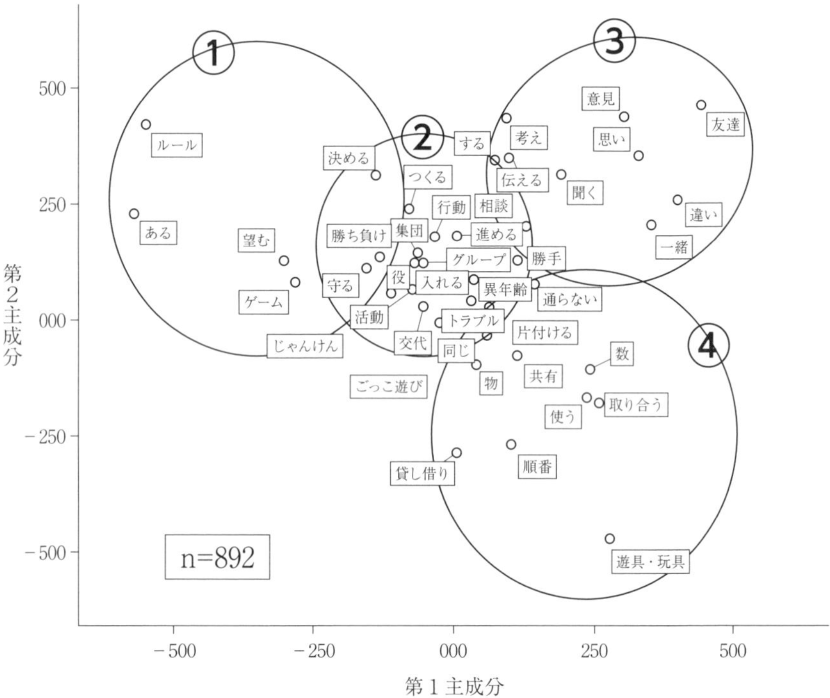


集団で遊ぼうとする場合，常に個々の思い通りに遊びが展開することは難しい場合も多く，どちらかが譲ったり，妥協案を見出す必要が生じるだろう。このような場面で可能な限り互いが納得できる方法を考えることは，公平性や平等の意識が育つための重要な場面といえるだろう。

## (3)　自他の意見の摺合せ場面

自分と他者の意見に違いが生じた場合，その違いに対してどのような態度をとるのか，ということが規範意識の育ちのひとつとして考えられていることが窺える。他者と協同する力を養うことは幼稚園教育要領に示される「幼児期の終わりまでに育ってほしい10の姿」のひとつとして望まれている。他者と一緒に遊ぶことを通して子ども自身が他者と協同するために必要なことを理解していくことが望まれる。

### (4)　物や玩具の共有場面

遊具や玩具といった数が限定されるものを巡る貸し借りや，取り合い場面についての内容があがった。同じような欲求をもつ子どもが複数あらわれ，そこに対立が生じた場合，双方の思いが満たされるような公平な解決が成立することは簡単なことではない。特に物や玩具の共有場面は公平性に関わる問題が発生しやすい特質がある。また，対立に関わる問題が複数含まれる場合も多く，それゆえ指導が難しいといえるだろう。教師が一方的に順番や交代，善悪や公平を決定づけるのではなく，子どもの経験や理解する力を踏まえながら共に考えるような指導が求められるだろう。

## 4　幼児の規範意識が表出される場面の特色と今後の課題

以上から，幼児教育・保育機関において子どもの規範意識が表出する場面を「日常生活のなかで幼児の規範意識があらわれる場面」と「遊びのなかで規範意識が表出される場面」別にみると，その内容は質的に異なる特徴を有していることが見て取れる。

2項「日常生活のなかで幼児の規範意識があらわれる場面」（前出30頁）では，社会的な集団のなかで子ども同士が円滑に過ごすことができるように存在する規範とクラス集団での活動に関わる規範に大きく分けて捉えることができた。

一方，3項「遊びのなかで規範意識が表出される場面」（前出33頁）では，遊びのルールに対する規範と，自他の欲求の対立が生じる場面での規範があり，公正，公平といった概念が関わる規範であることがわかった。

このように，日常生活のなかで接する規範は子ども同士が円滑に過ごすことやクラスでの活動の成立に関わる規範であることから「社会的慣習」に類する規範が多くなった。また，遊びのなかで接する規範は「公正」や「公平」に関わる「道徳」領域に類する規範が多くなることが示唆された。これらの質的に異なる領域概念はそれぞれ異なった発達過程を経るといわれる（Turiel,1983）。こうしたことからも，幼児教育・保育機関における指導の在り方については規範の性質を考慮しつつ，具体的な場面や個々の発達に応じた指導の在り方についてさらに議論を重ねていくことが求められるだろう。

**• 参考文献 •**

Turiel, E.（1983）*The Development of Social Knowledge*, Cambridge University Press.

上杉賢士（2011）『“ルールの教育”を問い直す　子どもの規範意識をどう育てるか』金子書房

河邉貴子（2001）「遊びの探求―鬼遊びにおけるルールと遊びの魅力―」小川博久編『生活ジャーナル』: 190-209

戸田雅美（2007）「子どもと保育の情景(7)：“話を聞く態度”をめぐる覚書」『幼児の教育』106（7）: 38-41

中川智之・西山修・高橋敏之（2010）「学級規範に関する子どもの捉え方の保育者と小学校教諭との相違」『学校教育研究』25：121-135

永瀬祐美子・倉持清美（2011）「集団保育における遊びと生活習慣行動の関連―3歳児クラスの片付け場面から―」『保育学研究』49（2）: 189-199

二宮克美・遠藤利彦（2014）「道徳性・向社会性の発達」『発達心理学研究』25（4）: 343-344

箕輪潤子・秋田喜代美・安見克夫・増田時枝・中坪史典・砂上史子（2017）「時間に制約のある片付け場面における保育者の援助と意図」『保育学研究』55（1）: 6-18

湯淺阿貴子（2018）『幼児期における道徳的規範意識の形成に関する研究』風間書房

# 第5章 幼児期における特別支援教育と道徳教育

――――三宅　茂夫

幼児期における特別支援教育と道徳教育は双方の連関から検討される。就学以降の道徳教育は学校生活の全体や教科として取り組まれるが，幼児期には「環境による教育・保育」において展開される。環境に主体的に関わり，具体的・直接的な経験から学んでいく。環境には多様に生活する姿や価値観，成長や発達等の実態，障がいなどをもつ子どももいる。共に遊び生活するなかで，さまざまな違いや多様性を含み込み，仲間として尊重し合い，互いに支え合い，学び合うことが幼児教育における特別支援教育と道徳教育のあり方となる。

幼児期の特別支援教育と道徳教育においては，インクルージョンの理念がそれらを繋ぎ，ふさわしいものにする。本章ではインクルーシブ教育・保育を鍵とし，幼児期の特別支援教育と道徳教育のあり方と展開について検討する。

## 1 インクルージョンにおける教育・保育の展開に向けて

### (1) インクルーシブ教育について

インクルーシブ教育とは，「誰をも排除しない教育」であり障がいのみならず人種，文化，宗教，思想，個性などを乗り越え，その違いにより分離・差別・排斥をうけず，多様性を知り，認め合い，同じ空間で学ぶ包摂的教育のことである。インクルーシブ教育では，万人のための学校であり，万人のための教育の具現化が標榜される。そのため，学校施設・設備，カリキュラム，教育内容や方法などは，インクルージョンに向けて合理的かつ最善の配慮をもたらす必要がある。インクルーシブ教育の実践原理は，空間や場の共有，自己決定の尊重，自立と共生の重視，多様な学習形態による柔軟な教育に整理される。

インクルーシブ教育推進のための根拠・背景となるインクルージョンに向けた国際的な宣言・条約・計画・規則などをうけ，わが国でも教育基本法や学校教育法を基軸に「障害者の権利に関する条約」を基に，「障害者基本法」や「学校教育法施行令」が改正され，「障害者差別解消法」が成立した。

「サラマンカ宣言」後，障がい児に関する教育の流れは，Exclusion（排除）→Segregation（分離）→Integration（統合）を経てノーマライゼーションを基盤概念としたInclusion（包括）へと進んだ。この大きな転換点となったのが「全障害児教育法（IDEA）」（1975）の「可能な限り地域の通常学級で」「適切な教育の保障」の理念であり，インクルーシブ教育へ重要な視座を与えた。

わが国でも，かつての特殊学級での特殊教育から，現在の特別支援教育の特別支援学校に限らぬ通常学校での特別支援学級や通常学級での実施に至った。障がい児教育から特別支援教育への変遷は，隔離・分離に重点を置いた障がい児教育から現在のインクルージョンを視座とした特別支援教育への経緯があり，これも過渡的な位置であり，その先にインクルーシブ教育がある。

### (2) ユニバーサルデザイン（Universal Design）による教育・保育

インクルーシブ教育の展開は，「共生社会の形成に向けたインクルーシブ教育システム構築のための特別支援教育の推進（報告）」（中央教育審議会，2012）が示すように，障がいのある子どももない子どもも授業内容がわかり，学習活動参加への実感・達成感をもち，充実した時間を過ごし，生きる力を身につけていくには，「合理的配慮」とユニバーサルデザインによる「物理的・教育的環境整備」が必要となる。ユニバーサルデザインとは，文化・国籍・老若男女などの違いや，障害・能力にかかわらず利用できる施設・製品・情報の設計を指す。

特別支援教育では障がいや特別なニーズにより，幼児教育・保育では乳幼児期実態により，ユニバーサルデザインによる教育・保育が進んでいる。また，授業改善・工夫でもユニバーサルデザインによる取組が注目される。そうした授業の原理は，情報提示や子どもの活動や表現，学習への興味や動機付けを多様化・柔軟化し，授業への実質的全員参加を目指すことにある。

### ⑶ 「合理的配慮」と「基礎的環境整備」

インクルーシブ教育を目指した特別支援教育について前掲の報告（中央教育審議会，2012）では，「共生社会の形成に向けたインクルーシブ教育システム構築のための特別支援教育の推進」に重点を置いた障害児のための「合理的配慮及びその基礎となる環境整備」について示している。インクルーシブ教育の観点から，障がい者の能力を可能な限り発達させ，社会への効果的参加を目的に障がいのある者とない者が共に学ぶ仕組みの構築を求めている。

学校教育には，同じ場で共に学ぶことの追求，もっとも的確に応える指導の提供，多様で柔軟な仕組みの整備や環境への配慮，通常の学級，通級による指導や特別支援学級・特別支援学校など連続性のある多様な学びの場の整備が求められる。障がいに関係なく共に学び合う場で，すべての子どもが教育内容を理解し，学校生活・学習活動への参画の実感をもち，充実した生活を送り，自立し，意欲的に生涯を生き抜く力が修得できるかが問われる。

合理的配慮は，「積極的差別是正措置」や「優遇措置」でなくノーマライゼーションに則り，障がい者の意思表明による過度な負担にならない範囲での社会的障壁を取り除くために必要な便宜とされる。合理的配慮は障がいの状態や教育的ニーズにより決定し，基礎的環境整備もそれに連動する。報告では「合理的配慮（3 観点 11 項目）」「基礎的環境整備（8 観点）」から示される。

## 2 インクルーシブ教育・保育に向けた特別支援教育の課題

### ⑴ 「包摂」と「分離」の理解に関する課題

保育や教育現場では，健常児と障がい児の学びや生活の場の空間的統合と表層的に捉えられる懸念がある。制度的分離教育は条約でも許容されており，文部科学省も障がい児が教育制度から排除されないことを要件に特別支援学校での分離教育を許容している。これは「投棄（ダンピング）批判」（完全な空間的統合批判）の検証必要性に示唆を与えるものである。

インクルージョンは，特別に教育的対応を要する子どもをそれらなしに通常学校や通常学級に教育措置する，いわゆるダンピングではなく，状況に合わせた限定的・部分的分離教育を許容するものである。また，障がい者の社会的包摂は，障がい者の処遇を「同一⇔異別」，効果を「包摂⇔排除」に分類すると「包摂的異別処遇」が適切である。障がい者の望ましい社会的包摂達成には，同一処遇と異別処遇の組合せの検討が必要となる。

### (2) 保育現場における未診断で入園する子どもの存在

幼稚園などでインクルーシブ保育の実現を阻む原因は，保育者の担当する人数が多く，目が届きにくいため個々の子どものニーズへの応答が難しいことにある。また，集団活動に求められる行動へ同調するよう方向づける集団教育的志向があり，共有される規範が異別処遇に親和的でないことにある。

幼稚園などでのインクルージョンの状況は，障がいに関して未診断で入園する場合も多く，当該児の特別な教育的ニーズに保育者と保護者間でコンセンサスが不十分なまま空間的統合が先行する場合がある。そのため，保育者には既に顕在化しているニーズへの応答，潜在的ニーズ発見のためのアセスメント，保護者への情報発信，対応方針の調整，専門機関との接続などが求められる。

### (3) 「特別な配慮を必要とする子ども」の存在と「個別の（教育）支援計画」

近年，幼稚園などでは障がいのある子どもや「気になる子」「特別な配慮を要する子ども」などと称される未診断あるいは境界の子どもの就園が進んでいる。一方で，特別な配慮を必要とする子どもなどへの保育や支援に関する課題は山積している。気になる子や特別な配慮を要する子どもは障がい児よりも多く，保育指導上の難しさを感じる保育者は多い。

厚生労働省は，そうした子どもに保育所は個別の（教育）支援計画を策定し，関係者・機関が長期的視点で連携して適切な支援を行うよう求めている。しかし，保育所保育指針などでは個別の計画を必要としながらも詳しい内容や様式は示されていない。また，保育現場では個別の（教育）支援計画への関心や作成率は低く，理解も不十分であることが指摘され，改善が求められる。

## 3 幼児期の道徳教育とインクルージョンの捉え方

### (1) 幼稚園などにおけるインクルーシブ保育とその展開

ペスタロッチー, J.H. は人間の成長・発達の手段を「道徳的生活・知的生活・産業的生活」から探求し，自然の法則により子どもの道徳的・知的，身体的諸能力を均衡をとって発達させることを述べている。つまり，人間が道徳的・知的・社会的存在として生きていくための成長・発達において，生活は特別な意味をもち，重要，有効であることを示している。この考えは今日の幼稚園教育などにも反映され，園生活の全体で幼児に生きる力の基礎を育むことにつながる。

幼稚園などにおいても，インクルーシブ教育の理念に沿ったインクルーシブ保育が目指されており，インクルーシブ教育展開の基本的要件である合理的配慮と基礎的環境整備が押さえられている。それらは同じ場で共に学び生活するなかで，特別支援学校などの協力を得ながら個別の障がいの状態などに応じた教育的ニーズへの自立と社会参加をみすえた的確な指導の提供，最善の教育的支援を行うための家庭や地域，専門の関連機関との連携による個別の教育支援計画や活動計画の作成・活用などである。幼稚園などで特別な配慮を要する幼児や障がいのある子どもなどへの指導などについては各要領に示されている。

インクルーシブ保育の展開は，特別支援教育に特化したものでなく，インクルーシブの理念であるすべての子どものための包摂教育の理念による。ユニバーサルデザインによる保育実践のポイントは次の通りである。クラス集団づくりでは，落ち着いて生活や活動できる，知らないことや誤りを否定的に捉えない，遊びや生活の仕方の違いを認め合えるなどのクラスとしていく。保育室・活動環境づくりでは，集中できる保育室の環境整備，わかりやすい保育環境の整備をしていく。保育展開のポイントでは，保育・生活・遊びに見通しがもてる，指示・説明・活動をわかりやすく，目でみてわかる手がかりの用意，個々の実態やニーズ・系統性などを把握した指導の明確化が求められる。

### (2) インクルーシブ保育となっていくための留意点

まず，重要なのは生活や遊びのなかで互いの違いに気づきながら仲間になっていく過程である。違いを個性として，よさとして認め合い，共に生活を築いていくという感覚や力を育むことである。そのため保育には，違いに気づきながら，さらに同一視が進んでいくための生活や遊びの経験が求められる。

次に，クラスの雰囲気や風土の醸成についてである。潜在カリキュラム（hidden curriculum）の研究でも明らかなように，保育者の潜在性は保育活動や子どもの園生活に大きな影響を与える。潜在性がクラスの雰囲気や風土までをも醸成しており，支持的風土からは自発的行為や成長，感受性，受容と共感などが醸成される。支持的風土のあるクラスでは，インクルーシブ保育の土台となる子どもが周囲の状況に気づき，主体的に自分らしさやよさを発揮し，互いを支持しようとする受容的・共感的態度，協調性などが育っていく。インクルーシブ保育の展開にふさわしい雰囲気を醸成していくには，日々の保育において顕在的な側面と潜在的側面の的確で具体的な評価が必要となる。

さらに，インクルーシブ保育で重要なのが互恵性，両義性である。互恵とは便益や恩恵などを互いがはかり合うこと，両義性とはひとつのある事柄が２つの相反する意味を有することである。親と子ども，保育者と子ども，子ども同士が関わり，育ち，育てていくなかで結果的に互いが育てられていく。障がいのある子どもであれ，周囲の子どもと関わり育ち・育てられていく存在であり，周囲の子どももまた障がいのある子どもから育ち・育てられていく。園生活のなかで仲間となり，共に生き，互いを大切に思うことで絆は強くなり，違いを理解し，乗り越え，互いの尊厳を重んじ，命を大切にするなどの道徳的に生きていくのに大切なことを学ぶ。さらに，そうした子どもたちの育ちをコーディネートし，保育をする保育者にも多くの学びの機会が与えられる。

## 4 インクルーシブ保育と幼児期の道徳教育

### (1) 幼児期の道徳性の発達

道徳性は社会的関係のなかで発達し，幼児期にふさわしい道徳教育がある。

それは幼児期の特性から，社会性の発達に伴う社会認識と人間関係の構築の２つの観点からアプローチできる。

社会性の発達に伴う社会認識の観点とは，個体発達を基盤にしながら，環境要因による道徳性発達への影響についての点である。環境要因である人的・物的環境から刺激や影響をうけ，それらを内面化させることにより，道徳性が定着化していくことを意味する。これらには，「役割取得」や「道徳的・認知的葛藤」などの社会的経験に基づいた要因が含まれる。

人間関係構築の観点とは，親や家族，保育者や友達との密接な関係が幼児の道徳性の形成に影響を与えるという点である。モデルとなる家族の行動や親からの行動への評価，保育者からの道徳的基準の提示や評価および友達との関係が道徳的価値観形成に影響を与えることなどである。

上記の２つの観点は複雑に絡み合い，道徳性の発達において連関しており，それらに通底する他者との関係性は，幼児期の発達の特徴である依存性や探究性などに起因する強い動機に支えられている。インクルーシブ保育が行われる場である園生活もまた，まさにこれらの２つの観点を結びつける場として大きな意味をもつ。幼児期のさまざまな能力の発達は，障害をはじめ多様な個性をもつ他者との関わりに必要な手段を身につけることを可能とし，さらに社会化を促していく。多様な能力の発達と他者との相互作用の繰り返しが，道徳性を培い，より複雑で洗練された豊かな人間性を育んでいくのである。

### (2)　インクルーシブ保育と幼児期の道徳教育への視座

道徳性の芽生えを培ううえで，園生活で育まれる内容は２つの側面から整理される。ひとつ目は，幼児の道徳性の発達との連関が深いとされる基本的生活習慣や社会規範の獲得，価値授与（インカルケーション）などの知識的な側面である。２つ目は，幼児が生活世界で有効となる道徳性を子ども同士や保育者などとの相互作用から経験的に獲得していくという実践的な側面である。

そうした学びの基盤にあるのがコミュニケーションであり，社会性の発達などから生じる共に生活，遊び，活動をしようとする意欲が道徳性発達の動力となる。そのため，幼児が生活や遊びで遭遇する人や物との関係が問われ，人との関わりから生成されるコミュニケーションのあり様が問われる。それはインクルーシブ保育に関係するすべての子どもにもいえる。デューイ, J. は児童中心主義教育の視座として，子どもの個人的・心理的要因と社会的要因をコミュニケーションにより統合することの重要性を示した。保育者の役割は，内的な実態（衝動）を踏まえ，ねらいに沿って幼児のコミュニケーション生成を促す環境の構成を検討することである。

保育者は幼児の動機を高め，環境との関わりを深めるための具体的な役割を考えることである。インクルージョンに配慮された環境で，豊かなコミュニケーションにより保育者が幼児に関わることで道徳教育にふさわしい環境を協働で創造できる。インクルージョンの理念の下，幼児を深く洞察し，理解を深め，明確な根拠をもって保育の構想や評価を適切に行うことが肝要となる。

**• 参考文献 •**

河野順子（2010）「幼稚園・保育園に在籍する特別な支援を必要とする子どもたちの現状と支援に関する調査研究」『東海学園大学研究紀要』第 15 号
郷間英世・圓尾奈津美・宮地知美（2008）「幼稚園・保育園における『気になる子』に対する保育上の困難さについての研究」『京都教育大学紀要』第 113 号
榊原賢二郎（2016）『社会的包摂と身体』生活書院
垂水直樹（2019）「インクルーシブ保育のエスノグラフィー――発達障害児への異別処遇の過程」『保育学研究』第 57 巻 2 号
デューイ, J. 著，金丸弘幸訳（1984）『民主主義と教育』玉川大学出版部
原口英之・野呂文行・神山努（2013）「保育所における特別な配慮を要する子どもに対する支援の実態と課題」『障害科学研究』第 37 号
ペスタロッチー, J.H. 著，東岸克好・米山弘訳（1988）『隠者の夕暮・白鳥の歌・基礎陶冶の理念』玉川大学出版部
堀智晴編（2004）『ちがうからこそ豊かに学びあえる』明治図書
三宅茂夫（2011）『幼児期の道徳性を培うコミュニケーション環境の構築』みらい
山口薫（2008）『特別支援教育の展開』文教資料協会
若松昭彦・田坂泰子（2018）「保育所（園）における『気になる子』に対する支援の研究」『特別支援教育実践センター研究紀要』第 16 号

# 小学校における道徳教育の構想と展開

# 概要　新しい小学校道徳教育の姿を考える

浅見　哲也

「学校における道徳教育は，特別の教科である道徳（以下「道徳科」という。）を要として学校の教育活動全体を通じて行うもの」，これは，小学校学習指導要領第１章総則に示されていることである。道徳が「特別の教科」化された今日では，改めて授業の量的確保と質的転換が求められたことや，教師にとっては具体的で身近なものが授業であるだけに，どうしても道徳教育イコール道徳科の授業という意識が高くなる。しかし，学校生活という空間のなかで指導に費やせる時間の割合を考えれば，道徳科の授業での指導ではなく，教育活動全体を通した指導の機会が多いのは間違いない。また，体系的に整えられた小学校22の内容項目をみれば，これらの内容について指導できる機会は道徳科の授業にとどまるものではなく，教育活動全体を通して指導することが効果的であることがわかる。もちろん教師は指導をしていないはずはないのだが，その実感が得られていないというところに大きな問題がある。あらゆる教育活動のなかでどのような指導をしても道徳教育の内容に関わってくる。だからこそ，手応えを感じにくいのも道徳教育，何から指導をしていけばよいのかがわかりにくいのも道徳教育といえるのかもしれない。豊かな体験などを生かしながら教育活動全体を通した意図的・計画的な指導や，教科書などの教材を活用しながら「考え，議論する道徳」の授業とより関連を図って指導に当たることが，子どものよりよく生きるための基盤となる道徳性を養い，道徳的行為が実践できる子どもの育成につながる。このような認識は多くの教師がもっているからこそ，具体的にはどのように道徳教育を推進していけばよいのかを各学校などで考えていくことが重要である。

さて，教育の目的は「人格の完成」であり，これは教育基本法第１条に示されていることだが，教育の目標として同法第２条には「豊かな情操と道徳心を培う」と示されている。これらのことが道徳教育の充実に深く関わることはいうまでもない。「確かな学力」「健やかな体」とともに「豊かな心」の育成により，知・徳・体のバランスのとれた「生きる力」を育んでいく。

私たちは今，全世界がネットワークでつながれ，人工知能を活用した社会（Society5.0）を迎えている。このような社会において未来を見据え，これからの時代に必要な資質・能力を見いだし，子どもたちに育成していくことが重要な課題となっている。人工知能の進化について囲碁や将棋をもって例えるが，人間は人工知能に勝つことができなくなった。ルールやその枠組みが決められているなかで，莫大な情報量と計算力をもち，常に最適解を導き出して勝負に挑んでくる人工知能には太刀打ちできない。これが人工知能の強みである。しかし，その人工知能に勝つための方法を教え，勝つという目的を与えたのは紛れもなく人間である。つまり人間には，どのような未来をつくっていくのか，どのように社会や人生をよりよいものにしていくのかという目的を考え出す力や，答えのない課題に対して，多様な他者と協働しながら目的に応じた「納得解」を見いだす力が求められる。それが人間としての強みであり，そのために必要な資質・能力を育成することが，今，求められている。

それだけではない。課題は目の前にも山積している。道徳の「特別の教科」化の発端はいじめ問題への対応であり，今なお社会的な問題として残されている。また，情報モラルに関することや社会の持続可能な発展などの現代的な課題がある。これらの解決に寄与する子どもたちを育成していかなければならない。今回の道徳科の誕生と新時代の道徳教育への期待はとても大きなものといえる。

本巻の「Ⅱ　小学校における道徳教育の構想と展開」では，このような社会的，現代的な背景も踏まえて，新しい姿を見せる道徳教育のあり方について，それぞれの切り口から論じていただいた。これからの道徳教育の歩むべき方向性に明かりを点すものとなることを期待する。

# 第6章 子どもの心の成長課題と道徳科の誕生による新しい道徳教育

――――永田　繁雄

## 1 子どもたちの心の成長危機と道徳教育の課題

道徳教育の要としての道徳の時間は，「特別の教科　道徳」（以下，「道徳科」）として，学習指導要領の全面改訂に２年先行する 2015（平成 27）年３月の一部改正により位置づけられた。第１巻で詳しく検討されるが，ここでは主として小学校の角度からその背景や着眼点を検討してみることとする。

### (1) 子どもの「心の活力」が低減する傾向

道徳教育の枠組みの大きな変化にはどのような背景があるのか。そこには，子どもたちの心の成長に関わる種々の課題と，それに対峙し切れずに不安定な様子を見せる道徳教育の実施状況などがあった。

道徳の教科化に関する論議の最初の大きな端緒は，2007（平成 19）年の政府の教育再生会議の第二次報告での「徳育の教科化」の提言であった。その後，中央教育審議会がその検討も含めて 2008（平成 20）年１月に答申を出した。教科化は見送られたが，子どもたちの心の状況を，答申の道徳教育の改善に関する項目の注記に「課題として」と題して，次のように見事に描き出している。

**⑭ 道徳教育　注記２「課題として」**

子どもの心の成長にかかわる現状を見るとき，子どもを取り巻く環境の変化，家庭や地域社会の教育力の低下，体験の減少等の中，生命尊重の心の不十分さ，自尊感情の乏しさ，基本的な生活習慣の未確立，規範意識の低下，人間関係を形成する力の低下など，子どもの心の活力が弱っている傾向が指摘されている。また，社会参画への意欲や態度の形成が求められている。　（傍点は筆者による）

このように，生命尊重や自尊感情，生活力・行動力の基軸となる生活習慣や規範意識，そして人間関係の構築力などの全体を「心の活力」と捉え，発展的な生き方につながる社会参画への意識の不十分さも含めて，四文字熟語を並べてわかりやすく表現していた。ここでの「心の活力」こそが，道徳教育で培うみえない心の力ともいうべき道徳性に重なるが，それが環境などの変化のなかで劣化してきているのではとの強い警鐘を鳴らしているのである。

それとともに，本文中で，小学校段階からの自信の低下なども指摘し，現実から逃避する「閉じた個」と自己中心傾向の「閉じた個」を二分極で捉え，他者と豊かな関わりをもった「開かれた個」の重要性を示しているところも，心の危機の問題と道徳教育の課題を一層浮き彫りにすることとなった。

### ⑵　子どもの幸福度・幸福感の不安定さといじめの問題

#### ①　疎外感や孤独感が強い子どもたち

では，子どもは自分自身をどう思っているのだろう。たとえば，自分をどのぐらい「幸せ」だと感じているだろうか。とりわけ自尊感情の不十分さが種々指摘され，それが自信の低下と連動していると感じる現在，気になる問題だ。

このことに関して，同時期のユニセフによる研究報告書『レポートカード7・先進国における子どもの幸せ』（2007）は衝撃として受け止められた。対象は15歳の子どもであるが，「孤独感・疎外感を感じる」という説明に同意する割合は，対象24ヵ国のほとんどが5～10％であったのに，日本の子どもだけ突出し，29.8％と3割近く，報告でも「個別に見ると最も目を引くのは日本の結果である」と指摘されていた。このことから，小学校段階からの成長過程への関わり方や道徳教育のあり方に，強い課題を感じることとなった。

同調査は以後も継続されている。参考までに，『レポートカード16』（2020）は，調査対象38ヵ国に住む「子どもの幸福度」の調査報告であったが，それによると，総合順位は20位で，「身体的健康」は小学生段階から他国に大きく差をつけて1位を獲得していたが，「精神的幸福度」は37位と最低レベルであった。その要因としては，いじめや家庭内での不和などの問題などがあげられていた。この調査は新型コロナの感染状況が広がる前のもので，以後の変化は十分に想像されるが，順位が高まる要因は少ないように思えてならない。

### ②　いじめの認知件数増加への向き合い方

これらの息長く続く状況と，人間関係のなかで苦慮する子どものいじめなどの問題は明確につながっている。文部科学省は，「児童生徒の問題行動・不登校等生徒指導上の諸問題に関する調査」を継続し，毎年秋の10月を目安にその結果報告をしているが，そのなかのいじめの認知件数について，いくつかの年度をピックアップするならば，次のとおりである。

2014（平成26）年度…122,721件　　2015（平成27）年度…224,504件
2017（平成29）年度…414,378件　　2019（令和元）年度…612,496件

このように，年々10万件ほど件数が増加し，「過去最多」という新聞報道の見出しが繰り返されてきた。しかもその主因は小学校段階での件数の増加であり，低年齢化が顕著である。認知件数の増加自体はアンテナが高くなっていることの表れも含み，積極的ないじめ対応の指針にもなるが，もとより，道徳教育・道徳授業はいじめを生まない先手の教育，また予防教育としての意義がある。しかし，道徳科設置の実現前後のなかでもその件数が下がる兆しをみせないことの深刻な状況を改めて心に留める必要がある。

## 2　道徳科の設置を軸とした新たな道徳教育への移行

道徳の時間の教科化は，このような心の問題状況への対応策として期待されていた。しかし，前出のように2008（平成20）年1月の中央教育審議会答申の際には時期尚早との意見が強く，一旦は見送られたのであった。

その後，2013（平成25）年，政府からの二度目となる教育再生実行会議の提言をうけて文部科学省が設置した「道徳教育の充実に関する懇談会」の議論において，大きく動き始めた。その報告（2013）のなかでは，道徳授業が「画一的」であり，「一方的な押しつけ」になりがちな問題を指摘し，その「道徳教育の指導方法」の項にて授業の課題を列記している。なかでも次の内容（要約して抜粋）は，小学校での特有の課題であると受け止められた。

- 授業方法が，単に読み物の登場人物の心情を理解させるだけなどの型にはまったものになりがちなこと。
- 学年が上がるにつれて，道徳の時間に関する受け止めが良くないこと。
- 道徳の時間の指導が道徳的価値の理解に偏りがちなこと。

道徳授業が中学校と比べて相対的に広く行われている小学校段階では，上記のように，授業の受け止めのマイナスが一層のマニュアル化を招くという負の連鎖ともいうべき状況がみられていた。これらの問題を克服し，質的改善を図った授業によって，子どもの心の課題に向き合ことが強く求められた。

その状況のなか，2015（平成27）年３月の学習指導要領の一部改正によって，道徳科が「第３章　特別の教科　道徳」として章立てされたのである。その際，道徳科は，中学校段階でも教科としての教員免許は設定せず，担任の指導を原則とすること，特に各教科での到達度的な数値評価は馴染まないことなどから，各教科とは一線を画す意味で「特別の教科」とされた。

道徳科の新たな位置づけによる改善・充実のポイントを箇条的に整理するならば，主として以下の点をあげることができる。

ア　**道徳教育と道徳科の目標に，その指導のあり方を具体的に示す。**

イ　**内容項目の改善で，いじめや情報などにかかる心の問題に配慮する。**

ウ　**無償配布の検定済教科書を中心に多様な教材を生かすようにする。**

エ　**子どもに対する個別記述的評価によって，生き方や成長を支援する。**

オ　**道徳教育推進教師を中心とした一体的指導をさらに充実する。　ほか**

## 3　授業の質的改善と新しい道徳教育―その３つの視座

このように，道徳科を軸とした新しい道徳教育は，さまざまな期待を背負いながら誕生した。では，その指導のあり方や方向性として，特に立脚点としたい視座はどこにあるのか。ここでは，それを次の３点で押さえておきたい。

### (1)　子どもの「主体的な判断」による主体性の育成を重視する

第１の視座は，学習指導要領において，図表６-１に示すように，「主体的な判断」や「主体性」の育成を，その目標から具体的な方法まで一貫して強調していることである。それはアクティブ・ラーニングを重視する教育全体の流れのなか,「主体的」な学びを促すイメージと十分に重ねることができる。

たとえば，道徳教育の目標の中軸に「主体的な判断」を織り込み，それを道徳科の目標の「自己の生き方」を深める学習につなげている。しかも，道徳性の諸様相の列記の順について長く「道徳的心情」が最初であったが,「道徳的判断力」を先頭に置き換え,「主体的な判断」を重視する趣旨と重ねている。

また，道徳の内容に関しても，以前のいわゆる「節度・節制」や「基本的な生活習慣」とよばれた生活指導的な項目を最初にする配置を改め,「善悪の判断，自律」などに関する項目を第一とした。このことにより，道徳の内容項目の全体が生徒指導や到達度を示すような性格ではなく，子どもが自律的に判断して解決していくべき課題でありテーマであるとの性格がより明確になった。

**図表6-1　道徳の目標・内容・方法で重視する「主体性」**

| | |
|---|---|
| **道徳教育の目標**<br><br>（第１章第１） | **《「主体的な判断」を目標概念の骨組みの中核に組み込む》**<br>○自己の生き方を考え，主体的な判断の下に行動し，自律した人間として他者と共によりよく生きるための基盤となる道徳性を養うことを目標とすること。 |
| **道徳科の目標**<br><br>（第３章第１） | **《子ども自らの「自己の生き方」につなぐ学習を示す》**<br>○道徳的諸価値の理解を基に，自己を見つめ，物事を多面的・多角的に考え，自己の生き方についての考えを深める学習を通して，道徳的な判断力，心情，実践意欲と態度を育てる。 |
| **道徳の内容**<br><br>（第３章第２） | **《内容項目の冒頭に「善悪の判断・自律」を置く》**<br>A　主として自分自身に関すること<br>〔善悪の判断，自律，自由と責任〕<br>(1)　自由を大切にし，自律的に判断し，責任のある行動をすること。（第５学年及び第６学年の場合） |
| **道徳の指導方法（内容の取扱い）**<br><br>（第３章第３） | **《指導の具体的配慮の最初に「主体的」な取組を据える》**<br>２-(3)　児童自ら道徳性を養う中で，自らを振り返って成長を実感したり，これからの課題や目標を見付けたりすることができるよう工夫すること。その際，道徳性を養うことの意義について，児童自らが考え，理解し，主体的に学習に取り組むことができるようにすること。 |

出所）小学校学習指導要領（平成 29.3 告示）より各一部抜粋（下線は筆者による）

そして，指導方法の配慮事項の部分においても，児童が「自ら」道徳性を養うために「主体的に学習に取り組む」ことが強調された。

### (2) 「多様性」を活力源に柔軟な道徳授業へ改善を図る

第２の視座としては，道徳教育での多様性を重視し，それを子どもの成長と教師の指導の両面での活力源にしようとしていることがあげられる。

その発火点は，前述の「道徳教育の充実に関する懇談会」の報告（2013）のなかにあった。そこでは，同じ「指導教育の指導方法」の項で，前述の課題の指摘につなげて，次の方向性が示されている。

> 今後，大学や研究機関等とも連携協力しながら，道徳教育の特質を踏まえた多様な授業の在り方について教師間で切磋琢磨し合うとともに，子供たちの多様な実態や発達の段階に即した柔軟な指導方法など，優れた道徳教育の指導方法を生み出していくことが期待される。（傍点は筆者による）

このように，授業そのものを「多様」にし，指導を「柔軟」にしていくことを明確に求めている。文部科学省は通常，教育の基本的な規定を示すことが多いはずであるが，このように率先して指導の幅を広げることを前面に押し出すのは珍しいともいえ，そこには強い切迫感さえもうかがえる。

この「多様性」を重視する趣旨は，さまざまな形で反映されることになる。

#### ①　子どもの学習における「多面的・多角的」思考の重視

それはまず，道徳科の目標にあらわれる。図表６−１から読み取られるように，道徳科では子どもの「多面的・多角的」な思考が重要だ。「多様性」の英語である「Diversity」は，本来，アンテナを立てて多方面から受信し，多様な方角へ発信することの意味も有する。まさに多面的な入力と多角的な出力によって，子どもの学びと生き方の活力を高めていくことが大事にされる。

#### ②　道徳科の指導における「多様性」の重視

また，この趣旨は，道徳科の指導のあり方にもつなげられ，第３の「内容の取扱い」に関する部分では，小・中学校ともに「多様」という言葉が次のように５回ずつ文字通り多様に使われている（傍点は筆者）。

**「多様な感じ方や考え方」**　　**「多様な見方や考え方」**（小２回・中３回）

**「多様な実践活動や体験活動」**（小のみ）　　**「多様な教材の活用」**

改訂前はこの「多様」という言葉自体が道徳部分にはゼロであったことから，今回の指導の方向が「多様性」に明確にシフトしていることがわかる。

### ③　「質の高い多様な指導方法」が例示されたこと

また，文部科学省の「道徳教育に係る評価等の在り方関する専門家会議」による報告（2016）において，「道徳科における質の高い多様な指導方法について」と題して，次の３つの指導のイメージが例示されたことも注視される。

A**「読み物教材の登場人物への自我関与が中心の学習」**

B**「問題解決的な学習」**

C**「道徳的行為に関する体験的な学習」**　　※左の記号は筆者

これらが提示されたとき，多くの道徳授業実践家が驚かされた。従前の文部科学省の立場では，このような指導パターンを率先して示すことはほぼ考えられなかったからである。それほどまでに，道徳授業の形骸化や硬直化をほどき，柔軟なものにしていく願いを強く込めたのだと受け止めるべきである。

## ⑶　子どもが「自分事」を「納得解」につなげる追求型授業を実現する

では，道徳科において，上記の「主体的」かつ「多様」な追求型の授業は，どのような形で実現ができるのか。それがここで考えたい３つ目の視座であり，それは，子どもが自ら「考え，議論する」ための道徳として描かれる。

その際，まず着眼すべきは，子どもの「問題意識」である。「小学校学習指導要領解説・特別の教科道徳編」（2017）では，問題意識の用語が10回も頻出し，さまざまな切り口でその大切さを述べている。もとより，問題意識が伴わなければ，子どもが自力で取り組む主体的な学習は実現しようもない。

それに加えて，道徳科の指導で最近よく使われる２つの用語に着眼したい。それは，「自分事」と「納得解」である。これらは，「評価等の在り方に関する専門家会議」（2016）の報告では，次の表現のなかで用いられている。

まず，「自分事」については，「道徳的な問題を自分事として捉え，議論し探究す

図表6-2　道徳科での主体的な問題追求

（「自分事」の学びで「納得解」を見出す）

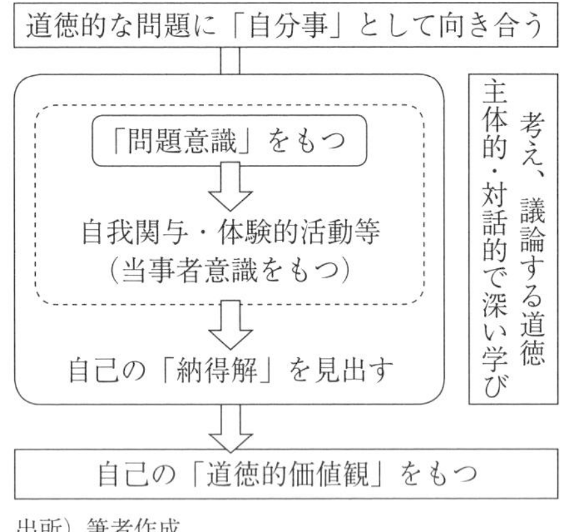


出所）筆者作成

るプロセスを重視する」と表すように，自分に深く関係する抜き差しならない問題として受け止めることがイメージされる。道徳科の授業の全体が「自分事」としての追求過程なのだといってよいのである。

また，「納得解」は，「将来の変化を予測することが困難な時代」に，「答えが定まっていない問いを受け止め，多様な他者と議論を重ねて探究」することでえられるものであるとしている。これは，子どもの生き方を動かす「道徳的価値観」の形成につながる大きなステップにもなる。

これらの用語の力を借りて全体的な姿を描き出したのが図表6-2である。このように，道徳科の指導を子どもの問題追求・問題解決的な思考の視点から大事に受け止め，混迷の先を生きていくことになる子どもたちの「心の活力」を，新しい道徳教育のなかでじっくりと培っていきたいものである。

**•参考文献•**

「考え，議論する道徳」を実現する会（2017）『「考え，議論する道徳」を実現する！』図書文化社

中央教育審議会（2008）「幼稚園，小学校，中学校，高等学校及び特別支援学校の学習指導要領等の改善について（答申）」

道徳教育に係る評価等の在り方に関する専門家会議（2016）「『特別の教科　道徳』の指導方法・評価等について（報告）」文部科学省

道徳教育の充実に関する懇談会（2013）「今後の道徳教育の改善・充実方策について（報告）」文部科学省

永田繁雄編（2016）『小学校新学習指導要領の展開 特別の教科 道徳編』明治図書

永田繁雄編（2017）『小学校新学習指導要領 ポイント総整理 特別の教科 道徳』東洋館出版社

# 第7章 今，求められる「資質・能力」と道徳教育・道徳科が育むもの

———浅見　哲也

## 1 新しい時代に育成を目指す資質・能力

2017（平成29）年３月31日の新学習指導要領の告示に当たり，その趣旨として，子どもたちに知・徳・体のバランスのとれた「生きる力」を育むことを再確認するとともに，全世界がネットワークでつながれ，人工知能の進化および活用する社会において，未来を担う子どもたちに，今後どのような資質・能力を育成することが重要なのかを明確にすることも求められた。それが，生きて働く「知識及び技能」の習得，未来の状況にも対応する「思考力，判断力，表現力等」の育成，学びを人生や社会に生かそうとする「学びに向かう力，人間性等」の涵養である。この資質・能力の３つの柱の育成がバランスよく実現できるよう，各教科等の目標，その後，学習評価が示されたところである。

資質・能力の３つの柱は，学習の過程を通して相互に関係し合いながら育成されるものである。子どもは学ぶことに興味を向けて取り組んでいくなかで，新しい知識や技能を得ていく。それらの知識や技能を活用して思考することを通して，知識や技能をより確かなものとして習得する。また，思考力，判断力，表現力などを養い，新たな学びに向かったり，学びを人生や社会に生かそうとしたりする力を高めていくことができるようになる。

この資質・能力の３つの柱について，「小学校学習指導要領解説　総則編」では次のように示している。

> 「知識及び技能」
> 　児童が学習の過程を通して個別の知識を学びながら，そうした新たな知識が既得の知識及び技能と関連付けられ，各教科等で扱う主要な概念を深く理解し，他

の学習や生活の場面でも活用できるような確かな知識として習得されるようにしていくことが重要となる。（※技術についても同様である。）
「思考力，判断力，表現力等」
社会や生活の中で直面するような未知の状況の中でも，その状況と自分との関わりを見つめて具体的に何をすべきかを整理したり，その過程で既得の知識や技能をどのように活用し，必要となる新しい知識や技能をどのように得ればよいのかを考えたりするなどの力であり，変化が激しく予測困難な時代に向けてますますその重要性は高まっている。
「学びに向かう力，人間性等」
児童一人一人がよりよい社会や幸福な人生を切り拓いていくためには，主体的に学習に取り組む態度も含めた学びに向かう力や，自己の感情や行動を統制する力，よりよい生活や人間関係を自主的に形成する態度等が必要となる。これらは，自分の思考や行動を客観的に把握し認識する，いわゆる「メタ認知」に関わる力も含むものである。

## 2 道徳教育及び道徳科における資質・能力の育成

このような動きのなかで道徳も歴史的転換の時期を迎えていた。2015（平成27）年３月27日，それまでの学習指導要領の一部改正により，「特別の教科である道徳」（以下「道徳科」という）が誕生した。次期学習指導要領の方向性が見えてきた頃ともいえる。その後，新学習指導要領が告示され，他の教科等では令和２年度（当時，平成32年度）の全面実施に向けた移行措置を行うなかで，道徳科は新学習指導要領の趣旨を先取りし，小学校では平成30年度から全面実施を迎えた経緯がある。

道徳教育及び道徳科では，その目標を「よりよく生きるための基盤となる道徳性を養う」と統一した。改めて，道徳教育及び道徳科で養うことを目指す資質・能力は，自立した人間として他者と共によりよく生きるための基盤となる道徳性であることが確認された。この道徳性とは，人間としての本来的な在り方やよりよい生き方を目指して行われる道徳的行為を可能にする人格的特性であり，人格の基盤をなすものである。それはまた，人間らしいよさであり，道徳的価値が一人ひとりの内面において統合されたものである。

さて，道徳教育及び道徳科で養う資質・能力は道徳性であることを押さえつつ，これからの時代に育成を目指す資質・能力の３つの柱（「知識及び技能」「思考力，判断力，表現力等」「学びに向かう力，人間性等」）を育成することについてはどのようなスタンスで捉えていけばよいのだろうか。具体的に考えていくことにする。

### (1)　道徳教育及び道徳科で育成する資質・能力と新しい時代に育成を目指す資質・能力の関係

道徳科の目標は下記の通り示されている。この目標からも，道徳科で育成すべき資質・能力は道徳性であることは明白である。

〈道徳科の目標〉
第１章総則の第１の２の(2)に示す道徳教育の目標に基づき，よりよく生きるための基盤となる道徳性を養うため，道徳的諸価値についての理解を基に，自己を見つめ，物事を（広い視野から）多面的・多角的に考え，自己の（人間としての）生き方についての考えを深める学習を通して，道徳的な判断力，心情，実践意欲と態度を育てる。
※（　）内は中学校表記，下線は筆者による。

道徳科における資質・能力の３つの柱との関係については，道徳科の目標に示された学習活動（目標の下線部分）に着目した捉え方ができる。この学習は，「道徳的諸価値の理解」と「自己の生き方についての考え（思考）」といった要素により支えられている。道徳科の学習のなかでこれらが相互に関わり合い，深め合うことによって道徳性を養うことにつながっていく。この学習活動による「道徳的諸価値の理解と自分自身の固有の選択基準・判断基準の形成」，「人間としての在り方生き方についての考え（思考）」，それらによって養われる「人間としてよりよく生きる基盤となる道徳性」の３つが，資質・能力の３つの柱にそれぞれ対応するものとして整理することができる。

まず，「道徳的諸価値の理解と自分自身に固有の選択基準・判断基準の形成」については，図表７-１の左下に示されているように，道徳的諸価値の意義及びその大切さなどを理解することが深く関わってくる。

また，「人間としての在り方生き方についての考え（思考）」については，表

## 図表7-1　道徳性を養う学習と，道徳教育で育成を目指す資質・能力の整理

道徳教育で育成する資質・能力としての道徳性と，道徳教育・道徳科の学習の過程との関係をイメージしたもの。
道徳教育，道徳科の意義，特質から，これらの要素を分節して評価を行うことはなじまない。

| | 道徳的諸価値の理解と自分自身に固有の選択基準・判断基準の形成 | 生徒一人一人の人間としての在り方生き方についての考え（思考） | 人間としてよりよく生きようとする基盤となる道徳性 |
|---|---|---|---|
| 高等学校 | ○道徳的諸価値の理解に基づき，自分自身に固有の選択基準・判断基準を形成すること　など | ○物事を広い視野から多面的・多角的に考え，自分自身の人間としての在り方生き方についての考えを深めること　など | ○人間としての在り方生き方を考え，主体的な判断の下に行動し，自立した人間として他者とともによりよく生きるための基盤となる道徳性<br>・道徳的価値が大切なことなどを理解し，様々な状況下において人間としてどのように対処することが望まれるか判断する能力（道徳的判断力）<br>・人間としてのよりよい生き方や善を指向する感情（道徳的心情）<br>・道徳的価値を実現しようとする意志の働き，行為への身構え（道徳的実践意欲と態度）　など |
| 小学校，中学校 | ○道徳的諸価値の意義及びその大切さなどを理解すること<br>・人間としてよりよく生きる上で，道徳的価値は大切なことであるということの理解<br>・道徳的価値は大切であっても，なかなか実現することができないことの理解<br>・道徳的価値を実現したり，実現できなかったりする場合の感じ方，考え方は多様であるということを前提とした理解　など | ○自己を見つめ，物事を多面的・多角的に考え，自己の（人間としての）生き方についての考えを深めること<br>（中学校）<br>・人生の意味をどこに求め，いかによりよく生きるかという人間としての生き方を主体的に模索する<br>・人間についての深い理解を鏡として行為の主体としての自己を深く見つめる<br>（小学校）<br>・道徳的価値に関わる事象を自分自身の問題として受け止める<br>・他者の多様な考え方や感じ方に触れることで，自分の特徴などを知り，伸ばしたい自己を深く見つめる<br>・生き方の課題を考え，それを自己（人間として）の生き方として実現しようとする思いや願いを深める　など | ○自己の（人間としての）生き方を考え，主体的な判断の下に行動し，自立した人間として他者とともによりよく生きるための基盤となる道徳性<br>・道徳的価値が大切なことなどを理解し，様々な状況下において人間としてどのように対処することが望まれるか判断する能力（道徳的判断力）<br>・人間としてのよりよい生き方や善を指向する感情（道徳的心情）<br>・道徳的価値を実現しようとする意志の働き，行為への身構え（道徳的実践意欲と態度）　など |

道徳性を養うための学習を支える要素　／　道徳教育・道徳科で育てる資質・能力

出所）教育課程部会 平成28年8月26日　次期学習指導要領等に向けたこれまでの審議のまとめについて（報告）

の中央下に示されているように，自己を見つめ，物事を多面的・多角的に考え，自己の生き方についての考えを深めることが深く関わってくる。

これらの学習活動による「知識及び技能」「思考力，判断力，表現力等」によって養われる「人間としてよりよく生きる基盤となる道徳性」とは，表の右下に示されているように，自己の生き方を考え，主体的な判断の下に行動し，自立した人間として他者とともによりよく生きるための基盤となる道徳性である。

各教科などの目標では育成すべき資質・能力の３つの柱で整理して示しているのに対して，道徳科の目標は一文で示している。これは，子どもの人格そのものに働きかけ，道徳性を養うことを目標とする道徳教育の意義や特質から，資質・能力の要素を分節して観点別に評価することは妥当ではないことに留意する必要があることを意味している。しかしながら，道徳教育及び道徳科においても，これからの時代に必要な資質・能力の３つの柱を育成するという新学習指導要領の趣旨をしっかりと踏まえ，着実に行っていくことが求めらていることを認識しなければならない。

### (2) 「知識及び技能」の習得につながる学び

道徳科では，「道徳的諸価値についての理解を基に」と示されている通り，道徳教育及び道徳科の内容項目に含まれる道徳的価値を手掛かりとして道徳性を養うための授業を行っている。

たとえば，「わたしたちの道徳」小学校１・２年（出典：文部科学省）の読み物教材「ぽんたとかんた」では，一般的には，その教材を扱う授業の内容は，小学校第１学年及び第２学年のＡ「主として自分自身に関すること」の〔善悪の判断，自律，自由と責任〕とし，ねらいを，たとえば「よいことと悪いことを区別し，よいことを進んで行おうとする態度を育てる」として授業を行うことが考えられる。この時には，よいことと悪いことをしっかりと正しく区別する判断力を養うためにも，何がよいことで何が悪いことかを理解する必要がある（価値理解）。しかし，知的な理解にとどまらずに，道徳的価値は大切であっても，なかなか実現することができないことの理解（人間理解），つまり，興味本位から悪いことだとわかっていてもやってしまいたくなるという気持ちがあったり，親しい友達から誘われると断りにくかったりするという人間の弱さを理解することも大切である。さらには，正しいことを進んで行おうとすることを実現したり，実現できなかったりする場合の感じ方や考え方は，さまざまであるということを前提とした理解（他者理解）をすることも大切である。

このように，価値理解，人間理解，他者理解が道徳的価値の理解には必要不可欠であり，子ども一人ひとりがこれらの理解を自分との関わりで捉え，考えることが，実際の生活のなかで生きて働く知識となる。道徳科の授業のねらいとは，「道徳科の内容項目を基に，ねらいとする道徳的価値や道徳性の様相を端的に表したもの」と「小学校学習指導要領解説　特別の教科　道徳編」で説明されているように，授業を行うに当たってはしっかりとねらいを設定して臨むことが大切である。

### ⑶　「思考力，判断力，表現力等」の育成につながる学び

この「思考力，判断力，表現力等」の育成につながるような学習活動を工夫することが，学習・指導改善の視点として示されている「主体的・対話的で深い学び」，特に道徳科では「考え，議論する道徳」という言葉で表現されている。道徳科では，教科用図書の読み物教材などを活用して授業が行われるが，その教材の内容を理解するものではなく，教材を通して自己の生き方について考えを深めるものである。「思考」とは，これまでの自分自身の体験などを想起しながら道徳的価値を含んだ事象を考えることであり，学習対象がもっている多面性をさまざまな角度から考察してより深く理解することが大切である。

たとえば，「わたしたちの道徳」小学校３・４年（出典：文部科学省）の読み物教材「心と心のあく手」では，ねらいとする道徳的価値，一般的には，〔親切，思いやり〕について自分の体験を想起しながら，困っている人がいたら放ってはおけない気持ちや声をかけたくても恥ずかしさなどからかけられない気持ちがあるなかで，進んで声をかけることの大切さとともに，相手の状況を考

えて見守ることの大切さなども考えて「判断」する。そのためにも，子ども同士の対話的な学びを通して互いに自分の考えを「表現」し，比べながら違いに気づき，よりよい生き方を求めていくことが大切である。

文部科学省では，2016（平成28）年7月22日の「『特別の教科　道徳』の指導方法・評価等について（報告）」において，「質の高い多様な指導方法」（①読み物教材の登場人物への自我関与が中心の学習，②問題解決的な学習，③道徳的行為に関する体験的な学習）が例示された。これらの指導方法は，それぞれが独立した指導の「型」を示しているわけではなく，それぞれにさまざまな展開が考えられる。子どもの「思考力・判断力・表現力等」を育成するためにも，たとえば，読み物教材を活用しつつ問題解決的な学習を取り入れ，その問題解決のための話合いのなかでは体験的な学習を取り入れるなど，指導のねらいに即して適切かつ柔軟に学習指導過程や指導方法を工夫することが求められる。

### (4)　「学びに向かう力，人間性等」の涵養につながる学び

前述した通り，道徳科を要とした道徳教育で養う資質・能力は道徳性であり，この道徳性は，各教科などで育成する資質・能力である「学びに向かう力，人間性等」に深く関わるものである。本来，道徳性は，各教科などでの指導も含めて学校の教育活動全体を通じて養うものであるため，意識すべきことは，全教育活動を通じて行う道徳教育での指導と，その要としての働きをもつ道徳科の授業での指導である。

たとえば，「私たちの道徳」小学校5・6年（出典：文部科学省）の読み物教材「真海のチャレンジ」では，病気で右足膝下を切断した佐藤真海さんが，くじけそうになる人間の弱さを乗り越えて陸上競技に生き甲斐を見いだし，パラリンピックに出場するという高い目標に向かって挑戦し続ける姿を描いている。このように，道徳の教材に登場する人物の姿から，学びに向かう力や人間性などそのものを強く感じ取れることもある。しかし，大切なことは，1時間の授業で完結するということではなく，これまでの日常生活や学校生活のさまざまな体験を通して味わった人間の心の弱さやたくましさに日頃から目を向け

て意識できるようにしたり，各界で活躍する人物を取り上げて話題とし，人間の無限の可能性に触れ，自己の生き方について考える機会を意図的に設けて授業に臨むことが大切である。授業では，人間の心の弱さを知り，それは誰もがもっていることを理解しつつ，くじけそうになるがこのままではいけないと自らを奮い立たせるのも人間であり，弱さを乗り越えようとするたくましい心を捉えていく。人間はなぜ立ち向かおうとするのかを考えることで生きがいを見いだし，この教材における一般的なねらい〔よりよく生きる喜び〕を感じ取ることができるようにする。授業を終えてからも，子どもたちを認め，励まし，勇気付けながら，道徳的実践へとつなげていけるようにする。

「学びに向かう力，人間性等」の涵養の「涵養」とは，「ゆっくりと養い育てる」という意味であり，道徳科を要とした道徳教育の充実，つまり，学校教育活動全体を通じて行う道徳教育と年間35時間以上（小学校第1学年のみ34時間以上）行う道徳科の授業をしっかりと関連付けて行うことがより大きな効果を発揮することとなる。

今，各教科等では，資質・能力の３つの柱を育成するための授業改善が求められている。その目指すべき道徳科での学習活動が，目標のなかに明記されている「道徳的諸価値についての理解を基に，自己をみつめ，物事を多面的・多角的に考え，自己の生き方についての考えを深める学習」である。道徳性の諸様相（道徳的な判断力，心情，実践意欲と態度）を育てることはもちろん，「知識及び技能」「思考力，判断力，表現力等」「学びに向かう力，人間性等」を育成するためにも，このような学習をしっかりと実現させていくことが何よりも大切なことであるといえる。

**• 参考文献 •**

貝塚茂樹（2020）『戦後日本と道徳教育』ミネルヴァ書房
澤井陽介（2017）『授業の見方』東洋館出版社
田村学（2018）『深い学び』東洋館出版社
永田繁雄編（2017）『「道徳科」評価の考え方・進め方』教育開発研究所

# 第8章 小学校道徳教育の内容項目とその構成

――――森　有希

## 1 内容項目の変遷の概要

**〈1958（昭和 33）年版〉**

学習指導要領に示された4つの具体的な目標に即して，「主として『日常生活の基本的行動様式』に関する内容」「主として『道徳的心情，道徳的判断』に関する内容」「主として『個性の伸長，創造的な生活態度』に関する内容」「主として『国家・社会の成員としての道徳的態度と実践的意欲』に関する内容」に分けて⑴〜㊱の項目が示された。そのうちの26項目は，括弧書きを付けて（低学年においては，……，中学年においては，……，高学年においては，……）と「低，中，高学年」の3段階別，または「低学年と中・高学年」「低・中学年と高学年」の2段階別に表記されている。これらの項目は，⑴〜㊱の一連の番号で示されているとおり相互に関連してひとつの全体構造をなしていること，また，その配列は，指導の順序を意味するものではないこと，実際の指導においては，いくつかの内容を関連付けて指導することが効果的な場合が多いこと，個々の内容は相互に関連をもつばかりでなく，いずれの具体的目標とも密接な関連をもつことなどが示され，内容項目の関連が強調されている。

**〈1968（昭和 43）年版〉**

具体的目標による4つの柱の区分が廃止され，内容項目も一部が整理・統合されて⑴〜㉜の32項目になった。すべての項目に括弧書きが付けられ，「低，中，高学年」の3段階別，または「低学年と中・高学年」「低・中学年と高学年」の2段階別に示された。4つの柱が廃止された理由は，もともと，4つの柱が内容項目の分類のために設定されたものではなかったこと，中学校は，三つの柱になっていて小・中学校間に不整合があること，この柱の区分は，他の柱や項目と関連するものとしていたにもかかわらず，意図に反して厳密な区分として捉えられたことなどから混乱や誤解を招く恐れがあったためである。すべての項目が，括弧書きによって学年段階別に示されたことについては，発達の段階に応じた主題構成を可能にするための手がかりとして学年段階別の表示を求める要望が多かったことによる。

また，このとき「重点的取り上げ方」が明確に示されたが，これは内容をもれなく平均的に取り上げて指導するよりも，いくつかの内容を重点的に指導する方が道徳性の深まりが期待できるという理由であった。32という項目数にとらわれることなく，いくつかの内容を関連付けて指導するように配慮し，適切なねらいを設定して主題を構成することが大切であるとされた。

**〈1977（昭和52）年版〉**

内容項目の一部が整理・統合されて1～28の28項目になったが，前回からの大きな変更はない。各項目を正確に理解することや，内容を関連付けて適切な主題を構成することが大切であることなども引き続いて解説されている。

**〈1989（平成元）年版〉**

1989（平成元）年改訂は，これまでと比較すると大きな変更がみられる改訂であった。まず，小・中学校共通に「1　主として自分自身に関すること」「2　主として他の人とのかかわりに関すること」「3　主として自然や崇高なものとのかかわりに関すること」「4　主として集団や社会とのかかわりに関すること」の4つの視点が設定され，視点ごとに(1)から項目番号が付された。

また，内容項目が「第1学年及び第2学年」「第3学年及び第4学年」「第5学年及び第6学年」の学年段階別に書き分けられ，低学年14項目，中学年18項目，高学年22項目の内容が示された。

このときの指導書（1989）には，「道徳の時間の指導に当たっては，原則として各時間にひとつの内容項目を取り上げるが，項目間の関連を十分に考慮しながら，指導の順序を工夫したり，内容の一部を関連付けたりして，実態に応じた適切な指導を行うことが大切」と述べられており，原則的には，各時間にひとつの内容項目を取り上げることが示された。

**〈1998（平成 10）年版〉**

1989（平成元）年版からの大きな変更はみられない。４つの視点のもと，「第１学年及び第２学年」15 項目，「第３学年及び第４学年」18 項目，「第５学年及び第６学年」22 項目の内容が示された。

**〈2008（平成 20）年版〉**

1989（平成元）年版からの流れが引き継がれている。４つの視点のもと，「第１学年及び第２学年」16 項目，「第３学年及び第４学年」18 項目，「第５学年及び第６学年」22 項目の内容が示された。

**〈2015・2017（平成 27・29）年版（現行版）〉**

道徳の「特別の教科」化に伴って多くの変更点がみられる。まず，これまで「１～４」の数字表記で示されていた４つの視点は，「Ａ～Ｄ」の英字表記となり，視点の順序も３番目と４番目の順序が入れ替わった。項目数は，「第１学年及び第２学年」で 19，「第３学年及び第４学年」で 20，「第５学年及び第６学年」で 22 となり，それまで視点ごとに内容項目の番号が付けられていたものが，昭和期のように内容項目全体を通して⑴から番号が付された。さらに，内容項目にキーワードが付記され，内容項目の文末は「こと」と表記された。

以上，小学校道徳教育の内容に関してまとめたものが図表８-１である。

## 2 内容項目の変遷についての考察

内容項目を概観すると，道徳の時間が設置された頃には，項目数は，標準授業時数よりも多い 36 項目であったが，改訂ごとに，32 項目，28 項目と減少し，平成期には，もっとも項目数が多い高学年で 22 項目となった。たとえば，当初は，「生命を尊び，健康を増進し，安全の保持に努める。」「身のまわりを整理・整とんし，環境の美化に努める。」「ものや金銭をだいじにし，じょうずに使う。」「時間をたいせつにし，きまりのある生活をする。」「わがままな行動をしないで，節度のある生活をする。」などの項目が，現在版では，「健康や安全に気を付け，物や金銭を大切にし，身の回りを整え，わがままをしないで，

図表８－１　小学校道徳教育の内容の視点・項目の概要

| | | 視点（まとまり） | 項　目 |
|---|---|---|---|
| 昭和 | 33年版 | **具体的目標ごとの４つの柱**<br>• 主として「日常生活の基本的行動様式」に関する内容<br>• 主として「道徳的心情，道徳的判断」に関する内容<br>• 主として「個性の伸長，創造的な生活態度」に関する内容<br>• 主として「国家・社会の成員としての道徳的態度と実践的意欲」に関する内容 | 36 項目（一連の番号(1)～）<br>※うち 26 項目は，括弧書きを付けて学年段階別の書き分け。ただし，22 項目は，「低学年と中・高学年」または「低・中学年と高学年」の２段階別。 |
| | 43年版 | | 32 項目（一連の番号(1)～）<br>※すべての項目に括弧書きを付け，学年段階別に書き分け。ただし，12 項目は，「低学年と中・高学年」または「低・中学年と高学年」の２段階別。 |
| | 52年版 | | 28 項目（一連の番号 1 ～）<br>※すべての項目に括弧書きを付け，学年段階別に書き分け。ただし，10 項目は，「低学年と中・高学年」または「低・中学年と高学年」の２段階別。 |
| 平成 | 元年版 | **４つの視点**<br>1　主として自分自身に関すること<br>2　主として他の人とのかかわりに関すること<br>3　主として自然や崇高なものとのかかわりに関すること<br>4　主として集団や社会とのかかわりに関すること | 低学年 14 項目　中学年 18 項目<br>高学年 22 項目　合　計 54 項目<br>(視点ごとの番号(1)～) |
| | 10年版 | | 低学年 15 項目　中学年 18 項目<br>高学年 22 項目　合　計 55 項目<br>(視点ごとの番号(1)～) |
| | 20年版 | | 低学年 16 項目　中学年 18 項目<br>高学年 22 項目　合　計 56 項目<br>(視点ごとの番号(1)～) |
| | 27・29年版 | **４つの視点**<br>A　主として自分自身に関すること<br>B　主として人との関わりに関すること<br>C　主として集団や社会との関わりに関すること<br>D　主として生命や自然，崇高なものとの関わりに関すること | 低学年 19 項目　中学年 20 項目<br>高学年 22 項目　合　計 61 項目<br>(一連の番号(1)～)<br>※内容項目にキーワードを付記。内容項目の文末は「こと」と表記。 |

出所）小学校学習指導要領道徳の指導書・解説をもとに筆者作成

規則正しい生活をすること。」（低学年）のように統合・整理されている。改訂版それぞれの内容項目の文言に違いはあるが，全体として，取り上げている道徳的価値には，大きな違いは認められない。学習指導要領の改訂ごとに，内容項目を統合・分割・整理しながら，学年段階に新たな内容項目を加えたり文言を調整したりして，時々の今日的な課題を内容項目に反映してきたことがうかがえる。

内容項目の構成や取扱いについては，括弧書きのなかで書き分けられた昭和期の学年段階別の表記がわかりにくく，発達の段階に応じた系統的な主題構成に難があったことがうかがわれる。また，当時，内容項目が相互に関連し，ひとつの全体構造をなすものであると強調していたことからは，内容項目を関連させた指導やいくつかの内容項目に重点を置いた指導など扱い方に創意工夫が求められていたことも読み取れる。しかし，当時の学校においては，どちらかといえば内容項目の取扱いに一定の型を求める傾向の方が強かったと推察される。平成期になると，そうした昭和期の課題や要望に対応して，よりわかりやすく，指導において扱いやすくするといった観点から内容項目についても数々の変更が行われた。

まず，1989（平成元）年の改訂によって，小・中学校共通に４つの視点が新たに示された。これによって，小・中学校の一貫性も担保され，内容項目のまとまりや発展が捉えやすいものとなった。そして，それまで括弧書きのなかで書き分けられていた学年段階別の内容が，「第１学年及び第２学年」「第３学年及び第４学年」「第５学年及び第６学年」の別に整理して書き分けられた。この学年段階別の書き分けによって，内容項目の系統性が高まり，発達の段階に応じた主題構成が以前よりも容易になったことがうかがわれる。また，原則的には，各時間にひとつの内容項目を取り上げるとされたことによって，１時間に１教材１内容項目を扱う指導がより広く定着していったものと思われる。

こうした改訂によって，内容項目の取扱いは，系統的でわかりやすいものとなった一方で，教材に描かれたひとつの道徳的価値に焦点を当て，１時間ごとにそれを理解させようとするパターン化した授業が多くなったと指摘されるようにもなった。こうしたことが次節に述べる道徳の特別の教科化による改善につながっていくこととなる。

## 3 現在の内容項目に関する改善とその考察

「特別の教科である道徳」の誕生は，道徳教育の歴史上の大転換であり，これまでの課題に対応して内容項目に関しても多くの変更点がみられた。

今次の改訂によって，４つの視点は，「A　主として自分自身に関すること」「B　主として人との関わりに関すること」「C　主として集団や社会との関わりに関すること」「D　主として生命や自然，崇高なものとの関わりに関すること」に改められた。視点の数字表記が英字表記に変わったことは，他教科でも大項目の表示として英字が使われており，それと同様にしたためであろう。従来の３と４の視点が入れ替わったことは，図表８-２のように児童にとっての対象の広がりに即して整理し，児童の立場から内容項目を捉えやすくしたものである。なお，Dの視点には，「生命や」の文言が加えられ，指導内容の重点として示されている「生命尊重」が強調される形となった。

また，内容項目には，キーワードとなる言葉が付記された。このことによって，内容項目が小学校低学年から中学校まで分化・統合しながら一貫してつながっていることがより捉えやすくなった。これは，「特別の」ではあっても教科としての一要素である「体系性」を意識したものと解釈される。

図表８-２　視点の構成イメージ

出所）筆者作成

今次の改訂では，道徳教育の改善・充実のために，道徳教育の理念が専門家のみならず家庭や地域の方々も含めて広く理解される必要があるとしており，視点の入れ替えやキーワードの付記も多くの人にとってのわかりやすさに留意したことがうかがえる。

内容としては，「特別の教科」化の背景である「いじめの問題」への対応に留意した変更が多くみられる。まず，内容項目の配置順については，従前同様に内容項目の重要性の順序を示すものではないとしたうえで，Ａの視点では「善悪の判断，自律，自由と責任」「正直，誠実」を，Ｂの視点では「親切，思いやり」「感謝」の内容項目をそれぞれの視点の前半に位置付け，「いじめの問題」への対応を意識した配列がなされている。また，内容項目について，「いじめの問題」への対応，グローバル化などの今日的な課題や，発達の段階を踏まえた体系性を意識して，Ａ「個性の伸長」(低学年)，Ｂ「相互理解，寛容」(中学年)，Ｃ「公正，公平，社会正義」(低・中学年)，Ｃ「国際理解，国際親善」(低学年)，Ｄ「よりよく生きる喜び」(高学年) が該当の学年段階に追加され，従前の役割・責任と愛校心の項目が，Ｃ「よりよい学校生活，集団生活の充実」(高学年) に統合された。これらの内容項目の整理によって，小学校から中学校までの内容が発展的に一貫してつながっていることも捉えやすくなった。

なお，内容項目文末の「こと」表記については，小学校では今次の改訂で初めて用いられたものである。この文末の「こと」は，命令的な意味ではなく，内容項目があくまで道徳科で扱う「事項」であって，達成規準でも目標でもないことを明確にしようとした意図がある。ちなみに他教科でも同様に，事項として示された内容の文末は「こと」表記となっている。

これらの内容項目の取扱いについては，年間指導計画の作成に当たって「一つの内容項目を複数の時間で扱う指導を取り入れるなどの工夫を行う」という文言が学習指導要領に追加された。このことは，従前も解説では示されていたことではあるが，ひとつの内容項目を１単位時間ごとに扱う指導が一般的ななかにあって，たとえば，ひとつの内容項目について，発展的な観点から複数の教材を関連させて連続的な複数の時間で扱うなど，いわゆるユニットや単元構成による創意工夫ある指導を積極的に導入しようとした意図がうかがえる。

さらに，内容項目の取扱いの工夫によって多様な指導方法を積極的に取り入れようとしたことは，内容項目の番号表記が，視点ごとではなく通番(1)〜(22)

（高学年）となったことにもあらわれている。道徳の時間設置当時にも，これらの内容項目は，相互に関連してひとつの全体構造をなしているという解釈を強調していたが，内容項目は，児童自らが道徳性を養うための手掛かりであり，相互に関連し合うものである。そうした認識に立てば，内容項目ひとつひとつを達成規準のように受け止めたり，単一の道徳的価値のみにこだわる指導ばかりを行ったり，ましてや内容項目を単に教え込んだりすることは，今次の改訂が意図するところではないことも明確に押さえられる。実際，人間の生き方は，さまざまな道徳的価値が複雑に絡み合って営まれるものであり，道徳科の指導においては，そうしたいくつかの道徳的価値を関連させて主題を構成したり，ひとつの内容項目を複数の時間で扱ったりするなど，内容項目を柔軟に取り扱っていくことが望まれている。

道徳の「特別の教科」化によって，教科としての体系性や他教科との整合性などが随分と意識され，また，実効性を促す授業となるよう子どもの実態や現実に即した柔軟な指導も求められた。こうした意図は，以上，検討してきたように内容項目の改善からも十分に読み取ることができる。

**• 参考文献 •**

江島顕一（2016）『日本道徳教育の歴史—近代から現代まで—』ミネルヴァ書房
永田繁雄編著（2016）『小学校新学習指導要領の展開　特別の教科　道徳編』明治図書
浪本勝年他編（2010）『史料・道徳教育を考える（3改訂版）』北樹出版
渡邊弘・池山勝幸（2008）「内容項目から見た戦後日本の道徳教育の変遷」『宇都宮大学教育学部教育実践総合センター紀要』31：257-266

# 第9章 教科書活用時代と道徳教育・道徳科の活性化方略

――――坂本　哲彦

## 1 教科書

### (1) 教科書導入の意図，よさと課題

これまでの道徳教育には，忌避，軽視されがちな傾向や形式的な授業が行われるなどの課題があった。これらを改善・充実する方策のひとつとして教科書が導入された。検定済み教科書が全児童生徒に無償給与され，すべての小中学校において教材の環境が整った。また，「特別の教科　道徳」となり，学習指導要領の改訂により，時数確保や教科書を活用した多様な学習指導が，容易かつ効果的に行われるようになった。

また，採択地区内では同じ教科書を使用するため，教科書の編集意図等が明確に共有されるようになった。さらに全体計画や年間指導計画などの立案や実施，指導方法や評価などについて，学校間で情報共有が促された。授業研究も活発に行われるなど，教科書導入のよさは大きい。

他方，教科書導入に係る課題もある。たとえば，地域に根差した地域教材，個人やグループによる開発教材，放送教材の活用など，多様な教材を教科書教材と併せて活用する難しさである。検定教科書の教材を他の教材へ差し替える上で，未履修などの問題が生じないようにする配慮が適切にできるかどうか，差し替え可能な教材数が見極められるかどうかなどである。また，教材の特徴に応じた指導の工夫をどうするかも課題である。

教科書活用時代を迎えた今，教科書教材も含め，多様な教材の開発の意義や開発する上での配慮事項，活用上の留意点などを一層明確に共有し，道徳教育や道徳科を活性化するための方略が強く求められている。

### (2) 教科書教材の条件や構成

検定基準によれば，教科書に掲載される教材の「基本的条件」には，生命の尊厳，自然，伝統と文化，先人の伝記，スポーツ，情報化への対応などの現代的な課題などの「題材の全てを教材として取り上げていること」「児童の発達の段階に即し，ねらいを達成するのにふさわしいものであること」「人間尊重の精神にかなうものであって，悩みや葛藤などの心の揺れ，人間関係の理解などの課題も含め，児童が深く考えることができ，人間としてよりよく生きる喜びや勇気を与えられるものであること」がある。

また，「選択・扱い及び構成・排列」においては，言語活動，問題解決的な学習や道徳的行為における体験的な学習について適切な配慮がなされていること，「多様な見方や考え方のできる事柄を取り上げる場合には，その取り上げ方について特定の見方や考え方に偏った取扱いはされておらず公正であるとともに，児童又は生徒の心身の発達段階に即し，多面的・多角的に考えられるよう適切な配慮がされていること」などが求められている。

さらに，図書の主たる記述と小・中学校学習指導要領第３章の第２「内容」に示す項目との関係が明示され，その関係が適切でなければならない。

それらを踏まえた上で，各教科書には独自の編集上の特徴がある。たとえば，全体の教材数，重点的な指導を行う内容項目とその教材数，内容項目間の関連を密にした指導を可能とする教材の組合せ，さらに，いじめの防止や情報モラル，現代的な課題などを扱う教材の多彩さなどである。さらに，各教材の冒頭に授業の導入に資するような問いかけなどや教材の最後に授業で使用することを想定した発問，考える事柄などの記述があるなど各教科書によって，工夫されている。また，道徳ノートが予め添付されている教科書もあり，その内容も含めて検定されている。

学校の道徳教育の目標や重点目標，各教科や学校行事などの年間指導計画などとの関連を踏まえ，教科書教材に地域教材や開発教材，放送教材を織り込みながら，教科書編集の特徴を生かし，道徳科の年間指導計画立案や実施，具体的な授業展開の活性化を図ることが重要である。教科書は，実際の道徳科授業の基本的な展開を方向付けるだけに，教師による教材分析を行う力量はきわめて重要になる。

## 2 多様な教材

### (1) 教材の種類と特徴

教材には多くの種類，分類の観点，特徴がある。それらを明確にすることで教材分析や授業を活性化する必要がある。また，教材を開発，リメイクしたりする上でも，種類や特徴を理解しておくことが重要である。さまざまな教材の特徴を分類するための観点として，図表9-1 ①〜⑩ に整理した。

① に掲げる主たる内容項目は教科書編集上予め決まっている。しかし，授業者は関連する内容項目について，授業前に明確にしておく必要がある。たとえば，「正直，誠実」を扱うとされる教材「手品師」の授業で，「親切，思いやり」や「善悪の判断，自律，自由と責任」などに関わる発言が出ることがある。教材に含まれれる内容項目を適切に踏まえ，内容項目間の関連や道徳的価値の構造などを理解することは，授業づくり上必須である。

② の題材においては，特に「現代的な課題」（図表9-2）の具体と当該教材の内容項目との関連を明確にすると指導の工夫が行いやすい。

③ および ④ は，教材の一般的な分類である。教材のほとんどが ③ の文字言語によって表され，④ にある読み物教材に該当する。③ の映像や実物，音楽などの教材を適切に扱うなら，視覚，聴覚などの多感覚の支援が効果を発揮し，特に学びの困難さのある子どもにおいて有効な場合がある。

④ ⑤ ⑥ は関係が深い。読み物の内容が創作的な物語なのか，伝記や実在の人物や実際の出来事なのかによって，子どもに与える印象，感動の強さなどが変わってくる。また，子どもの生活や経験に近い教材内容や遠い内容の違いがある。伝記の場合，子どもから遠く内容理解が難しいことがある。そのため，教師が補説する場合は，情報過多で逆効果にならないようにする。子どもの生活に引きつけて考えられるような補助教材を選りすぐって用い，授業展開に必要な部分に焦点化することが大切である。

図表９－１　教材を分類・分析する観点（教材の内容，種類，特徴）

①内容項目（主たる内容項目，関連する内容項目）
②題材（生命の尊厳，自然，伝統と文化，伝記等）
③媒体（文字，映像・放送・写真・漫画，音楽，劇，実物等）
④読み物の内容（物語，伝記，実話，意見文，新聞，詩等）
⑤実話，創作（伝記等，フィクション，非連続型等）
⑥子どもの生活への遠近（生活文・日記等，寓話，童話等）
⑦登場人物の変容や役割（起承転結，きっかけ，助言者等）
⑧終わり方（オープンエンド，クローズドエンド等）
⑨道徳的問題，学習課題の有無（問いかけや疑問等）
⑩強弱（子どもに与える葛藤，疑問，関心，感動等）

出所）教材の分類等の観点を整理し，著者が作成

図表９－２　「現代的な諸課題に関する教科等横断的な教育内容」として道徳科の内容が関連づけられているもの

| | |
|---|---|
| ○伝統や文化に関する教育 | ○食に関する教育 |
| ○消費者に関する教育 | ○主権者に関する教育 |
| ○知的財産に関する教育 | ○法に関する教育 |
| ○放射線に関する教育 | ○環境に関する教育 |
| ○心身の健康の保持増進に関する教育 | ○生命の尊重に関する教育 |
| | ○防災を含む安全に関する教育 |

出所）小，中学校学習指導要領（平成29年７月）解説　総則編の付録６として掲載されている表を参考に筆者が作成

なお，意見文の場合は，主張点とその根拠を際立たせ，一方だけではなく，もう一方の主張も分析，授業化することが求められる。さらに，非連続型テキストは，現代的な課題を取り上げていることが少なくなく，教師が，内容や事象の深い理解，つながりを踏まえて授業化する必要がある。教材の事柄理解に留まらないようにする。

⑦では，登場する人物の役割を明らかにすることが大切である。多くの場合，(1)道徳的価値を実現している人物や出来事，(2)逆に実現できていない，あるいは実現途中の人物や出来事，(3)実現を促す人物（助言者）が登場する。人物が違う場合もあれば，一人の人物が，(2)→(3)→(1)の順に変容する場合もある。人物や出来事を対比的，構造的に捉えることなどにより，多面的・多角的な思考を保障する授業展開が工夫できる。

また，人物の行動や出来事には，相応の根拠やきっかけがあり，悩みや葛藤，認知的不均衡状態も含めて，内容項目と関連付ける必要がある。

なお，一般的な授業展開では，教材のはじめの場面から順に扱うことが多い。そのため，教材の起承転結や場面展開に沿い，時系列重視の順接的発問や板書にすることで，子どもの教材理解，内容把握を確かにできる。また，人物に自分を重ねるなどにより，道徳的価値理解が深まり，友達の考えなどを踏まえた多面的理解が進むという特徴がある。

教材の場面構成は，⑧にある教材の終わり方，すなわちオープンエンドかクローズドエンドかにも留意する。起承転結の「結」の部分が描かれていなければ，必然的に子どもはその部分を授業で考えたくなる。

このことは，⑨の教材に含まれている道徳的問題，授業で取り上げる学習課題が明確か否かにも関係する。教材の記述が「どう考えればいいだろうか」などと語りかければ，必然それを学習課題などに取り上げることになる。道徳的問題や学習課題が顕在的か潜在的かの違いは，授業づくりの重要な観点である。

最後の観点は，⑩の「教材のもつ強さ」である。道徳的な事柄が淡々と描かれている教材もあれば，葛藤場面や当惑，疑問，興味・関心のある出来事を強く印象付けるように作成された教材もある。道徳的価値や道徳的問題，学習課題，教材内容の現実性，意外性などに関係する「強弱」の感じ方には，個人差があり一様ではない。しかし，子どもがどこに関心を高めるのかを踏まえ，子どもが教材から感じ取る印象の「強弱」に目配りすることは，教材を踏まえた授業の活性化方略の重要な事柄といえる。

以上のような教材の種類，教材分類の10の観点，特徴ついては，①のように「すべてに関係」するもの，②③④⑦のように「いくつかに分類」されるものと，⑤⑥⑧⑨⑩のように「2つの観点で分類」されるものがある。それぞれの特徴を把握して，多様な授業展開を構想することが大切である。

### (2) 開発教材

教科書教材を中心にしながらも，開発教材が必要なのは，子どもの発達の段階や特性を一層踏まえるとともに，地域の実情などを考慮に入れるためである。そのことで，道徳的な問題や事象について強い問題意識をもてる。

「教材の開発に当たっては，日常から多様なメディアや書籍，身近な出来事等に強い関心をもつとともに，柔軟な発想をもち，教材を広く求める姿勢が大切」（小学校学習指導要領解説　道徳編，2017）である。素材には，物語，昔話，民話，詩，漫画，新聞記事，広告，市町村の広報誌，街の情報誌，チラシ，ネットの記事，テレビ番組やCM，ポスター，歌詞などがある。

題材の具体は，検定基準の基本的条件のとおりである。どの題材も重要であるが，教科書編集上の重点内容項目と自校のそれが異なる場合，自校の重点内容を踏まえた教材を開発し，教科書教材と差し替えることが必要となる。

開発する上での効果的な方法には，３点が考えられる。ひとつは，切り取り，要約，組合せ等を行うことである。教材文を一から書き起こすには，時間や技能が必要である。そこで，上記素材のなかから一部を切り取ったり，要約したり，別々の素材を組み合わせたりすることが有効である。

２つは，提示が短時間で行えて内容理解がやさしいことである。長い教材は理解が難しく，授業で提示する時間も長くなる。開発したからこそ，短時間で提示でき，一読で内容が理解可能で印象的な教材がふさわしい。

３つは，視覚化等に配慮することである。教材を開発する場合は，同時に教材提示や発問なども構想しているはずである。子どもの学びの困難さの状況に応じつつ，すべての子どもに対して教材の内容や提示に視覚的な配慮，支援を盛り込むなど，授業のユニバーサルデザイン化が必要である。

### ⑶　地域教材

地域教材は，子どもに身近に感じられるよさがある。内容項目はさまざまに作成できるが，とりわけ「伝統と文化の尊重，国や郷土を愛する態度」においては，効果的である。そのため，地域教材は教科書教材と差し替える頻度が高く，都道府県等で以前から作成していた教材の活用が効率的である。内容項目との関連で注意が必要なのは，第１学年および第２学年は，改訂前の学習指導要領における「郷土の文化や生活に親しみ」を現行では，「我が国や郷土の文化と生活に親しみ」に改めてある点である。

開発する上での留意点は，(2)の開発教材と基本的に同じであるが，さらに２点ある。ひとつは史実，事実等の確認を一層適切に行うことである。複数の文献で確認したり，原典で確認したりするなどである。保護者や地域の人，関係機関や専門家の協力を得ることが効果的である。２つは著作権や肖像権，個人情報保護等に一層配慮することである。だが，地域教材の場合，保護者や地域の人の中に，教材に描かれた人物や出来事の関係者がいることも考えられる。授業中でも適切で配慮のある取扱いを行う。

### (4)　放送教材

予め授業で活用されることを前提に企画，作成されている放送教材は，NHK for School（学校放送番組）の「道徳」である。２つの特徴がある。

ひとつは，教材のもつ印象の強さである。中心教材としての動画（10分，または15分）の題材，ストーリー展開は，子どもの興味関心を強く引きつけ，容易に内容を理解できるようになっている。ペープサート劇，通常のドラマ仕立て，タレントの進行，ドキュメンタリーなど，小学校の学年段階に応じたきめ細かな工夫，配慮がなされている。オープンエンドで「あなたならどう考えるか，どうするか」などの問いかけがある点や２つの場面や事象が対比的に描かれている点なども特徴的である。

２つは，動画活用を支える各種資料が充実している点である。ワークシート，学習指導案，黒板に添付できる重要シーンの画像またはイラスト，さらにペープサートを自作するための材料もダウンロードできる。

教師は，事前に動画視聴を行う必要があるが，豊富な資料により教材分析や授業準備，発問研究などが短時間に行えるよさがある。

## 3　活性化方略

多様な教材を生かした授業の活性化方略には，大きく次の２点がある。

ひとつは，教材を分析しその特質を十分理解することが欠かせない点である。先の10の種類，分類の観点，特徴を踏まえた上で，子どもが道徳的な事柄や問題を自分事として捉えられるようにする。また，葛藤や感動を感じ，感性に訴える事象や事実の強さなどを生かし，どの子どもも多面的・多角的に検討できる授業にするため，教材の具体的な表現や展開に即して教材研究および授業づくりを行う。その際，教師が子どもをひとつの考えに誘導するような教え込みにならないよう十分な注意が必要である。

2つは，どんな教材であろうとも，子どもがどこに問題意識をもつのかなど子どもの目線に立った方略にすることである。そのためには，教材理解や活用において，焦点化や視覚化を図ることが求められる。教材のどの部分に焦点を当てて展開するか，提示や発問，指示，話合い活動をどう可視化するかなど，授業づくりと一体的に教材理解，分析を行う姿勢を強くする。子どもの学びの困難さの状況を十分踏まえた上で，すべての子どもが考え議論でき，自分なりの納得をえられる授業としていくことが重要である。

**• 参考文献 •**


義務教育諸学校教科用図書検定基準（平成29年8月10日文部科学省告示第105号）

坂本哲彦（2020）『テキストブック　授業のユニバーサルデザイン　道徳』日本授業UD学会

永田繁雄（2013）「実話資料と創作資料の生かし方を区別する」『道徳教育』661：73-75

永田繁雄（2016）「教材と子どもとの『近さ』『遠さ』を生かし合う」『道徳教育』698：71-73

永田繁雄（2016）「教材のタイプを意識して授業を仕組む」『道徳教育』699：71-73

日本道徳教育学会編（2018）『道徳と教育　特集　道徳科における教材の効果的な活用』第336号

# 第10章　現代的な課題に向き合う道徳教育

———土田　雄一

## 1　現代的な課題と小学校の道徳教育

図表 10－1　SDGs17 の目標

出所）国連広報センター

現代的な課題とは，現代社会のなかで直面している課題である。その課題は，時代とともに変化し，よりよく生きるために考え続けなければならない課題である。

「小学校学習指導要領解説（平成 29 年告示）特別の教科　道徳編」（2017）では，現代的な課題として，「社会の持続可能な発展」をあげている。社会の持続可能な発展を巡る課題は，いわゆる「SDGs（Sustainable Development Goals の略）」である（図 10－1）。「SDGs」は 2030 年に向けて掲げた「持続可能な開発目標」であり，17 の目標および 169 のターゲット達成を目指し，2015 年に国連で採択された。17 の目標には，「貧困」「健康と福祉」「質の高い教育」「環境保全（海・陸）」「ジェンダー平等」「平和」などがあげられている。

日本では SDGs の 17 のゴールを日本の文脈に即して再構成した８つの優先課題（「あらゆる人々の活躍」「健康・長寿の達成」「生物の多様性，森林，海洋等の環境保全」「平和と安全・安心社会の実現」など）を決定（2018）し，取組を進めている。

小学校段階で，これらの目標をすべて取り組ませるものではない。まずは，「SDGs」を知り，関心をもつことが大切である。そして，その目標が設定された背景を知るとともに，自分たちでできることを考える姿勢を育てたい。小学校段階では，「環境の保全」のために，プラスチックごみを減らす方策を考え，「マイ箸」「エコバッグ」などの活動を進めることもできるだろう。また，温暖化対策を考え，「節電」や「緑のカーテン」などに取り組むことも一例である。道徳教育では，課題に対して，多面的・多角的に考え，多様な他者と話合いを重ねて，納得解を探す姿勢を身につけさせたい。

将来「Society5.0」の仮想空間と現実空間が融合した社会の実現を目指すとなると，AI（人工知能）により社会的課題の解決につながると同時に「新たな社会的課題」が生じることも予想される。「GIGA スクール構想」により，児童生徒への一人１台パソコンが具現化すると，「Society5.0」の社会も身近な

図表 10－2　政府における SDGs に関する８つの優先課題

【８つの優先課題と具体的施策】

| ① あらゆる人々の活躍の推進 | ② 健康・長寿の達成 |
|---|---|
| ■一億総活躍社会の実現　■女性活躍の推進　■子供の貧困対策　■障害者の自立と社会参加支援　■教育の充実 | ■薬剤耐性対策　■途上国の感染症対策や保健システム強化，公衆衛生危機への対応　■アジアの高齢化への対応 |
| ③ 成長市場の創出，地域活性化，科学技術イノベーション | ④ 持続可能で強靭な国土と質の高いインフラの整備 |
| ■有望市場の創出　■農山漁村の振興　■生産性向上　■科学技術イノベーション　■持続可能な都市 | ■国土強靭化の推進・防災　■水資源開発・水環境の取組　■質の高いインフラ投資の推進 |
| ⑤ 省・再生可能エネルギー，気候変動対策，循環型社会 | ⑥ 生物多様性，森林，海洋等の環境の保全 |
| ■省・再生可能エネルギーの導入・国際展開の推進　■気候変動対策　■循環型社会の構築 | ■環境汚染への対応　■生物多様性の保全　■持続可能な森林・海洋・陸上資源 |
| ⑦ 平和と安全・安心社会の実現 | ⑧ SDGs 実施推進の体制と手段 |
| ■組織犯罪・人身取引・児童虐待等の対策推進　■平和構築・復興支援　■法の支配の促進 | ■マルチステークホルダーパートナーシップ　■国際協力における SDGs の主流化　■途上国の SDGs 実施体制支援 |

資料）持続可能な開発目標（SDGs）推進本部「持続可能な開発目標（SDGs）実施指針」（平成 28 年 12 月）

図表10－3　Society5.0で実現する社会

出所）内閣府

ものになるだろう。

すなわち，現代的な課題とは，社会の持続可能な発展に関わるグローバルな課題や，現代日本が抱える身近な課題までを含むものであり，多様な見方や考え方があり，答えがひとつに定まらないさまざまな社会的課題である。

これらの課題は，道徳教育と関わりが深く，道徳諸価値と密接な関連があるとともに，時には葛藤や対立するものがある。たとえば，「生命の尊さ」「自然愛護」「公正・公平・社会正義」「国際理解・国際親善」「規則の尊重」「相互理解・寛容」などについてである。

本章では，これらの現代的な課題について採り上げ，小学校での指導の在り方について述べる。

## 2　道徳教育・道徳授業における現代的な課題の具体化

### (1)　横断的な取組と継続的に考える姿勢

「小学校学習指導要領解説（平成29年告示）　特別の教科　道徳編」(2017) では，現代的な課題の扱いとして，「問題解決的な学習を行ったり話合いを深めたりするなどの指導方法を工夫し，課題を自分との関係で捉え，その解決に向けて考え続けようとする意欲や態度を育てることが大切である」としている。例示として，「食育」「健康教育」「消費者教育」「防災教育」「福祉に関する教育」「法教育」「社会参画に関する教育」「伝統文化教育」「国際理解教育」「キャリア教育」などがあげられており，それらの課題については，「各教科，外国語活動，総合的な学習の時間及び特別活動における学習と関連付け，それらの教育課題を主題とした教材を活用する」などして，子ども自身が「人として他者と共によりよく生きる上で大切なものは何か，自分はどのように生きていくべきかなどについて，考えを深めていくような取組」が求められている。

「SDGs」を含め，これらの現代的な課題に共通することは，「道徳科だけでは解決しない問題」であることと「小学校段階だけで解決できない問題」であることである。

まず，現代的な課題を扱うためには，道徳科と他の教科などを「横断的」に結び付けて取り組む必要がある。それは，「カリキュラム・マネジメント」により，計画的に取り組むことを示唆している。発達段階に応じて，年間計画に位置づけて取り組む必要がある。たとえば，中学年では，社会科の学習と関連させて「福祉教育」を扱うことや，第６学年では理科の学習や総合的な学習の時間と関連させて「環境問題」を扱うことなどである。

さらに，「小学校段階だけで，解決できる問題ではない」ことから，小学校段階では，「問題に向き合い，自分事として，継続的に考え続ける姿勢」を身につけさせることを重視したい。道徳科では，「多面的・多角的に問題（物事）を考えること」「自分事として捉えること」とともに，「多様な他者と話合いを重ねること」と「自分なりの意思決定をすること」を大切にしたい。

中学校段階では，さらに「科学技術の発展と生命倫理」についても現代的課題として取り上げられている。それらの課題と向き合うためにも小学校段階での道徳教育を充実させたい。

### (2) 国際化の問題を考える

ひとつの例として，「国際化の問題」を考えてみたい。2019 年に「入国管理法」が改正され，外国人労働者を受け入れやすくなった。在留外国人は 2019 年末で 293 万人を超えて過去最高となり，10 年前の約 1.4 倍に増加している。今後，これまで以上に，外国人が日本で働き，生活を共にする時代となるだろう。言語や文化・習慣が異なる多様な人たちと生活することは，時には問題が生じることがある。たとえば，ゴミの捨て方の問題であり，大声で話す，大き

図表10－4　クラゲチャート(思考ツール)

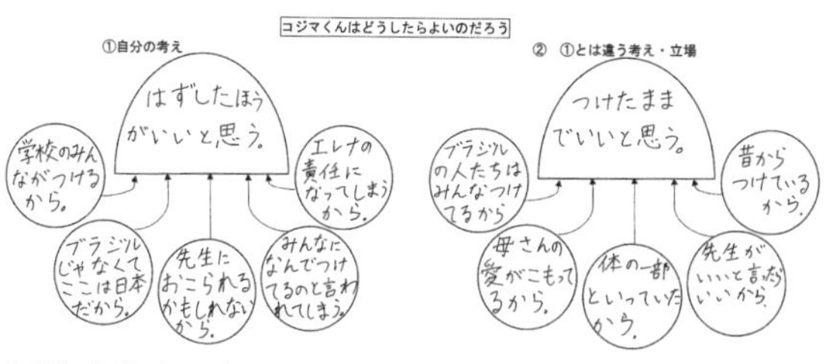


出所）佐藤（2020）

な音で音楽をかけるなどの騒音の問題である。それらは，互いの理解の不足が要因であり，対話を重ねて，相互理解が進めば，問題は少なくなるだろう。

なかには，道徳的価値の葛藤や対立が生じる問題もある。たとえば，「ピアス」を身につける慣習がある国から編入してきた子どもと日本の「校則（きまり・規範）」との対立である。ここは日本だから「郷に入れば郷に従え」なのか，「異なる文化を尊重する」のか，判断が問われる。この問題は社会全体として，異なる文化・背景をもつ人たちとどのように関わっていったらよいか考えることとつながる。そして，この問題を多面的・多角的に考え，意思決定をする力が必要である。「ピアスをなぜつけているのか」「日本だから日本のルールに従わなければならないのか」「校則（きまり）は何のためにあるのか」などの他，「ピアスをつけてきたら学校はどうなるのか」などの視点から考える必要がある。

多面的・多角的に考える習慣を養うために「思考ツール」を活用する指導方法がある。思考ツールとは，「頭の中にある知識や新しく得た情報を，一定の視点や枠組みに従って書き出すツール」である（黒上，2019)。

たとえば，前述の「外国から転校してきた女子生徒がピアスをしていることに対して，どうしたらよいか」考える授業である（佐藤，2020)。どのように考え，どのように判断するのかを助けるために，「クラゲチャート」(思考ツール)を活用した実践がある（図表10－4）。

この実践のポイントは，「① 自分の考えの理由」をたくさん考えることと，「② 自分とは違う考え・立場の理由」を考えることにある。

「自分の身近にそのような問題はない」と捉えるのではなく，「今後，向き合わなくてはならない問題」として捉え，自分が当事者ならどのように判断するのかを考えさせることが重要である。この授業のポイントは，どちらにしても，「外国からの転入生を考えた結論であること」である。「外す」ことを選択したとしても，それは相手の状況を理解した上での決断なのであり，共によりよい学校生活を送るために下した決断である。

小学校段階では，このような国際化に伴う問題を，多面的・多角的に考えて，意思決定をしていく姿勢や態度を育てたい。

### (3) 「防災教育」に関する課題を考える

「防災教育」も重要な課題である。近年，気候が変化し，さまざまな地域で毎年のように自然災害がおきている。東日本大震災などの地震だけでなく，台風・大雨・大雪・突風（竜巻）などによる自然災害が今後も予想される。命を守るためにどのように行動したらよいのか，危険予知の力も必要だが，災害がおきた後の対応についても「ボランティア」をはじめ，自分がどのような行動をとったらよいのか考える力が必要である。

この課題も横断的取組と継続的に考え続けなければならない課題である。

小学校段階では，学校で取り組んでいる避難訓練などの特別活動や道徳科との関連を図りながら進める必要がある。このような課題を扱った道徳教材も少なくない。道徳的価値も，「生命の尊さ」や「勤労・公共の精神」「親切・思いやり」「感謝」などさまざまである。特別活動などの体験活動と関連させて，道徳科の授業を行うことと発達段階に応じた目標をもって計画的，継続的に防災教育を行うことが，現代的な課題を考え続ける意欲や態度を育むのである。

### (4) その他の課題について

その他の課題について，簡単に触れたい。

たとえば，地域の開発（経済の発展・健康安全など）と環境保全（自然保護）の問題は，双方に理があり，道徳的価値とも関連している。また，動物愛護関連では，飼えなくなったペットの問題や野生動物が農作物を荒らす問題がある。

「超高齢社会」では，ペットを飼うことができなくなり，別の飼い主もみつからず，ペットをどうしたらよいか考えなくてはならない問題が生じている。

また，ペットの問題は，「避難所にペットを連れてきてもよいか」という問題が災害の発生とともに浮き彫りになった。ペットを「家族」と思う飼い主と，「鳴き声がうるさい」「動物アレルギーがある」などという避難者もいる。近年，「ペット可」の避難所が増えているが，はじめから容認されていたわけではない。このような問題に直面して検討を重ねた結果の結論なのである。

「超高齢社会」に関する問題として「運転免許返納」の問題があげられる。高齢者の交通事故を心配する家族は，本人と周りの命を守る視点で「運転免許返納」を勧めるが，交通手段が乏しい地域では，生活や医療と関連するだけでなく，本人の生きがいとの関連も指摘されており，判断が難しい問題である。

「ジェンダー・人権」に関する問題も取り上げられている。たとえば，心と体の性が不一致の場合である。日本でも「同性の婚姻」が認められている地域がある。中学校で「制服を選択制」にしている地域もある。このような問題を小学校ではどのように扱うのか。保健学習と関連させながら考えたい。

「伝統文化教育」では，「後継者不足」の問題がおきている。地域の伝統芸能の担い手がいない地域がある。祭礼の神輿の担ぎ手が不足し，このままでは，地域の祭礼が維持できなくなってしまうという。

このような問題は，今後も身近に起こりうる問題である。

### ⑸　小学校段階で育てたいことと教師の役割

小学校段階では，まずは，社会的な課題に対して，関心をもつこと。次に，問題を多面的・多角的に考え，協働で解決しようとする意欲や態度を育てたい。そして，多様な考えがあることを理解し，それらの考えを尊重する姿勢があること。自らが自立・自律すると共に，他者への思いやり，寛容の心をもつことも児童期に育てておきたい心である。

そのためには，日常の授業改善や学級経営が基盤となる。多面的・多角的に物事を考えるのは道徳科だけに限ったことではない。話し合いを重ねたり，思考ツールを活用したりして問題を解決しようとする授業は他の教科でも行われる。教師自身が育てたい心や意欲・態度を意識しながら日常の授業に取り組むことが大切である。教師自身が，現代的な課題を理解し，自分事として向き合い，子どもと共に考える姿勢がもっとも重要である。

## 3 現代的な課題と道徳教育の役割

2020 年から社会的問題となった「COVID-19」の感染拡大への対応問題は，まさに「答えがわからない問題」であり，経済活動を維持するか，医療体制を確保し，命を優先するか，その対応は何が正解なのかわからない。また，「コロナ禍」のなかで自分はどのようにふるまうのか，まさに自分の生き方，あり方を問われた問題である。このように，前例のない問題への対応力とそのなかでの自分の生き方は，今後も問われることになるだろう。

道徳教育は「生き方教育」である。「キャリア教育」とも関連があり，「自分が将来どのような仕事に就きたいのか」だけでなく，「どのように学び，どんな人になりたいのか」を考える必要がある。それは同時に「社会参画の意識を育てる」ことにもつながる。

「Society5.0」は AI 中心の社会ではなく，人間中心の社会である。道徳教育は，未来を担う子どもたちが自分の生き方を考え続ける教育である。

**• 参考文献 •**

黒上晴夫（2019）『思考ツールでつくる考える道徳』小学館
佐藤俊輔（2020）「クラゲチャートを活用した授業」諸富祥彦・土田雄一『考えるツール＆議論するツールでつくる小学校道徳の新授業プラン』明治図書
松本美奈・貝塚茂樹・西野真由美・合田哲雄（2016）『特別の教科道徳 Q&A』ミネルヴァ書房
渡邉満・押谷由夫・渡邊隆信・小川哲哉（2016）『「特別の教科　道徳」が担うグローバル化時代の道徳教育』北大路書房

# 小学校道徳科の学習指導のさまざまな工夫と具体的展開

# 概要　道徳科の授業を多様かつ柔軟に発想する

永田　繁雄

道徳教育の中心的な役割を担う「特別の教科　道徳」(以下，道徳科)では，授業をどのように展開するとよいのだろうか。第Ⅲ部では，その学習指導の具体的な展開の多様なスタイルに触れて，その創意ある指導のあり方を踏まえ，さらなる可能性を拓いていくようになることが期待される。

各所で語られてきているように，長く続いてきた道徳の授業が道徳科として新たに位置づけ直された最大の理由は，その質的改善によって道徳教育の実質的な充実を図ろうとするものであった。

道徳授業の指導上の課題については，以前よりさまざまな形で指摘されてきた。たとえば，深刻な少年事件をうけて発出された中央教育審議会答申「新しい時代を拓く心を育てるために」(1998.6)のなかでは，「子どもの心に響かない形式化指導，単に徳目を教え込むにとどまるような指導も少なくない」として，小学生の声として，「いつも同じような授業だから」「資料や話がつまらないから」「始めからわかっていることしかしないので……」といった受け止めを紹介している。とりわけ教師の指導の影響力が強い小学校段階ではそのマニュアル化が進行し，タブーとよばれがちな指導の禁則が広がり，開拓的な授業の発想を萎縮させてきてしまった経緯がなかったともいえない。

文部科学省は，それらの課題をうけて，道徳用教材「心のノート」やその改善版の「私たちの道徳」の発出なども含めてさまざまな施策を試みてきたが，十分な改善効果をえられたとはいえなかった。その行き着く先にあったのが平成20年代後半に大きく進んでその実現をみた道徳科だったのである。

現在，道徳科の授業では，たとえば，その改訂の趣旨から，答えがひとつではない問いに向き合う「考える道徳」「議論する道徳」への転換が図られ，その目標に「多面的・多角的」な考え，「自己の生き方」などをキーワードとして，子どもが，いわゆる「自分事」として問題意識をもって追求し，協働的な学びを通して自己の「納得解」を生み出し，道徳的価値観を構築していく過程を大事にした指導が展開されつつある。

これらの問題意識と課題の上に立って第Ⅲ部は構成された。ここでは本書で最多の９つの章から構成されている。それは，道徳の授業展開のあり方が，私たちのもっとも強い関心であり，さまざまな指導の創意工夫を知りたいと感じているからである。そこで，主として以下の視点を含んだ道徳授業の考え方と事例について，その右側に示す各章で検討していただいた。

◇共感的，自己投影的な視点を重視した道徳授業（→第 11 章）
◇アクティブ・ラーニングの視点に立つ問題追求型の道徳授業（→第 12 章）
◇役割演技などの表現活動や体験的な活動を生かした道徳授業（→第 13 章）
◇人権教育の趣旨を受け止めて進める道徳授業（→第 14 章）
◇人物の生き方に学ぶ視点を重視した道徳授業（→第 15 章）
◇情報モラルの課題など情報化時代を見据えた道徳授業（→第 16 章）
◇思考スキルやファシリテーションを生かす道徳授業（→第 17 章）
◇哲学対話などによって議論を重視する道徳授業（→第 18 章）
◇映像教材（放送教材）を生かして展開する道徳授業（→第 19 章）

このなかで，主として，第 11，12，13 章は，文部科学省が 2016（平成 28）年に「道徳教育に係る評価等の在り方に関する専門家会議（報告）」の別紙の形で示した「質の高い多様な指導方法」の３つの例示（読み物教材の登場人物への自我関与が中心の学習，問題解決的な学習，道徳的行為に関する体験的な学習）に重ねて章立てされた。それに続く章では，人権教育や情報教育などの教育課題への対応，さらに，思考スキル，哲学対話などの議論の方策，人物教材や放送教材等の教材の生かし方も考察されている。もちろん，道徳授業はこの他にもさまざまな考え方や方法にも開かれているものである。これらを手掛かりに，私たち自身がさらに発想を広げ，切磋琢磨していくことを大事にしたい。

なお，他教科等との関連的指導や，カリキュラム上の工夫による授業展開については続く第Ⅳ部にも織り込まれているので，それも併せて参考にすることで，道徳授業の多様なあり方をより強く感じることができる。

# 第11章 共感的な視点を生かして生き方を深める道徳授業

―――木下　美紀

## 1 道徳授業において共感的な視点を重視する意義

道徳科の学習においては，子どもが道徳的事象に出合い，その対象（主人公）に自己を投影し，その場の状況や心情を推し量り，自他共によりよい生き方を追求することが大切である。対象との心的距離は，対象に自己を投影させて状況や心情を推し量るか，または，自己を対象の外に置き，対象の状況や心情を客観視するかで，アプローチの仕方が変わるそのベースとなるのは，対象への共感的理解である。今回の道徳の教科化で求められる質の高い授業として，①読み物教材の登場人物への自我関与が中心の学習，②さまざまな道徳的諸価値に関わる問題や課題を主体的に解決する学習，③道徳的行為に関する体験的な学習の３つが例示されているが，本章においては，①の主人公に自己を投影させ，共感的に受け止めながら道徳的価値のよさに気づく学習に焦点化する。大切なのは，自我関与である。授業づくりにおいて，授業者は，感情的レベル，認知的レベル，意志的レベルを意識したいが，読み物教材への自我関与では，主に感情的レベルの共有を大切にする。

## 2 共感的・自己投影的視点を授業に織り込むポイント

共感的な視点を重視する授業の手立てとしてさまざまあるが，特に３つの視点を示したい。ひとつは，子どもが道徳的事象に対して問題意識をもつための導入の工夫，２つは，主体的で対話的な学びを生むための手立てとしての言語活動の工夫（役割演技・対話活動），３つは，深い学びへと導くために，永田(2018)の提唱する４つの立ち位置のうちの共感的・投影的な視点の重視である。

### (1) 問題意識をもつための導入の工夫

導入段階では，学習対象を捉え，追求したいという問題意識を生成することが大切である。道徳学習の導入の役割として，① 主題に対する興味，関心の高揚（価値への方向づけ），② 学習への動機づけ，③ 教材への方向づけなどがある。「小学校学習指導要領解説　特別の教科　道徳編」には，① 本時の主題に関わる問題意識をもたせる導入，② 教材の内容に興味や関心をもたせる導入などが示されている。導入段階では，ねらいとする道徳的価値に光を当てて，焦点化していく。「なぜ？」という気がかりや疑問を生み出し，「どうしても知りたい」という切実感をもたせるには，子どもが対象に対して学ぶ意義（意味＋価値）を感じることが必要である。それには，比較活動が有効である。親切にできる場合とできない場合（自己の行為比較）があり，その要因の心情を比較する（自己内の心情比較）ように，① 行為比較→心情比較，② 自分の視点→他者の視点，③ 今の自分→理想の自分，④ 今の自分→よりよい自分など２つの事象を比較することで，子どもの概念とのズレが生じ，「どうしてだろう。知りたい」という追求意欲が生じる。

### (2) 主体的で対話的な学びを生む言語活動の工夫（役割演技・対話活動）

#### ① 役割演技

ねらいに即して演技を即興的に自由に行わせることで，道徳的価値を体得させる方法である。これは，実際の行動場面を再現する（再現法），一定条件件の下に自由に行う（構成法），当面の問題を取り上げて演じる（即興法）などがある。演技の途中でインタビューを行い，その行為の根底となる心情やエピソードを取り出したい。また，演者は実際やってみて，観衆は見ていて，どんな気持ちがしたのかシェアリングすることが大切になる。

#### ② 対話活動

話合いは，言葉を通して学習内容を深めていく相互作用の過程である。一人ひとりの道徳的な見方や考え方を尊重する。

形態としては，対話（ダイアローグ法），小集団討議（バズセッション），立場討議などがあり，ワールドカフェ（異年齢交流）にも挑戦したい。考えた根拠をもとに対話することで，多面的・多角的な思考を促すことができる。

図表 11－1　「発問の立ち位置」の位置づけ

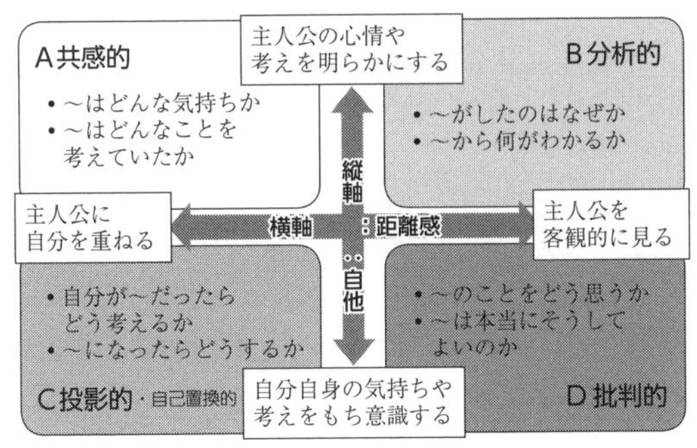


出所）永田（2018）

### ⑶　深い学びへと導くための「発問の立ち位置」

児童が道徳的な思考をするとき，立ち位置が大切になる。永田（2018）は，図表 11－1 のような 4 つの窓から，発問の立ち位置を示している。本章では，図式した左側の共感的・投影的な立ち位置をとる。

## 3　効果のある授業への具体的な取組

### ⑴　共感的な視点を生かした授業事例

**【第２学年：「きいろいベンチ」（私たちの道徳）を生かした授業】**

○本主題の考え方

本主題は，C 規則の尊重の内容である。法やきまりが，個人や集団が安全かつ安心に生活できるためにあることを理解し，進んで守ろうとする態度を養う。

きまりを守ることは，自分のみならず顔の見えない他者のためという同心円状に対象を捉える視点をもたせる授業を仕組みたい。

本教材「きいろいベンチ」は，雨上がりに汚れたくつで公園のベンチで紙飛行機を飛ばした主人公が，知らずに座った女の子のスカートが汚れてしまったことに気づき，はっとするという話である。

○授業の実際より

①　問題意識をもつための導入の工夫

「机→学級のボール→運動場→公園のベンチ」というように児童の身近なも

## 図表 11-2　共感的な視点を生かす学習指導案

### 第２学年　道徳科学習指導案

1　**主題名**　きまりはだれのもの？（低学年Ｃ規則の尊重）
2　**教材名**　「きいろいベンチ」（出典：文部科学省「わたしたちの道徳　小学校１・２年」）
3　**ねらい**　約束やきまりを守って，自分だけではなく，他の人のことも考えて，みんなで使うものを大切にし，生活しようとする態度を育てる。
4　**本時の展開**

| | 学習活動（主な発問等） | 指導上の配慮事項　※評価 |
|---|---|---|
| 導入 | 1　公共物や公共施設の使い方について話し合う。<br>• できているとき　• できていないとき<br>○みんなで使うものについてきまりを守って使っていますか。 | ○学校内外での，公共物（身近なものから）の写真を通して考えることで，学習への関心を高め，価値への方向付けを図ることができるようにする。<br>※学校内外の公共物の使い方から自己の傾向性を振り返り，きまりについて知りたいと思っているか。 |
| 展開 | 2　教材「きいろいベンチ」を読み，話し合う。<br>(1)　紙飛行機を飛ばしているときのたかしの気持ちを考え話し合う。<br>○ベンチから紙飛行機を飛ばして遊んでいるとき，たかしはどんな気持ちでしょう。<br><br>(2)　女の子のどろをふいてあげているおばあさんを見た時のたかしの気持ちを話し合う。<br>◎「はっ」と顔を見合わせたたかしはどんな気持ちでしょう。→どんなことに気付いたでしょう。<br>• 公園のベンチはみんなの使う物<br>• きまりは，皆が気持ちよく使えるように | ○登場人物の様子をもとに，物語のあらすじをおさえる。場面絵の提示を行い，教材の状況に共感できるようにする。<br><br>○２人ペアで表情図を指し示し，女の子のどろをふいてあげているおばあさんを見た時のたかしの役割演技を通して気持ちを話し合う。<br>☆二人の後悔や反省→公共物を使う他者の存在を意識することの大切さへの気付きにつなぐ。 |
| 終末 | 3　きまりについて新しく気づいたことを話し合う。<br>○みんなで使う物や場所を大切にできたことについて発表しましょう。<br>• みんなで使う物は，自分もみんなもにこにこ笑顔になる使い方をしたい。 | ○導入で提示した写真を再度振り返り，普段の生活での使い方を想起し，実践意欲につなぐことができるようにする。<br>※きまりについての傾向性を振り返り，きまりについて自分の考えを記述しているか。<br>（自分の体験・教材の人物・友達の考え） |

5　**本時の評価**
（自分とのかかわり）学習プリントにきまりについて自分の体験をもとに記述することができる。
（多面的・多角的思考）友だちの意見を取り入れながら，役割演技をして話し合うことができる。

のから遠いもの（公共）を提示し，きまりを守って使っているか尋ねた。A児は，できるときとできないときが混在する自分自身の傾向性に気づき，「なぜ，きまりは大切なのか知りたい」という気持ちを高めた。

図表11-3　創造的役割演技

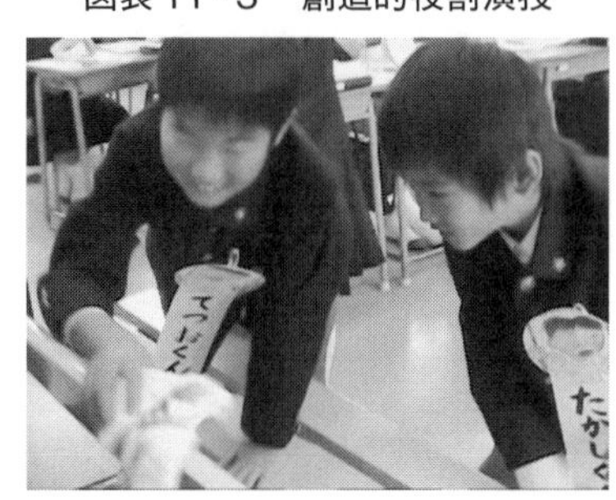

②　言語活動の工夫（役割演技）と立ち位置（共感的）の位置づけ

展開段階では，ベンチ，紙飛行機をもとに演技をさせ，主人公の心情に共感させた。そして，女の子が汚れたベンチに座り，困ったことに気づく場面では，おばあさんと女の子の表情に着目させ，演技を始めた。そして，はっとした主人公はどんなことに気づいたのかを問うた。この教材の中心場面である。児童は，きまりを守らないとみんなに迷惑がかかることがわかり，顔の見えない他者の存在に気づくことができた。また，みんなの中には自分も含まれており，公共物を使う大切さを実感することができた。その後，おばあさんや女の子に謝って，ベンチを掃除する演技へと発展していった（図表11-3）。その理由を問うと，A児は，「次に座る人たち（自分も含め）のためにも，きれいなベンチがよい」と答えた。そして「きまりを守ると，みんな（自分）がにこにこ笑顔になる。前に同じことがあった。だから大事」と答えた。きまりの意義を自分のこととして捉えることができた。

### ⑵　投影的な視点を生かした授業事例

**【第４学年：「心と心のあく手」（私たちの道徳）を生かした授業】**

○本主題の考え方

本主題は，B親切，思いやりの内容である。

人は困っている人を見れば，放っておけないという心が働く。その心の動きに基づいて行われる具体的な行為が親切である。本実践は，さらに，相手のニーズにあった「本当の親切」とは何かを考えさせたい。

## 図表11－4　投影的な視点を生かす学習指導案

### 第４学年　道徳科学習指導案

1　**主題名**　本当の親切とは？（中学年Ｂ親切，思いやり）

2　**教材名**　「心と心のあく手」（出典：文部科学省「わたしたちの道徳　小学校３・４年」）

3　**ねらい**　困っている相手の状況を吟味して的確にとらえ，自分のとりうる行為を考えて判断することができるようにする。

4　**本時の展開**

| | 学習活動（主な発問等） | 指導上の配慮事項　※評価 |
|---|---|---|
| 導入 | 1　２枚の絵をもとに，自分の日常生活の中の親切について考え，本当の親切について話し合う。<br>・できているとき　・できていないとき | ○２枚絵（親切にして断られる絵・受け入れられる絵）を比較提示し，親切，思いやりに関する気がかりをもつことができるようにする。<br>※２枚絵から自己の傾向性を振り返り，親切についてもっと知りたいと思っているか。 |
| | 本当の親切について，友達と対話して考えよう。 | |
| 展開 | 2　教材「心と心のあく手」を読み，話し合う。<br>(1)　２度目におばあさんに会って声をかけようか迷う主人公に自己投影し，話し合う。<br>○２度目におばあさんに出会って，声をかけますか，それとも声をかけませんか。そのわけは？（投影的な視点）<br>【①ペアによる対話活動】<br>（声をかける）おばあさんが心配<br>声をかけてほしいだろう<br>（声をかけない）前断られた<br>お手伝いは必要ないかもしれない<br>【②クラス全体の全体対話】<br><br>(2)　おばあさんを見守る主人公を支えた心を話し合う。<br>○見守るという行為をとった主人公はどんなことを考えたのだろう。<br>・放っておけない。何とかしたい。<br>・見守るのが今できる親切だと思った。 | ○登場人物の様子をもとに，物語のあらすじをおさえる。<br>○【ペア対話】<br>多様な価値観を表出するために，炎天下でおばあさんに再度出会った主人公のとった行為について「声をかける」か「声をかけない」か自己選択し，その根拠について記述する場を設定する。その後，ペアで対話する。<br>○【全体対話】<br>対話活動で付加・修正された考えについて明らかにするために，全体で交流する。<br>※声をかけるか声をかけないか，根拠をもとに対話し，多面的・多角的な視点で考えを拡充しているか。<br>○おばあさんを心の中で応援し続ける場面の主人公の気持ちを考え，全体交流することで，道徳的価値を捉えることができるようにする。 |
| 終末 | 3　親切，思いやりで新しく気づいたことを話し合う。<br>○本当の親切とは何だろう。<br>・相手の本当に望むことは何だろうと考えることが大切。 | ○導入と終末との児童の考えを比較して，新たな気づきを価値づける。<br>※さまざまな親切の形をもとに自己の傾向性を振り返り，親切について自分の考えを記述しているか。<br>（自分の体験・教材の人物・友達の考え） |

5　**本時の評価**

（自分との関わり）学習プリントに親切について自分の体験をもとに記述することができる。

（多面的・多角的思考）友だちの意見を取り入れながら，対話活動をすることができる。

**図表11-5　投影的な視点を取り入れた対話活動（抜粋）**

T　はやとくんは，この後，どうしたでしょう？　そのわけは？　はやとくんになって考えましょう。
C1　（声をかけない）A児
　黙っていた方がいい。おばあさんは，リハビリ中だから，声をかけたらおせっかいかもしれない。自分の力で歩きたいかもしれない。
C2　（声をかける）A児
　そのまま放っておいたら，転ばなかったかな，交通事故にあっていないかなと心配になってしまう。前にそんな経験がある。

本教材　教材「心と心のあく手」は主人公はやとが，学校の帰り道，重そうな荷物をもったおばあさんに声をかけて断られる。後でおばあさんはリハビリ中だと知り，再度おばあさんに出会い，見守り続け，本当の親切とは何か考えるという話である。

○指導の実際より

①　問題意識をもつための導入の工夫

導入段階では，親切にして喜ばれる場合と断られる場合の２枚絵を提示した。主人公の親切な行いは同じなのに，なぜ，受け入れられる場合と断られる場合があるのか，気がかりをもち，A児は「いろいろな親切があるから，相手の人が喜ぶ本当の親切について知りたい」という追求意欲を高めた。

②　言語活動の工夫（役割演技）と立ち位置（投影的）の位置づけ

○声をかけようか迷う場面（「自分だったら？」と意見を表出）

展開段階において，主人公が声をかけるか迷う場面で，主人公だったらどうするか。それはなぜか（投影的）を表出する対話活動を設定した。対話活動では，「声をかける」「声をかけない」という立場で，さまざまな意見が出された。大切なのは，その理由である。図表11-5のようにA児は，自分の経験を重ねながら，その場の心情を吟味することができた。そして，話し合い「本当の親切」という論題になっていった。

子どもの求めに応じ教材の後半を提示した。必然性である。主人公は，「見守る」という行為をとった。ここで大切なのは，「見守る」という行為のよさではなく，その行為を支える心情を考えることである。A児は，「本当の親切とは，相手の人が気になって仕方がないという気持ちで，相手がしてほしいと思うことを考えること，そして，自分の心がうれしくなること」と発言し，自分の価値観（親切）を見直し，自分なりの納得解を得ることができた。

## 4 主体的な学びをつくるための新たな課題，視点

質の高い授業づくりの「読み物教材の登場人物への自我関与が中心の学習」に重点を置き，授業改善の視点を述べたい。ひとつが，事象を比較するなど，児童が道徳的事象に対して問題意識をもつための導入の工夫，2つが，主体的で対話的な学びを生むための言語活動の工夫（役割演技・対話活動），3つが，深い学びへと導くための主人公の立ち位置を意識させる発問の工夫である。図表11-1における4つの立ち位置は，教師と児童が共有したい視点である。

役割演技・対話活動では，自我関与を図るために主人公に共感しながらも，根拠のなかに，自己のエピソードを入れて発言させたい。また，これは，心情レベルから，「わかる」という認知レベルと連動し，意志的レベルの実践意欲・態度を促すことができると考える。また，4つの立ち位置は，道徳的価値に収束していくときに，視点の変更として，発問に生かしたい。そうすることで，多面的・多角的な思考を促し，自己のエピソードと結んでより深い納得解を促すことができると考える。

**• 参考文献 •**

江橋照雄（1996）『役割演技ハンドブック』明治図書
新村出編（1998）『広辞苑』岩波書店
中島義明・安藤清志・子安増生・坂野雄二・繁桝算男・立花政夫・箱田裕司編（2004）『心理学事典』有斐閣
永田繁雄（2018）「道徳教育新時代！今，求められる指導と評価」『日本道徳方法学会シンポジウム資料』
日本道徳基礎教育学会編（1990）『道徳授業の基礎事典』光文書院

# 第12章 道徳授業における アクティブ・ラーニングの実現

———和井内　良樹

## 1 アクティブ・ラーニングの導入とその意義

### (1) アクティブ・ラーニング導入の経緯

「アクティブ・ラーニング」は中教審答申「新たな未来を築くための大学教育の質的転換に向けて～生涯学び続け，主体的に考える力を育成する大学へ～(2012（平成24）年8月)」のなかで，「従来のような知識の伝達・注入を中心とした授業から，（中略）学生が主体的に問題を発見し解を見いだしていく能動的学修（アクティブ・ラーニング）への転換が必要」とのことから，大学における授業改善を目的に提唱されたものである。これまでの道徳の時間が，子どもの発達段階を踏まえた内容や指導方法となっていなかったり，主題やねらいの設定が不十分で，単なる生活経験の話合いや読み物の登場人物の心情読み取りのみに偏った形式的な指導が行われていたりする例があることなどから，魅力的ではない形骸化した実態が指摘されていた。そこで，この問題をうけ，平成27年に学習指導要領を一部改正して誕生した「特別の教科　道徳」において，各教科に先駆けて，授業改善を進めようとアクティブ・ラーニングが提唱された。さらに，「次期学習指導要領等に向けたこれまでの審議のまとめ（2016（平成28）年8月)」では，アクティブ・ラーニングの視点として，「子供たちの『主体的・対話的で深い学び』をいかに実現するかという学習・指導改善の視点」が提示され，「答えが一つではない道徳的な課題を一人一人の児童生徒が自分自身の問題と捉え，向き合う『考え，議論する道徳』を実現することが，『主体的・対話的で深い学び』を実現することになる」とした。子どもの問題意識を生かした学習問題の設定や教師主導から子どもの主体性を生かした対話型の授業展開など，これまで教師主導型で画一的だった道徳授業から脱却し，多種多様な道徳授業が展開される可能性が生まれることとなった。

### (2) 道徳科におけるアクティブ・ラーニングの意義

#### ① 教師主導から子ども主体への転換

アクティブとは活動的・行動的というニュアンスも含まれるが，アクティブ・ラーニングは「能動的な学び」さらに「課題の発見と解決に向けて主体的・協働的に学ぶ学習」という意味である。学習における子どもの主体性が何よりも望まれる。これまでの道徳授業は，教師の一方向的な発問に子どもが答えるという受動的な印象をもたざるをえない。危惧されることは，子どもは自身の答え（本音）ではなく，教師の求める答えを忖度することである。これを改善するためには，教師が子どもの思いや意識を受け止めて，子どもの思考に沿った発問を構成して授業をコーディネートするという発想が求められる。

#### ② 深い学びの実現

アクティブ・ラーニングにおけるさまざまな道徳的価値に関わる問題や課題を主体的に解決する問題解決的な学習あるいは，自ら問題やテーマを見つけてその問題追求をプロセスとする学習などが考えられる。教師が答えを一方的に与えるのではなく，子どもが自らの納得解を追求する学びを保障することにより，道徳的価値観を育み，道徳授業における深い学びが実現するのである。

#### ③ アクティブ・ラーナーとしての教師の出現

深い学びの実現を通して子どもは協働しながら自らの納得解を追求するアクティブ・ラーナーとなる。教師は主導者ではなく，子どもの思いや願いに寄り添って授業を共につくるコーディネーターとなる。同時に，子どもの実態をリアルタイムに把握し修正・改善に取り組むことが求められるため，教師自身もアクティブ・ラーナーとしての姿を子どもに見せることになる。道徳授業において，子どもと共に学ぶアクティブ・ラーナーとしての関係性を培う意義は大きい。

## 2 アクティブ・ラーニングを取り入れる視点

### (1) 児童の問題意識と学習問題

子どもが主体となる道徳授業となるためにもっとも重要な要素となるのが，子どもの問題意識とそこから導かれる学習問題である。教材提示や発問にしても，子どもの問題意識を呼び起こすものでなければ，子ども自ら考える学習は始まらない。導入時に問題場面やデータなどの提示後，あるいは教材の提示後において，子どもの率直な疑問や感想を受け止めるなか，本時の学習で追求する学習問題を練り上げることが考えられる。

### (2) 問題追求的な学習指導の展開

「主体的・対話的で深い学び」への授業改善の方向づけは，「考え，議論する道徳」への転換や問題解決的な学習などの多様な指導方法を適切に取り入れる工夫が強調されるなど，問題追求的な道徳授業を後押しする結果となった。学習問題の追求そのものが道徳授業展開のプロセスとして位置づけられる。

### (3) 主体的・対話的な学びの実現

道徳授業の中核的な指導方法は，子ども相互の話合い活動である。教師誘導の一問一答ではなく，自らが考え学び合う話合い活動を創出することが求められる。子どもは子どもに向けて自己の考えを伝え合うことが話合いの基本である。問題意識を起点とする問題追求的な学習では，さまざまな学習形態での話合い活動を工夫することを通して，主体的・対話的な学びの実現を目指したい。

### (4) 多面的・多角的な思考の実現

「考え，議論する道徳」は，物事を多面的・多角的に考えることによって，一問一答ではなく議論する授業および，自己の生き方について考え，判断する力を育てる授業を目指す。具体的には道徳的価値の多面性に着目し，それを窓口として自己の生き方を多角的に考える学習が求められるといえる。

## 3 道徳授業におけるアクティブ・ラーニングの具体的な取組

### (1) 児童の問題意識を生かした授業事例

1．主題名　きまりは何のために（対象：小学校第６学年　Ｃ規則の尊重）

2．教材名　「星野君の２るい打」吉田甲子太郎作（出典：東京書籍『新しい道徳６』）

3．ねらい　きまりや規則の意味を理解し，自分たちの決めたきまりを守ろうとする態度を育てる。

4．教材について

Ｒ町少年野球チームのピッチャー星野は，監督の別府から送りバントの指示をうけて打席に入った。監督の作戦に従うことはチームとしての作戦であり，メンバー全員で約束したものだった。しかし，星野はその作戦を無視して打ちにいって，結果的には２塁打を放ち，チームを勝利に導いたのだった。試合後，監督の別府はミーティングで星野に対して「チームの規則を乱した者をそのままにしておくわけにはいかない」という。

星野も合意したチームのきまりをめぐって，結果がよければそれに反してよいのか，やはりきまりを守るべきなのか，星野，別府監督のそれぞれの立場から議論するようにした。その際，星野はどんな気持ちから打ちにいったのか，チームのためか自分のためかについて吟味することによって，チームとしてのきまりの存在に気づくようにした。そして，本教材での話合いを通して，「きまりを守ること」に対する各自の意識に目を向けさせて，きまりを守る意味を考えるようにした。

5．問題意識を生かした指導の工夫

導入では，真夜中の赤信号の横断歩道の画像を提示し，渡るか待つかの判断を問い，それぞれの理由を発表し合うようにした。きまりに対する各自の問題意識を喚起することを通して，本時の学習問題「きまりを守るのは何のためだろう」を設定し，問題追求的な学習の流れをつくるようにした。

教材を中心とした話合いの後に，再度，学習問題を投げかけ，子ども各自が納得する答えを導くよう促した。

## 6．実践の概要

| 学習活動（T：発問　C：子どもの主な発言） | 教師の活動 |
|---|---|
| **1．問題場面について話し合う。** | |
| T：真夜中の赤信号の横断歩道，あなたはどうするか。それはなぜか？<br>C：よく確かめて自己責任で渡る。誰にも迷惑をかけないから。<br>C：待つ。万が一ということがあるから。 | •問題場面の写真を提示し，子どもの判断の理由を問うようにした。きまりに対する各自の問題意識を喚起することを通して，本時の学習問題「きまりを守るのは何のためだろう」を設定した。 |
| **学習問題**<br>（そもそも）きまりを守るのは何のためだろう。 | |
| **2．教材を視聴し話し合う。** | |
| T：星野君側から監督に言いたいことはどんなことか。また，監督側から星野君に言いたいことはどんなことか。<br>C：ヒットを打ってチームに貢献したんだから，そこまで言わなくてもいいのではないか。<br>C：星野君の打ちたい気持ちを監督はわかってあげるべきではないか。<br>C：チームで確認したきまりなので，それを破った星野君はチームにとってヒーローというのはちょっとおかしいと思う。 | •星野，監督のどちらの立場を支持するかを決めるようにして，討論形式で話し合うようにした。<br>•星野側には，結果がよければチームのきまりを破ってもよいのか，監督側には，きまりを守ることがチームにとってどんなメリットがあるのかを星野側に説明する必要はないのか，を指摘した。 |
| C：みんなが星野君のまねをしたら大変なことになる。結果がよくてもチームのためにはよくない。<br>T：チームのメンバーのあなたは，「きまりを守ること」についてどんなことを考えただろう。<br>C：チームで確認したきまりはチームの一員として守らなければならない。<br>C：メンバーが勝手なことをしてたら，チームワークがだめになってしまう。<br>C：チームのために一人ひとりが状況に応じて判断すればよい。<br>C：きまりに縛られ過ぎると楽しくないのではないか。それぞれが自分で考えればよい。 | •チームの一員であることを各自想定することを通して，当事者意識をもたせるようにした。 |
| **3．きまりや規則の意味について話し合う。** | |
| T：きまりを守るのは何のためだろう。<br>C：自分を含め何かを守るため。たとえば廊下を走ると誰かとぶつかって相手に怪我をさせてしまうかもしれない。 | •再度，学習問題を投げかけ，子ども各自が納得する答えを導くよう促した。 |
| **4．教師の話を聞いてまとめる。** | •クラス全員で決めた学級目標があることで，もっとよいクラスにしようと全員の気持ちがひとつになるという話をしてまとめとした。 |

### ⑵　主体的・対話的な学習を生かした授業事例

1．主題名　友達の大切さ（対象：小学校第３学年　B友情，信頼）

2．教材名　「ないた赤おに」浜田広介作（出典：光文書院『小学どうとくゆたかな心3』）

3．ねらい　信頼し助け合う友達関係について多面的・多角的に考え，友情の在り方について考え判断する力を育てる。

4．教材について

本教材の中心場面は，赤おにが青おにの手紙を読んで涙を流す場面である。大切な友達と別れた赤おにの心情に自我関与させつつも，その後の赤おにの生き方を考えるようにした。「青おにに感謝しつつ，人間と仲良く暮らした」という意見だけではなかった。人間に偽っての関係性のあり方，そのような関係を結ばせた青おにの行為，見た目や偏見で差別する人間などに対して問題視する子どもの出現も十分予想された。本時では，青おにの手紙を読んで涙を流す赤おにの思いを考えることをきっかけとして，その後の赤おにの生き方を自分との関わりから追求することを通して，各自の友情のあり方に迫るようにした。

5．主体的・対話的な学習を生かした指導の工夫

本時では主体的・対話的な学習としてトリオ学習に取り組んだ。トリオ学習とは，３人グループを基調に子ども全員がクラス全体での発表を行えるようにする学習方法である。

⑴　３人グループになって発表順１．２．３を決める。以下の３点を確認して，発問毎に自由に意見交換を行う。

- グループで意見をひとつにまとめる必要はない。
- 考えが思い付かないときはトリオで出た意見を自分の考えとしてよい。
- トリオで出た意見をもとに自分の考えをメモ程度に書く。

⑵　（頃合いを見計らって）全体発表を以下の手順で行う。

①　発表を促す。１の子ども同士が相互指名を行って発言をつなげていくよう促す。

②　１の子どもの発表が全員終了したら，次は２の子どもの発表を促す……これを繰り返す。ただし，全体発表では，質問や意見発表などをしたくな

った子どもは，発表順によることなく，途中でも挙手して自由に発言できることを確認する。

## 6．実践の概要

| 学習活動（T：発問　C：子どもの主な発言） | 教師の活動 |
|---|---|
| **1．問題場面について話し合う。**<br>T：仲間はずれにされているRがいます。……Bのお芝居のおかげで仲間になることができました。あなたはどう思いますか。<br>C：だましているみたいでよくない。<br>C：他に方法はなかったのか。 | •シルエットを用いて，教材の中心場面を再現し，一芝居うって仲間になることについてどう思うか問いかけた。 |
| **2．教材を視聴し，感想を発表し合い，話し合う。**<br>C：青おにはいいことをしたのかな。赤おにはかわいそうだけど，青おにもかわいそう。<br>C：このお話には続きがあるのかな。<br>**学習問題**<br>赤おにはこの後，どうしただろう。<br>T：手紙を読んで涙をながしながら，赤おには心の中でどんなことを思っているか。<br>C：どうして行ったの。また会いたい。<br>C：たたいてごめんね。<br>C：青おにに悪いことをしたな。こんなことしなければよかった。<br>C：自分だけよくって，青おにが仲間はずれみたい。<br>C：青おにを探そう。<br><br>T：赤おにはこの後，どうしただろう。<br>C：人間と別れて青おにを探す。<br>C：人間に本当のことを話して，人間にも協力してもらって（ポスターをつくって）青おにを探す。<br>（T：本当のことを言って人間は許してくれるのか。）<br>C：わかってもらえる人間はいると思うし，説得をする。<br>（T：青おにが見つかったらどうするのか。）<br>C：青おには悪くないことをわかってもらって，人間と暮らしてもらう。 | •教材を提示して感想をトリオで話し合った後に各グループ①の子ども※に全体発表を促した。<br>•感想をもとに本時の学習問題を設定した。<br>•トリオの後，各グループ②の子どもに全体発表を促した。<br>•赤おにと青おに，赤おにと人間との関係をそれぞれ問うと，青おにとは「友達」，人間とは「仲間」と答えた。そこで，友達と仲間では何が違うのか投げかけた。すると，友達は信頼関係，仲間は楽しく遊べるという発言がみられた。<br>•トリオの後，各グループ③の子どもに全体発表を促した。<br>•本当のことを言ったら人間は許してくれるのか，青おにが見つかったら，どうするのか，と問い返した。 |
| **3．本時の学びを振り返って自分の考え（学習感想）をワークシートにまとめる。**<br>T：（友達について）学んだことはどんなことか。<br>C：本当のことを話せる人が友達だと思う。<br>C：楽しく遊べる。信頼関係。秘密をかくさない。<br>C：友達は信頼してるし仲良しだから友達と仲間は違う。 | •話合いの中から出てきた，「友達」「信頼」というキーワードについて振り返るよう促した。 |

※トリオグループの中での発表順が1番の子ども

## 4 道徳授業の充実のために アクティブ・ラーニングを生かす視点と課題

日常的には導入・展開・終末（説話）を基本型とする教師主導の授業展開がみられる。基本型は指導しやすいという利点があるが，繰り返すことで子どもにとっての魅力度は低下し，教師の主導性がより一層高まる。子どもにとって魅力ある授業にしていくためには，子どもが本気で考えてみたいと思う問題追求的な学習の流れをつくる，ペア，トリオなど多様な学習形態を工夫し子どもが活躍する場をつくる，そして発達段階に合わせて子どもの学びの形を教師の主導性から子どもの主体性にシフトしていくことなどが考えられる。時として子どもと問題意識を共有し，共に学びをつくるという意識をもつことにより，子どもも教師もアクティブ・ラーナーとして育つことが道徳授業のさらなる充実につながるものと考える。

道徳科の質の高い多様な指導法として，問題解決的な学習の他に道徳的行為に関する体験的な学習が推奨されている。このような学習に取り組む際には，今後，アクティブ・ラーニングの本質的な部分，学習における子どもの主体性をどのように生かせるのかを十分検討する必要があるだろう。

**• 参考文献 •**


アクティブラーニング実践プロジェクト編著（2015）『アクティブラーニング実践』産業能率大学出版部

押谷由夫編著（2017）『アクティブ・ラーニングを位置づけた小学校特別の教科道徳の授業プラン』明治図書

中央教育審議会（2014）「新たな未来を築くための大学教育の質的転換に向けて—生涯学び続け，主体的に考える力を育成する大学へ（答申）」

中央教育審議会初等中等教育分科会教育課程部会（2016）「次期学習指導要領等に向けたこれまでの審議のまとめ」

和井内良樹（2018）「子どもと共につくるトリオ学習」『道徳教育』明治図書，721：60-63

# 第13章 体験的な活動の工夫を生かす道徳授業

――――八木橋　朋子

## 1 道徳授業における体験的な学習の意義とこれまでの経緯

2016（平成28）年7月の道徳教育に係る評価等の在り方に関する専門家会議において，道徳教育の質的転換のための質の高い多様な指導方法としてあげられた内容のひとつが「道徳的行為に関する体験的な学習」である。役割演技などの体験的な学習を通して，問題場面を実際に体験し，実感を伴って理解することで主体的に問題を解決する資質・能力を育成できるとしている。

これまで，「小学校学習指導要領解説　道徳編」において，道徳的行為に関する体験的な学習などは，道徳の時間における指導法の工夫のひとつとして役割演技などがあげられていたにとどまっていた。平成29年度版においては，「道徳科の特質を生かした授業を行う上で，（中略）体験的な学習等を有効に活用することが重要である」とされ，「道徳的行為に関する体験的な学習等」として取り上げられるに至った。これまで以上に「体験的な学習」が注目されているといえる。しかし，道徳的行為に関する体験的な学習は1958（昭和33）年の道徳創設時より，「劇化」という形で取り上げられていたが，これまで十分に活用されてきたとはいい難い。多様な他者と協働して，「納得解」「最適解」を見出していく力がより一層求められていくこれからの社会を生きる児童の資質・能力の育成において，考え，対話し，道徳的価値について多面的・多角的に学ぶ道徳授業は必須である。読み取る「読解型」の学習ではなく，自分を重ね合わせて考える「実感型」の学習へのシフトチェンジが不可欠である。それを可能にする鍵のひとつとなるのが，この道徳的行為に関する体験的な活動を取り入れた学習といえる。

## 2 道徳的行為に関する体験的な活動

図表 13－1　道徳的行為に関する体験的な活動の種類と一般的な過程

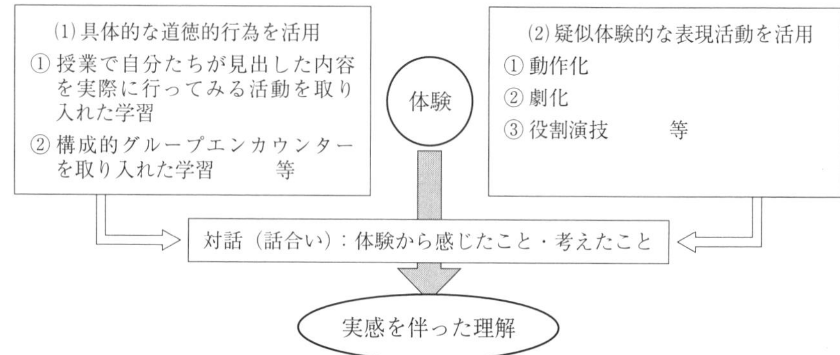


### (1) 具体的な道徳的行為を通して考えを深める学習

#### ① 授業で児童が見出した道徳的行為を実体験することを取り入れた学習

**【実践例】**

３年　B礼儀「あいさつをすると」（出典：東京書籍『あたらしい道徳 3』）

授業の後半で，教材文になぞらえて「最高にうれしいおはよう」とはどんなものなのかを話し合った。「相手の目を見て」「元気よく」「大きな声すぎるのはやめた方がいいね」「明るく」「自分から」など，挨拶された相手も気持ちよくなる挨拶のポイントがいくつも出された。ポイントの整理を行い，実際に挨拶を行った。この実践は授業参観時に行い，参観している保護者へ「最高にうれしいおはよう」の挨拶をすることが可能となるよう仕組んだ。実体験し，保護者から感想をいただき，気持ちのよい挨拶の良さをより実感する機会となった。

#### ② 構成的グループエンカウンターを取り入れた学習

道徳科の教材と構成的グループエンカウンターのエクササイズを組み合わせて行うことでより実感的な理解に結びつけていく方法である。しかし，教材とエクササイズの内容によっては，１時間では終結しないこともある。その場合，特別活動から道徳科といった教科などを横断した展開を活用したい。注意したいことは，エクササイズのみを行い道徳科の学習とすることだ。道徳科の目標と照らし合わせて，その内容が目標を達成するものであるかを十分に吟味する必要がある。

**【実践例】**

４年　B親切，思いやり「心の信号機」（出典：学研『みんなのどうとく4』）

本教材は，視覚障害がある方への対応について描かれている。これに関連させて「ブラインド・ウォーク」（2人組になり一人は案内役，一人は目隠しをし，周りが見えない状態で校内を歩く）のエクササイズを取り入れ，その上で本教材の授業を行い，実感的な理解に結びつけていった。

### ⑵　疑似体験的表現活動

#### ①　劇化

劇化は，すでにせりふがあり，わかっている場面をその通りに演じることである。教師が考えさせたい場面を選び，児童に演じさせることで，状況を理解させ，臨場感をもたせ，より実感的に考えさせることをねらっている。

#### ②　動作化

動作化は，教材の人物の動きを忠実に真似することで実感的な理解につなげる方法である。児童が登場人物になりきって動作をすることによって，考え方や感じ方について理解を深めていくことをねらっている。

#### ③　役割演技

役割演技とは教材に登場する人物などの言動を即興的に演じることである。外林大作は，「役割を自発的・創造的に演ずること」（外林，1977）と定義している。役割演技は，「劇化」とも「動作化」ともまったく異なる表現方法であり，台本は存在しない。即興的に表現することを目的としているため，表現された内容が教材の流れと異なっていても構わない。つまり，演者である児童が考え，自由に演じたその内容そのものが教材となるのである。

### ■役割演技は，演者，観客，監督の三者によってなされる

演者は，主役と主役以外の役を演じる補助的自我にわかれる。演者は，即興的に自分の演じたい役割を演じ，その後の話合いにて，演じたことの意味や意義を解釈したり分析したりしてそのよさを明確にする。観客は，演者の演技を目の当たりにすることで，演じられたことと自分のこれまでの経験や感じたことを重ね合わせていく。このため，児童は教材を読んだり，動画をみたりして考える以上に自分に重ね合わせて考えることができるといえる。早川（2017）は「『道徳的諸価値』について『実感を持って理解』することを実現する効果が期待されている」（早川，2017：11）としている。さらに，演技後の話合いでは，演者，観客のそれぞれの立場から自分の思いや考えを述べていくため，他者との思いや考えを共有することもできる。お互いの共通点はもちろん，感じ方の違いを交流することによって，その行い（演技）を支えたそれぞれの思いについてもふれられ，相手の気持ちを理解することにもつながっていく。

### ■役割演技の大きな特徴とウォーミングアップの必要性

①即興的に演じる，②視たことや感じたことを交流し合うことである。ここでの演技は演劇ではないため，巧拙は関係ない。演者は思いのままに演じること，そして観客は演じられたことを「よく視て，よく聴いて，よく考えること」が大切だ。そして，監督を務める指導者がこれらを理解し，児童に伝えることが必要である。この点を十分に意識させ，役割演技をより効果的なものにするため，ウォーミングアップは欠かせない。外林はウォーミングアップとは，「教育や心理療法などで，個人や集団の緊張を取り除き，各人が積極的に活動に参加できるように準備運動すること」（外林，1971）としている。

具体的には，授業の導入前に５分ほど行う。動作から発想が広がるような内容で行うことが多い。

**【実践例】**

「ストップモーション」（ポーズ遊び）の活用

これは，演者に自由に動いてもらい，ストップをかけた時点の動きが何に見えるかを自由に語り合うものである。他の児童の発言に重ねて発想を広げる児

童，まったく異なる発想をする児童，演者の手の位置など細かな姿勢や表情から発想する児童などさまざまであるが，どの見え方も肯定し，語り合っていくことで，たったひとつの動きからさまざまなストーリーが生まれることや語り合いによって発想が広がることを児童は経験する。この経験が演技の巧拙は必要ないことや「視て，聴いて，考えたこと」の交流の意味を理解することにつながるのである。まさに役割演技へのウォーミングアップとなる。

**■役割演技を活用した授業の組み立て**

まずは，ねらいと教材をふまえ，役割演技の活用が効果的かどうかの検討を行う。その上で①どの場面で役割演技を用いるのか，②演者選びをどう行うのかを考えていくべきである。

役割演技の活用場面は，１場面でも２場面でも構わない。大切なことは，ねらいとする道徳的価値に迫るためにはどのように活用していくことが効果的かを考えていくことであり，何回行ったらよいかが決まっているわけではない。

表13-2に示した６年友情，信頼の「ロレンゾの友達」の実践においては，久しぶりに再会した４人が会を終え，酒場を出た場面を演じさせることとした。ロレンゾへの疑いが晴れたこの場面で友人３人は，真相を述べずにロレンゾと別れる。真相を述べなかったのはなぜか，真相を詳らかにすることが「友情」なのかなど，ここでの３人の行動を通して，友を思う気持ちについて深く考えさせたいと思ったからだ。そして，この場面で児童が教材とは異なる演技を行ったとしても，教材と同様の演技を行ったとしても，主題に迫っていくことができると考えたからである。

**■演者選びの方法**

演者の選定は，その人物などにどれだけ共感しているかを手がかりに行っていく。共感の度合いは，役割演技までの発言や児童の表情，態度から把握をしていく。本実践では，主役（サバイユ，ニコライ，アンドレ）３名と補助的自我（ロレンゾ）１名を選ぶ必要があった。主役の３名については，事前に誰を支持するかを調査しており，どの児童が誰に共感的であるかはある程度把握をしていた。しかし，それだけでは十分ではないため，展開場面におけるひとつ目の

図表13-2　6年　ロレンゾの友達における役割演技を活用した例

1．**主題名**　友達だから～友達とは友情とは～（高学年B友情，信頼）
2．**教材名**　「ロレンゾの友達」（出典：光村図書『道徳6（きみがいちばんひかるとき）』）
3．**ねらい**
○友達を思うという友情の根底にある気持ちを理解し，友達とのよりよい関係を築いていこうとする心情を育む。
4．**教材の概要**
本教材は，罪を犯したとされる友人・ロレンゾが自分たちに会いに来ると知った時の3人の友達について描かれた話である。3人は，ロレンゾに対して異なる対応を考え，一夜を明かす。翌朝，ロレンゾが無実であったことが判明し，再会を果たす。だが，3人は彼に容疑がかかっていた際の個々の思いを打ち明けられなかったという話である。
5．**本時でめざす児童の姿**
こうあるべきという友達観だけではなく，その根底にある「友達を思う気持ち」の重要性に気づき，友達に対する自分の思いや在り方等の考えを深めている児童。
6．**本時の指導過程例**

| 児童の活動 | 指導の方法 | 期待される児童の変化 |
|---|---|---|
| ○学習の方向を知る | ○（宿題で考えた）友達とはどんな人のことをいうのかについての考えを確認する | ○これまでの考えを確認する |
| ○教材を基に話し合う | ○児童が気になった場面の話合いを行う | |
| | ●3人のうち自分は誰の考えを支持するか，それはどうしてかの話合いを行う<br>・悪いことをしたのだから正しい道に導くのが友達だ<br>・実際自分だったら逃がしてしまうかも<br>・本人の考えを尊重すべきだ | ○自分が気になった場面を振り返っている<br>○登場人物に自分を重ねて友達について考えている |
| | ●酒場で本当のことをロレンゾに言えなかった3人の気持ちについて考える<br>・疑われていたと思われて傷つけてしまう<br>・本当のことを言った方がよかったかも…… | ○3人が後ろめたい気持ちを抱いていることを感じている |
| | ○教材にはない，翌日再び会った4人の役割演技を行い，それに基にした話合いを行う | ○友達を思うことの意義を感じている |
| ○自分の考えをまとめる | ○「友達」についての考えをまとめた上で，授業前の記載と照らし合わせる | ○友達に対する考えを見つめ直している |
| ○教師の話を聞く | ○大切だと思っていた友達からお願いをされた時のエピソードを聞く | ○自分なりの考えをもっている |

6．**本時の評価**　（略）

発問「3人のうち自分は誰の考えを支持するか，それはどうしてか」の意見交流で共感の度合いを探っていった。ロレンゾ役についても，この発問でロレンゾの立場を慮っている児童を見出していくこととした。このように，演者選びをどのように行うのかを授業者が事前にイメージして授業に臨むことが重要である。

■本実践における役割演技の考察

実際の授業は，６年の２学級で行った。役割演技の実践回数など，学級の実態がさまざまな点で異なるためか相反する演技がなされた。A組においては，友達役の３人から真相が語られることはなかった。ロレンゾ役が，真相を話してもらえるよう水を向けても頑なにかわし続けた。演技後に，観客から「隠すのは陰口をたたくのと一緒ではないか」と指摘されても，「ロレンゾを傷つけることになるから言いたくても言えない」「やんなきゃいけない隠し事がある」と答え続けていた。そのやりとりを視ていた児童の一人は「考え方や接し方は人それぞれ。でも相手を思う気持ちは一緒。だからそういう考えもあるって互いに認め合うことが大事じゃないかな。」と発言した。B組においては，ロレンゾ役が「打ち明けてくれたのも友達の力」と発言したことに対して，「では，隠し事があるのは親友じゃないの」と問い返した。すると，学級全員が一斉に「親友でも知らないことがあってもいい」と答えた。演技を通してさまざまな感じ方や捉え方ができるだけではなく，それを演者に質問することでやりとりが深まり，多様な考え方にふれていくことができる。さらに，個々の児童が大切にしていることが表出され，児童理解にもつながることが役割演技の大きな魅力といえる。

## 3　道徳的行為に関する体験的な活動を生かす新たな視点や課題

### ①　ICTの積極的な活用とその可能性

昨今，ICT機器の進化は凄まじく，さまざまな活用が図られているが，体験的な学習にこそ，ICTの活用を図っていくべきである。本章で取り上げた⑴具体的な道徳的行為を通して考えを深める学習においても，⑵疑似体験的表現活動においても，体験している本人は自分の姿を見ることができない。これを画像に残し，みられるようにすることで，体験した際の心情と自分の姿をつなぎ合わせて考えることができ，ねらいとする道徳的価値への思いや考えを深める手がかりになると考えている。また，自己を客観的にみつめる目を育むことにもつながるのではないか。演技後の話合いにも活用が期待される。役割演技には，教科書のような記録がなく，参加者の記憶だけを頼りに話合いを行う。そのなかにはせっかくの演技場面が見逃されてしまい，共有を図れないで終わってしまうこともある。ICT を活用し，演技場面を共有することが可能となれば，さらに充実した話合いが可能になることだろう。

### ② 高学年における役割演技活用の意義

疑似体験的表現活動，特に役割演技について，大方の教員は低学年において有効であるという認識である。だが，本当にそうなのだろうか。役割演技の内容は児童の生活経験に大きく関わってくる。演技後の話合いも同様である。これまでの経験があればあるほど，自分と重なる部分が増え，さまざまな表現や解釈が期待され，実感的な理解へとつながる。そう考えるのならば，むしろ，高学年においてより有効な指導法といえる。筆者が行った複数の実践でも同様の結果が出ている。しかし，これを可能にするためには，多くの教員が役割演技などの指導法について正しい理解をし，活用を図っていくことが求められる。安易に役割演技を行い，子どもたちが傷つくことなどがあってはならない。特に，いじめ場面を再現する役割演技などは絶対あってはならないということを強く主張するとともに，今後の課題として指摘しておきたい。

**• 参考文献 •**

外林大作ほか編（1971）『心理学辞典』誠信書房
外林大作（1977）「ロール・プレイング」依田新監修『新・教育心理学事典』金子書房
外林大作監修，千葉ロール・プレイング研究会（1981）『教育の現場におけるロール・プレイングの手引』誠信書房
千葉大学教育学部附属小学校（2019）『研究紀要』第 51 号
早川裕隆（2017）『体験的な学習「役割演技」でつくる道徳授業』明治図書
早川裕隆（2018）「教育における心理劇のチャンスと危機―教科化される道徳での役割演技の現状と課題を中心に」『心理劇』23(1)：5-12

# 第14章 人権教育の視点から いじめ問題に向き合う道徳授業

――――齋藤　道子

## 1 学校における人権教育の推進と取組

### (1) 人権教育の重要性

1948 年，国連総会において世界人権宣言が採択され，以降，「人権の世紀」と称されるなか「人権教育のための国連 10 年」（1995 ～ 2004 年），「人権教育のための世界計画」（2004 年 12 月）等の，さまざまな取組がなされている。

わが国では，全国民の基本的人権の享受を保障すべく日本国憲法の下に人権尊重社会の実現を目指し，学校では，法務省の「人権教育・啓発に関する基本計画」の策定や，文部科学省の［第一次とりまとめ］（2004 年 6 月），［第二次とりまとめ］（2006 年 1 月），［第三次とりまとめ］（2008 年 3 月）等を踏まえて，現在も全国的な人権教育の推進と充実に努めている。

しかし，こうした取組にもかかわらず不当な差別による人権侵害は後を絶たず，国内においては「女性」・「子供」・「高齢者」・「障害者」・「同和問題」・「アイヌの人々」・「外国人」・「HIV 感染者・ハンセン病感染者」・「犯罪被害者やその家族」・「インターネットによる人権侵害」・「北朝鮮による拉致問題」・「災害に伴う人権問題」・「ハラスメント」・「性同一性障害」・「性的指向」・「路上生活者」等の人権課題が顕在している。加えて，2019 年 12 月以降，全世界は，新型コロナによるパンデミック状況となり，生命・経済・文化・教育等への大打撃に加えて，感染者やその家族，そして，人命救助に従事する医療従事者等の人権を著しく侵害する差別が指摘され，さらなる人権教育の充実および啓発等が重要となっている。

### (2) 学校における人権教育の推進と取組

政府は，「人権教育及び人権啓発の推進に関する法律」(2000) を定め人権教育の定義を「人権尊重の精神の涵養を目的とする教育活動」(第2条) とした。また，文部科学省 (2006) は，人権教育の目標を「一人一人の児童生徒がその発達段階に応じ，人権の意義・内容や重要性について理解し，『自分の大切さとともに他の人の大切さを認めること』ができるようになり，それが様々な場面や状況下での具体的な態度や行動に現れるとともに，人権が尊重される社会づくりに向けた行動につながるようにすること」とした。これを踏まえ，今後学校においては人権教育及びその相関が極めて強い道徳教育の指導の充実を一層図り，人権尊重の精神に基づく組織的な学校づくりがより重要となる。

さらに文部科学省 (2006) は，人権教育において育成すべき資質・能力を ① 知識的側面，② 価値的・態度的側面，③ 技能的側面の３つの側面から捉え，子どもたちが発達に応じて普遍的課題や個別的課題に取り組む中で，「人権感覚」の涵養に深く関わる ② と ③ に ① を統合させ，それによって，人権に関わる問題を感知し，問題状況を変えようとする「人権意識」を高め，自他の人権を守る「実践行動」へとつなぐことの重要性を明示している。

## 2 小学校における人権教育―人権課題「子ども」―

人権課題「子ども」には，「いじめ」・「校内暴力」・「児童虐待」・「児童買春」・「児童ポルノ」等があり，特に「いじめ」は重要な課題となっている。

文部科学省が，2020 年 10 月 22 日に公表した「令和元年度児童生徒の問題行動・不登校等生徒指導上の諸課題に関する調査結果」を見ると「いじめの認知件数」は，過去最多の 61 万 2,496 件であり，前年度より 6 万 8,563 件増えている。また，校種別では小学校が 48 万 4,545 件と最も多く全体の８割を占め，学年別認知件数（図 14－1）では，「小２」の９万 6,416 件を最多に，「小３」・「小１」と続き，低学年での増加傾向が顕著となっている。

加えて，いじめの様態ではどの校種においても「冷やかしやからかい，悪口や脅し文句，嫌なことを言われる」が第１位で，全体の６割を占め，いじめ防

図表 14－1　学年別いじめの認知件数のグラフ（国公私立）

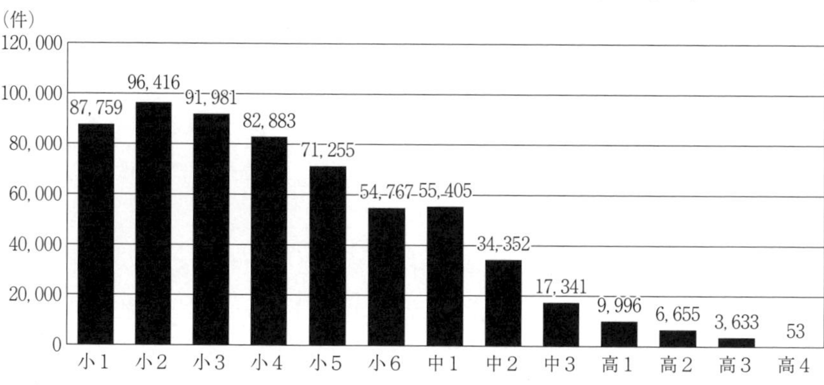


出所）文部科学省「令和元年度児童生徒の問題行動・不登校等生徒指導上の諸課題に関する調査結果」

止対策推進法第 28 条第 1 項に規定する「学校に在籍する児童等の生命，心身又は財産に重大な被害が生じた疑いがあると認める」重大事態の発生件数も，小学校では前年度の 188 件から 259 件と増加しており，小学校における「いじめ問題」は，より深刻な状況にあることが見て取れる。

森田洋司（2010）は，「いじめ問題」の捉え方の変遷を以下のように説明している。第一波は，1980 年代半ば頃である。1970 年代の終わりから顕在化した校内暴力と時期が重なったため，当初「いじめ」は「校内暴力の新たな展開」と捉えられ，加害者への教育的指導に重点が置かれた。第二波は，1994 年の愛知県の中学 2 年生が「いじめ」を苦に自殺した事件をはじめ，複数の自殺事件が発生した時期である。その実態から様相が明らかとなり，「いじめ」は深刻な社会問題となった。文部科学省は「いじめ対策緊急会議」を設置して「緊急アピール」を行い，「いじめはどの学校でも起こり得る現象である」として，総点検を実施した。また，「行為責任」の感覚を子どもたちに意識させる必要性を強調し，「いじめ」は被害者の心身に深刻なダメージを与えるとして「被害者の焦点化」が図られ，1995 年からスクール・カウンセラーが配置された。第三波は，2005 年の北海道の小 6 女子，2006 年の福岡県の中 2 男子をはじめとする自殺事件が相次いだ時であり，「いじめ問題」は再び日本社会に大きな波紋を呼び起こした。以降，2013 年の「教育再生実行会議」では，「いじめ」の対応策として「加害者」「被害者」に「傍観者」を加え，子どもたちに学校という社会を構成する一員としての責任を自覚させることの大切さが示された。森田は後に，「いじめの四層構造」(1986) を提唱し，この「傍観者」(知らぬふりを装い一次的に日頃の人間関係を断っている者) に，「観衆」(自分は手を出さず時にはやし立てる者) の存在を加え，周りの集団が当事者に及ぼす責任の重要性を明らかにしている。

同年，政府は「いじめ防止対策推進法」を策定し，「いじめ」の定義を「児童等に対して，当該児童等が在籍する学校に在籍している等当該児童等と一定の人的関係のある他の児童等が行う心理的又は物理的な影響を与える行為（インターネットと通じて行われるものも含む）であって，当該行為の対象となった児童等が心身の苦痛を感じているもの」(下線は筆者) とした。また，その対策として，未然防止・早期発見・迅速対応・事後防止の観点から「法や賞罰等による外からの歯止め」「人権的価値意識や道徳性に基づく内からの歯止め」「子どもたち自身による自発的な歯止め」等を示した。

人権教育は，こうした歯止めを自律的に自己の形成と関わらせて育むことが大切であり，組織的・意図的推進に加えて，より個々の内面に働きかける道徳教育の充実が正に重要となっている。また，道徳教育の要として機能する道徳科の授業においては，普遍的課題や個別的課題について子どもたち自身が当事者意識をもって主体的に考え，自己の生き方に加えて自己および集団や社会をよりよいものとする資質・能力の育成がますます重要となっている。

## 3 「いじめ問題」と道徳科における授業展開

### (1) 「いじめの問題」と道徳科

かつて，道徳の授業で直接的に「いじめ」を取り扱うことは，当事者の心を傷つけたり，非認知の「いじめ」をエスカレートさせたりするとの懸念から，消極的であった。しかし，「いじめ」に関する調査から，その様相や実態が明らかとなり，道徳科の特質を生かした指導の視点がより明確になってきた。

「いじめ」の様相について森田は，「いじめの四層構造モデル」を示し，「いじめ」の実態や様相は，当事者のみならず同集団に属する周りの子どもたちの反作用によって決まると指摘した。加えて，集団における「いじめ」を抑止する上で重要なのは，止めに入る「仲裁者」の存在だとし，傍観者が増えれば仲裁者が減り，傍観者が減れば仲裁者があらわれやすいという相関を明らかにした。さらに，「いじめ問題」の指導においては「いじめ問題」を「個人化」せず，学級集団や学校社会の問題として「公共化」させることが肝要であり，自分たちの手で課題を解決する力の育成が重要だと指摘している。したがって，「いじめ問題」について様々な場で指導する際には，「いじめの四層構造モデル」を念頭に置き，児童生徒の発達や状況を丁寧に捉えながら，① 知的側面，② 価値的・態度的側面，③ 技能的側面から，それぞれの指導の特質と効果を十分に考慮して，相乗的・統合的なアプローチをしていくことが重要となる。

道徳科の特質は，道徳的価値に照らして自己をみつめ，物事を多面的・多角的に考えることを通して，自己のよりよい生き方や在り方についての考えを深め，実践に生きる内面的資質としての道徳性の育成を図ることである。したがって，課題意識や当事者意識をもたせながら，主体的に道徳的価値についての理解を深めさせ，調和的に道徳的心情・道徳的判断力・道徳的意欲と態度の育成を図ることがより重要となる。

また，教師は「人権尊重の理念」を正しく捉え，「いじめは，人の人格や人生を深く傷つける人権を損ねる行為であり，絶対にしてはいけないこと」との前提に立ち，四層構造を踏まえた指導を工夫し，人権感覚の涵養および人権意識の覚醒を図りつつ，より内熟した道徳性の育成を図ることが大切となる。

### ⑵　授業展開における指導と工夫

以下では，「いじめ問題」を取り扱った道徳科における授業実践例を，教材分析を基にしたポイントを示しながら２つ紹介する。

【教材研究と分析】　対象学年：小学校６年生

◆教材名　「泣き虫」（出典：光村図書『道徳６（きみがいちばんひかるとき）』）

◆「いじめの四層構造モデル」に照らしての教材分析

本教材を「いじめの四層構造モデル」に当てはめて分析すると図14‐2のようになる。「私」の学級では，**勇気君**が転校してくる前は**トオル君**が中心となって**藤井君**をいじめていた。**「私」を含む周りの者**は，その矛先が自分に向けられることを恐れて，観衆や傍観者となっていじめに加担していた。

森田（2010）は，「いじめの性質は，加害者だけでなく周りの子供達の反応によって決まる，いわば教室全体が劇場空間であり，いじめは舞台と観客との反応によって進行するドラマである」「子供たち自身による歯止めを失った状態は，集団の自己統制機能が脆弱化した証である」と述べているが，正にこの状況である。

この後，**仲裁者の勇気君**が「いじめ」を抑止するが，**被害者の藤井君**は「ぼくならいいんだ」といい，トオル君は勇気君にびんたを張る。勇気君が机に伏して大声で泣くと，そこにいた皆もトオル君も泣いた。**仲裁者，観衆の「私」，傍観者だけでなく，加害者のトオル君**までもが，なぜ泣いたのか。

森田は，傍観者の多さといじめ被害の発生数に高い相関がみられることや，傍観者のあらわれ方は仲裁者のあらわれ方と密接な関係にあることを指摘し，傍観者の存在が「いじめ」の抑止力に大きく関わることを指摘している。そして，「いじめ」を制止したり，仲裁したりするには，その場の雰囲気への同調志向や

図表14‐2　いじめの四層構造のイメージ化

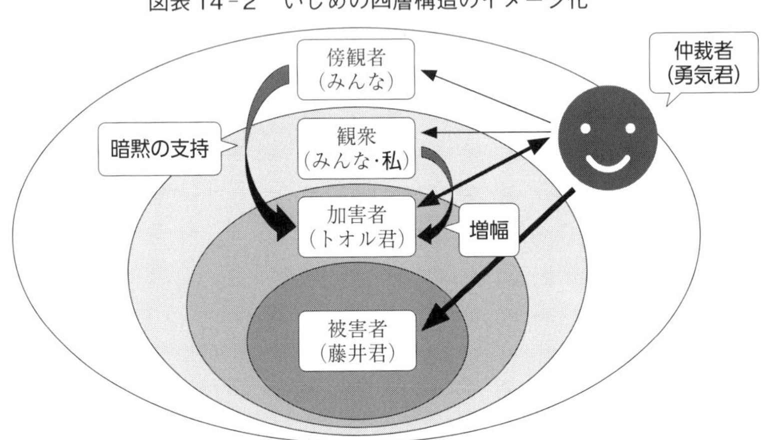


出所）森田のいじめの四層構造モデルを用いて筆者作成

〈授業展開例Ⅰ〉テーマ設定による課題解決型の授業（単時間扱い）

| 内容項目 | C⑬　公正・公平・社会正義 | 主題名 | 誰もが安心して生活するために |
|---|---|---|---|
| ◎ねらい | 誰に対しても公正・公平に接し，正義の実現に努めようとする態度を育む。 | | |

| | 主な学習活動と発問 | □留意点　■評価 |
|---|---|---|
| 導入 | 1．アンケート調査を基に「いじめ」について話し合う。<br>◆テーマ：いじめをなくすために大切なことは何だろう | □テーマを設定する。 |
| 展開前段 | 2．教材「泣き虫」を読んで話し合う。<br>◎勇気君はどんな気持ちで机に伏して泣いたのか。<br>トオル君たち・藤井君・皆に対する思いや気持ちを捉える。<br>○皆はどんな思いで勇気君を見て泣いたのか。<br>トオル君たち・藤井君・皆の気持ちや思いを捉える。 | □加害者・被害者・傍観者および観衆・仲裁者の4つの視点から，その思いを双方向から共感的に捉える。 |
| 後段 | 3．自分自身を振り返る。<br>これまでの自分の体験を振り返りテーマについて考える。 | ■自己を顧みテーマについて考えている。 |
| 終末 | 4．テーマについて話し合う。<br>話合いを基に自分たちの学級について考え実践に生かす。 | ■自己の生き方を考え，実践につなげている。 |

〈授業展開例Ⅱ〉人権教育との連携による総合単元的道徳学習（複数時間扱い）

① 単元構成例（総合的な学習の時間を枠組みとして学習テーマに迫る）

◆学習テーマ：いじめをなくすために大切なことは何だろう

| 第1時 | 第2時 | 第3時 | 第4時 | 第5時 |
|---|---|---|---|---|
| 総合 | 道徳(1) | 総合 | 道徳(2)－1 | 道徳(2)－2 |
| 人権について | 「私のいもうと」 | いじめについて | 「泣き虫」 | 「泣き虫」 |

〈第4・5時の道徳の授業展開例〉

| 内容項目 | C⑯　よりよい学校生活，集団生活の充実 |
|---|---|
| ◎ねらい | 学級や学校に一員としての自覚をもち，皆で協力し合ってよりよい学級や学校をつくろうとする態度を育てる。 |

| | 主な学習活動と発問 | □留意点　■評価 |
|---|---|---|
| 導入 | 1．第1時で学んだ「いじめの四層構造モデル」を想起 | □課題意識をもつ。 |
| 展開前段4時 | 2．教材「泣き虫」を読んで話し合う。<br>○登場人物は，四層構造のどこに位置するのか。<br>◎勇気が転校してくる前の藤井君に対する，それぞれの思いはどのようなものか。（第4時は，ここまで） | □教材の学級状況を捉える。<br>思考シートにそれぞれの気持ちや思いを書き入れる。<br>■それぞれの思いを自己投影させつつ共感的に深く捉えている。 |
| 展開前段5時 | 3．トオル君・藤井君・私・皆についてそれぞれ考える。<br>◎机に伏して泣く勇気君，それを見て泣いたそれぞれの人の思いはどのようなものか。（第5時） | |
| 展開後段5時 | 4．学習テーマについて話し合う。<br>これまで学習してきたことを振り返り，学習テーマについて話し合う。 | ■学習テーマについて考えている。 |
| 終末 | 5．これまでの学習を振り返り，自分たちの今の学級について話し合い，実践につなげる。 | ■よりよい生き方を考え深め実践しようとしている。 |

自己保身を越える新たな視点に立つ価値観を育成する必要があると述べている。

つまり，「いじめ問題」を考える時には，当事者の「個人の関係の問題」に傍観者や仲裁者の「集団の一員としての問題」の視点を加えてより多面的に深く問題の本質を見つめさせ，道徳性の育成とともに人権感覚の涵養，並びに人権意識の覚醒を図っていくことが重要であると考える。

これらを踏まえ，前頁において，永田（2016）が提唱するテーマ追求型の授業展開例Ⅰと，押谷（1995）が提唱する総合単元的道徳学習に基づく授業展開例Ⅱを示した。それぞれの展開例のもつ特色とその意義を押さえておきたい。

## 4 さらなる充実への視点や課題

グローバル化やAI化が急速に進むなか，私たちは大きな時代の変化を迎え，持続可能な開発のための2030アジェンダで示されたSDGsなどの解決に向けて国や人種を越えて協働することが求められている。そこでは人権尊重の精神の涵養や，自己のよりよい生き方や在り方を生涯に亘って探究し続ける道徳性の育成が，これまで以上に重要となる。人権教育の視点からの道徳教育のさらなる具体的取組が望まれる。

**• 参考文献 •**

朝倉喩美子他（2019）『道徳6　きみがいちばんひかるとき』光村図書
押谷由夫（1995）『総合単元的道徳学習論の提唱―構想と展開』文溪堂
曽根信一（1996）『人権問題と多文化社会』明石書店
土屋基規・P.K.スミスほか（2005）『いじめととりくんだ国々』ミネルヴァ書房
永田繁雄（2016）「学習テーマをつくるのは教師なのか，子どもなのか」『道徳教育』2016年11月号，明治図書
森田洋司監修（1998）『世界のいじめ』金子書房
森田洋司（2010）『いじめとは何か』中央公論新社
（文部科学省刊行文献は，紙幅の関係上省略）

# 第15章 人物の生き方のリアリティを生かす道徳授業

――――林　敦司

## 1 人物教材の特質と教育的意義

洋の東西を問わず，また史学の発展の上からしても，人間は「人間」に対して多くの関心を寄せてきた。たとえば，中国の『史記』がそうであるし，西欧には古い時代から優れた伝記があらわれている。また，わが国でも人物を取り上げた歴史物語を「鏡物（かがみもの）」とよんで親しんできた。

道徳的な問題を主体的に解決する力や，よりよく生きていくための資質・能力を培うためには，具体的人間像に学んだほうが現実的な力を得やすいことはたしかである。これについては，「児童の心性に印象づけられ，それが彼等の理想的人間像になり得るためには，単に思索などによって考え出された抽象的観念的な人間像ではなしに，たとえば，内村鑑三とか，福澤諭吉とかいうように，具体性をもった人物によって与えられることが必要であろう」（唐澤，1956：811）の知見が参考になるが，どう生きるかという問題は，畢竟，人間について問いかけることにほかならない。

また，そのような学習を積み上げることで，人生の重大な岐路に立たされたとき，あるいは，困難に直面したり，難しい決断を下したりする場面で，おのずと道徳授業を通して出会った人物の振る舞いや言葉がリアリティをもってよみがえってきて，それが自分の行くべき道を指し示してくれる。

道徳授業で南方熊楠に出会った女の子が，「くじけそうになったら，熊楠さんに相談したり，答えを教えてもらったりして，前に進みたいと思います」と卒業前の作文に書いた。道徳授業で人物を扱う意義は，具体的な人間の生き様から，子どもが自分の成長の糧になる価値を見出すことにある。さらには，子ども自身がその人物の叡智を自分のなかに取り込み,「この人物ならこう考えるだろう」という判断の物さしを得るとともに,与えられた人間像に向かって向上心を燃やすことが期待できる。

ここで大切なことは,子どもの目を登場人物の内面に向け,それに自らを投影させながら自己内対話にいざなう授業を展開することである。人物の生き方に感動し,心を熱くしながら,自らのなかに「問い」と「対話」を生み出すことで,人生を前向きに生きるエネルギーは強化される。

## 2 人物の魅力を活写する主題構成

ひとくちに人物教材といってもさまざまな作品が存在する。これらには,無味乾燥なあらまし書きの人物史や,人物のある側面のみを強調するだけで,真に時代を生き抜いた人間の姿が描かれていないものもある。また逆に,子どもの心を揺さぶる教材であっても,教師にそれを生かす力がなければ,人間について深く考えさせる授業にはならない。

このような問題を防ぐためには,取り上げる人物の完結した人生を知ることはもちろん,その他にも文献を丹念に読んだり,取材を重ねたりすることが教師に求められる。それによって,人物の心を支えた軸のようもの,あるいは,一個の不完全な人間が,自己の人間形成をどのような過程を通してなし得たかということが教師自身の究明課題になったとき,おのずと授業の主題が浮かび上がってくるのである。

誤解を恐れずにいえば,「この人間の生涯を貫いたものは何であったか」という,人物の生き方の根本に迫る読みを意識することが人物教材を扱う場合のポイントとなる。いわばその営みがあって,人物があたかも子どもたちの目の前を駆け抜けるように,生き生きと躍動する姿を見せるのである。

さらにこれに関連して,人物の生涯のどの部分にスポットを当てるかという問題がある。子どもの心を惹きつけるのは,その人間が無名時代に抱えた孤独や不安であり,決断の時であり,覚悟を決めた瞬間である。また,自分のなかにある悩みや迷いなどと同質のものを,その人物がもっていたことを子どもが知ったときである。

しかして，子どもたちが個人に強い関心をもつのは，人間が世に埋もれて専心努力しているときである。オーストリアの文学者ツヴァイク（Zweig,S.）はそれを「星の時間（Sternstunde）」と表現した。

## 3 リアリティを生かす授業づくり

1958（昭和33）年に道徳の時間が特設されてから今日まで，指導過程論がさまざまに研究されてきた。たとえば，平野武夫の「価値葛藤理論」，大平勝馬の「基本的構造型」，青木孝頼の「基本過程論」が有名である。これらの指導過程は用語に違いはあっても，ねらいとする一定の価値を追求し，自分との関わりで捉えようとする点で大筋は共通している。

これに対して，人物教材を扱う場合には，人間の全体像からダイレクトにねらいに迫る指導が効果的である。その一例として，① 事前に把握した人物像を語り合う，② 教材中の人物の生き様（星の時間）を追体験する，③ 人物の生き方を貫いたものを考える，④ その後どうなったかを知る，の流れで授業を構成する方法が考えられる。人間性の全体を関連する複数の内容項目から捉えた上で，ねらいに迫るためのテーマを追求するとリアリティに富んだ授業をつくることができる。

また，授業を行う教師の姿勢も見逃すことができない。それは，人物について考えるためには，第三者として外から眺めるのではなく，自分がその人間と交わるという構えが必要になるからである。このように考えると，人物を扱う授業づくりで大切なことは，人間のまことの姿を見抜く洞察力であり，その人物から学ばせたいという気持ちの本気度である。吉田松陰や緒方洪庵の言葉が塾生たちの胸に投げ込まれた火種となったように，人の魂に食い入るような教育を可能ならしめるのは，指導力よりも感化力のほうなのかもしれない。

ここで確信をもっていえるのは，丸ごとの人間像に教師の目を向けることである。それによって，魅力ある人物から道徳的価値がリアリティをもって子どもの心に伝わり，「私はどう生きるか」を追求する授業はつくられる。

人の心が動くのは，共感したり，自分で考えたり，わが身に置き換えて想像したりするときである。つまり，人物から子どもが学びたいのは，未来に立ち向かって生きた人間について，今ここに息づく自分の問題として考えることといえる。たとえば,「真理の探究」を教えるために湯川秀樹を扱うのではなく，子どもにとって魅力ある湯川秀樹という人間が,「真理の探究」を大切に生きたことにどう気づかせるか，その心的過程を重視することである。

また，教材中の世界に入り込むほど，人物に対する子どもの関心は「その後どうなったか」という点におよぶ。換言すれば，登場人物の完結した人生を知りたいと思うことは，その人間を自分のなかに取り込もうとする心の求めである。そう考えると，主人公の「晩年の言葉」や「後世に与えた影響」をエンディングで紹介するテレビ番組の制作手法を取り入れてみるのもよい。

## 4 効果のある授業の実践事例

### (1) 「自我関与を通じて対話を深める」授業事例

#### ① 本教材の特徴と活用のポイント

本教材は，妖怪を題材にした漫画「ゲゲゲの鬼太郎」など，自分らしい作品づくりに情熱を燃やした漫画家・水木しげるの人生を描いている。

本授業では，教材中の人物の人柄や魅力に触れながら，主人公への自我関与を通じて，個性を発揮して生きることへの憧れを抱かせたい。

#### ② 事前学習を生かす

事前に主人公の人柄やエピソードなどを調べさせ，導入でそれを交流するとともに，ICTを活用したり妖怪の絵を掲示したりして，子どもたちを「水木ワールド」に引き込むことがポイントになる。また，本時の学習課題となる「問い」を子どもたちに吟味させることで，主体的な学びにつなぐことができる。

#### ③ 主人公が生涯を貫いたものに目を向ける

売れなくても漫画を描き続けた主人公への自我関与を通じて，自分らしさを発揮して生きることの意味を考えさせる。その際,「ゲゲゲの鬼太郎」を誕生させた主人公に自らを投影しながら，自分らしい生活や生き方を支えたのが漫

**第3学年　道徳科学習指導略案**

**1　主題名**　自分らしさを生かす（中学年A個性の伸長）

**2　教材名**　「鬼太郎をかいたゲゲさん」（出典：学研『新・みんなのどうとく3』）

**3　ねらい**

多様な個性や生き方に触れることを通して，自分の特徴である長所と短所の両面に目を向け，長所を伸ばしていこうとする態度を育てる。

**4　本時の展開**

| 学習活動（主な発問等） | ◇指導上の配慮事項 |
|---|---|
| 1　漫画家「水木しげる」について，調べてきたことを友達に紹介する。<br>○水木しげるさんについて，みんなで話し合いたいことを考えよう。 | ◇ICTを効果的に活用しながら，子どもたちを「水木ワールド」に引き込む。<br>◇子どもに「問い」を設定させる。 |
| 水木しげるさんの漫画が面白いのはなぜだろう。 | |
| 2　教材を読んで，水木しげるの生き方について話し合う。<br>①　水木さんが自分らしさを意識したのはどんなときだったのだろう。<br>②　漫画が売れない水木さんを支えた心は何だったのだろう。<br>③どんなときでも漫画を描き続けた水木さんについてどう思うか。 | ◇少年時代の回想や青年期に始めた絵の勉強をもとに，主人公の心情を探らせる。<br>◇いくら描いても売れない主人公に自我関与しながら，それでもあきらめずに作品づくりを進めた思いを考えさせる。<br>◇ペア学習を取り入れ，主人公の生き方を支えている道徳的価値を捉えさせる。 |
| 3　学習のまとめをする<br>○水木漫画が多くの人々に愛される理由について考えよう。 | ◇晩年の言葉を紹介し，水木しげるの人生観に触れさせる。 |

**5　評価のポイント**

自分の長所を生かすための努力やそれを貫く姿勢について，多面的・多角的に捉えることで考えを深めることができたか。

画であったことを押さえたい。その際，主人公が好んで語った「なまけ者になりなさい」や「のんびり暮らしなさい」など，子どもに「なぜ」を喚起するメッセージを用いて自我関与を促すこともできる。

#### ④　「その後どうなったか」にふれる

「私は自分が幸福だと思っています。それは好きな道で60年以上も奮闘して，描き続けてこられたからです」と語る水木の思いを想像させながら，晩年は生まれ故郷である鳥取県境港市の発展のために漫画絵を提供したり，イベントに参加したりしたことを紹介する。

## (2) 「登場人物の生き方を貫いたもの」に着眼した授業事例

### ① 本教材の特徴と活用のポイント

ヘレン・ケラーの名前は多くの子どもが知っているのに，江戸時代に活躍した塙保己一を知る者はほとんどいない。その意味では，ヘレンが終生心の支えとし，生きる目標とした人間が日本人だったということは，子どもたちに新鮮な驚きと感動を与えるはずである。

教材では，保己一の決意や思いを深く想像するとともに，周囲にいる人びとをも動かすものが何であったかに着目しながら，喜びにあふれて生きることの

**第6学年　道徳科学習指導略案**

1　**主題名**　人間としてよりよく生きる喜び（高学年Dよりよく生きる喜び）
2　**教材名**　「ヘレン・ケラーが目標にした日本人」
（出典：『実話をもとにした道徳　ノンフィクション資料』図書文化）
3　**ねらい**
崇高な人生を送った人間がもつ心の強さや気高さを感じ取り，誇りや喜びのある生き方にあこがれる心情を高める。
4　**本時の展開**

| 学習活動（主な発問等） | ◇指導上の配慮事項 |
| --- | --- |
| 1　事前に把握した塙保己一像を披瀝する。<br>○塙保己一とはどんな人物だろう。<br><br>目が不自由な保己一が，生涯を学問に打ち込んだのはなぜだろう。 | ◇心に残ったエピソードをあげながら，登場人物との出会いの感想を自由に語らせる。 |
| 2　教材を読んで，塙保己一の生き方について話し合う。<br>①　保己一の心に生まれたひとつの決意とは何だったのだろう。<br><br>②　保己一が生きる上で大切にしたものとは何だったのだろう。<br><br>③　生涯を学問に打ち込んだ保己一の生き方から，私たちはどんなことが学べるのだろう。 | <br><br>◇保己一の学問への姿勢と，彼の学問を支えた人びとの存在を押さえる。<br><br>◇そこまで学問をしたのはなぜかという視点から，保己一の人生テーマを考えさせる。<br><br>◇グループ学習を通して，よく生きようとした保己一の思いについて深く考えさせる。 |
| 3　ヘレン・ケラーが目標にした人物であることの意味を考える。 | ◇ヘレンが保己一の座像を撫でている写真を提示し，何を語りかけているかを考えさせる。 |

5　**評価のポイント**
ひとつの道をひたすら追い求める人間の生き方に目を向けながら，よりよく生きようとした人間の強さや気高さについて考えを深めることができたか。

意味について考えさせたい。

② 事前学習を生かす

本授業では，事前に保己一について調べさせておき，教材の課題へと広げていく展開が効果的である。事前学習で子どもたちが把握した人物への観察眼を用い，子どもから生まれた素朴な「疑問」や「問い」を道徳的問題として再構成することで，課題意識を追求していく形で自分への問いかけをより深めることができる。

③ 主人公が生涯を貫いたものに目を向ける

子どもたちが，保己一の生き方に惹かれるのは，ただ単に目の不自由な人間が努力して有名な学者になったとか，多くの書物を出版したという事実だけでなく，そのような行動を内面から支えてきた「後世の人びとのために」の思いに胸を熱くするからである。この保己一の思いを授業を通して意識し続けることが大切になる。

④ 「その後どうなったか」にふれる

終末では，座像をていねいになでるヘレン・ケラーの写真を提示し，世界平和や障害者福祉に一生を捧げてきた彼女が，幼いときから目標にしてきた保己一に何を語りかけたかをじっくり考えさせる。それによって，子どもによりよく生きるための新たな課題意識をもたせたい。

## 5 人物教材を扱う授業の課題

登場人物の人間的な魅力と，それに触発された対話をもとに，そこに脈動する道徳的価値を自分のものとして生き方に反映する授業を成立するためには，いくつかの条件を満たさなければならない。

そのひとつが，子どもの心に人物を受け入れる準備をすることである。実際，ある人物の話を聞いて，自分の成長に役立てられる子がいれば，頭のなかをただ素通りするだけの子もいる。子どもの心に人間の生き方に感動したり，学んだりする「心の支度」ができていないと，そこに登場する人物に対してどこか他人事で，高みの見物をするような学習になってしまう。

また，教師が登場人物の人となりに目を向けることも大切にしたい。具体的には，その人物が残した手紙や日記を読むことをお奨めする。これらは第三者に読まれることを意識せず，自分の思いや感情を伝えようとするので，そこにおのずと人間の素顔がにじみ出るからである。このほかにも，記念館や博物館に連絡して，現地の人や専門家に話を聞くのも効果がある。

人物教材の開発や授業づくりは，子どもたちに手づくりの授業を提供するだけでなく，その過程を通じて教師自身が多様な人生の妙味にふれる機会を得ることになる。であるならば，教師はただ目標達成の文脈だけで人物を扱うのではなく，自らもよさを求めて生きる人間であるというスタンスで授業に臨まなければならない。そんな教師の謙虚で前向きな姿勢があってはじめて，人物の内面にあって，その人の生き方の支えになった軸のようなものや考え方に着目したリアリティのある授業づくりを実現できる。

**• 参考文献 •**

大佛次郎（1966）『石の言葉』光風社書店

唐澤富太郎（1956）『教科書の歴史』創文社

ツヴァイク, Z. 著，片山敏彦訳（1996）『人類の星の時間』みすず書房

林敦司（2014）『道徳教育と江戸の人物学　伝記資料の開発と授業づくりの方法』金子書房

林敦司（2012）「ヘレン・ケラーが目標にした日本人」永田繁雄・山田誠編『実話をもとにした道徳ノンフィクション資料』図書文化

# 第16章 情報化時代（情報モラル・AIなどへの対応）と道徳授業

——東風　安生

## 1 道徳授業において情報モラル教育を重視する意義

令和の時代，日本はサイバー空間（仮想空間）とフィジカル空間（現実空間）を高度に融合させたシステムにより，経済発展と社会的課題の解決を両立する人間中心の社会（Society5.0）を迎えている。「小学校学習指導要領解説　特別の教科　道徳編」の第４章指導計画の作成と内容の取扱いの第３節では，「情報モラルと現代的な課題に関する指導」が明記され，社会の情報化が進展するなかで，学校や児童生徒の実態に応じた個別最適化教育が求められ，道徳科においては情報モラルに関する指導の充実が大切だとしている。こうしたなか，2020年４月には，新型コロナウイルス感染症予防対策として政府から全国都道府県に緊急事態宣言が発出された。WHOによってパンデミックが宣言され，世界各国の人びとの生命の危機が叫ばれ，医療従事者は逼迫した医療体制に直面している（2020年12月31日現在）。まさに現代的な課題に対して，道徳教育がどのような姿勢で臨むかが問われている。教育者としての大きな課題は，感染予防により子どもたちの生命を守る部分と教育の質を保証する部分である。そのため，情報機器を活用した遠隔授業を実施することが必須となっている。子どもを取り巻く社会全体が，social distanceを重視して，急激に情報機器を活用したネットワークに進んでいる。人類すべてがIoTに対して否が応でも，向き合わなくてはならない。働き方改革が劇的におとずれ，ポストCOVID-19の世界は，間違いなくICT改革が実施されたような情景になるだろう。

そうした社会で，次世代の主役となる子どもたちが，よりよく生きていくために何が必要だろうか。情報機器を駆使したネット社会になり，情報に関わるモラルを重視する意識が高まる。幼い頃から培っていく道徳的価値にも，情報に関する道徳教育を充実していくことが急速に求められてきた。

また，日本社会の課題として超高齢社会を迎え，人口減少による実質労働者が減ってきている。人口減少に対応してAIを駆使したロボットが経済社会に関わり，人工知能によるデジタル分析が盛んとなり社会の有り様を変化させている。たとえば，顔認証によるオンライン決済やAI棋士がプロ棋士に勝つような状況が発生している。

2015年にシンギュラリティーという言葉に注目が集まった。AIが人間社会に深く入り込んでいくと，逆に注目されるのは伝統文化や宗教的情操など人間らしさのあらわれるような部分の間に葛藤が生まれる。AIのデジタル社会において，芸術や文化を重視した生き方はどうしたらできるのか。情報化社会におけるモラル教育と同時に，子どもたちにはAIとの共生社会を創造する教育はまったなしとなった。いまベテランの指導者がこうした情報教育に及び腰では，次世代を担う子どもたちに教育は実施できない。ましてやそこで実施する情報モラル教育はあやしい。教育者自身のイノベーションが求められる。

## 2 情報モラルの趣旨を授業に織り込む多面的な視点

情報モラルの趣旨は，情報社会で適切な活動を行うための基になる考え方と態度と捉えることができる。内容として，情報社会の倫理，法の理解と遵守，安全への知恵，情報セキュリティ，公共的なネットワークなどである。とりわけ情報モラル教育においては，道徳的価値の理解を基に自己をみつめる時間であるという特質を踏まえた教育が求められる。情報機器の使い方やインターネットの操作などがテーマでない点も留意したい。

1989（平成元）年の学習指導要領の改訂以降，これまでも学校現場では，情報社会における倫理や法的な理解と遵守について教材開発を行い，総合的な学習の時間と連携した年間指導計画を立て，カリキュラムを工夫して授業を進めてきた。具体的な指導実践案は「小学校学習指導要領解説　特別の教科　道徳編」では，具体例がいくつもあげられている。整理すると図表16－1のように

図表 16－1　情報モラルを授業に織り込む視点

| 〈内容項目〉／〈指導方法〉 | 視点B | | 視点C |
|---|---|---|---|
| | 思いやり・親切 | 礼儀 | 規則の尊重 |
| 情報モラルに関わる題材を生かした話合い活動 | • メールなどが相手に与える影響について考える。<br>• インターネット等に起因する心のすれ違いを考える。<br>• 他者への共感や思いやりについて児童が考えを深めることができるようにする。 | | • インターネット上の法やきまりを守れずに引き起こされた出来事を題材に考える。<br>• 法やきまりのもつ意味について，児童が考えを深めることができるようにする。 |
| コンピュータによる疑似体験 | • 使い方によっては相手を傷つけるなど，人間関係に負の影響を及ぼすことに留意する。 | | |

出所）東風（2016）

なる。道徳的価値の理解を基盤にするということで，視点B，Cにおいて，情報モラルに関わる課題がでてくる。情報に関わる課題に対して，いかによりよく生きようとするか道徳的な判断力を高め，心情を深め，さらには態度と実践の意欲を高めることをねらいとする授業を計画しなくてはならない。

堀田龍也（2019）は，ネット依存により日頃の生活リズムが崩れて，学習時間が奪われるといった影響や，ネットいじめなどに関する指導が喫緊の課題だとしている。多くは，公徳心や法令遵守，節度ある生活，勇気や正義，友情や連帯などの道徳的価値に引き付けて検討できる課題である。現実の問題を解決できるための道徳的判断力の育成として，題材化が可能としている。

## 3　効果のある授業への具体的な取組

### (1)　会話とメールの違いを比べる役割演技で体験的学習を図った授業事例

**【第５学年：教材「相手に思いを伝えたはずなのに」の役割演技を生かす実践】**

「子どもにとって見知らぬ人」とは誰か。小学生は，学校社会が中心となっている。いじめ問題ではそれが悪い方の要因となってしまい閉鎖的な社会で逃げ場所がなくなっている傾向がある。しかし，現在の子どもたちは，本当に学校と家庭だけが彼らのいる場所なのだろうか。そう思っている人は，子どもの実態をもう少し詳しくのぞいてみる必要がある。子どもが学校以外で出会う人とは，図表 16－2の①～④に類型化される。この図からわかることは，まず①から④に進むほど，顔を直接みたり，直接話したりしたことのない「見知らぬ」人が多くなる点である。次に，①から④になるほど，犯罪に関わるトラブルに巻き込まれる「危険性」が高くなり，一方で「安全性」が低くなる点である。最後に，①から④になるほど，スマートフォンやケータイにフィルタリング機能を付けたり，セキュリティソフトで事前に迷惑メールなどを除去したりする。指導のポイントとしては，PC に電源を入れて，一端インターネットにアクセスすれば，そこは世界中の人びととつながる窓口となる。残念ながら児童がPC を通して接する可能性のある人は，いわゆるよい人ばかりではない。インターネットは，経済や文化の発展に寄与している一方で，さまざまな悪の温床にもなりやすい。ネットの裏側には，目に見えない匿名性を隠れ蓑にした危険な人物が潜んでいることも事実である。見知らぬ人との出会いは，わくわく感があるが，一方でネットでの出会いは，十分に注意しなくてはならない点を指導したい。相手が誰なのか，相手は何を考えているのか，相手の立場は，相手の姿は，すべて相手からいわれたものを信じるしかない。添付された顔写真も，その人本人かわからない。だからトラブルを回避するためには，ネット上の相手に対して十分に注意して交流するような点を忘れてはならな

**図表 16－2　学校以外で出会う人と危険性**

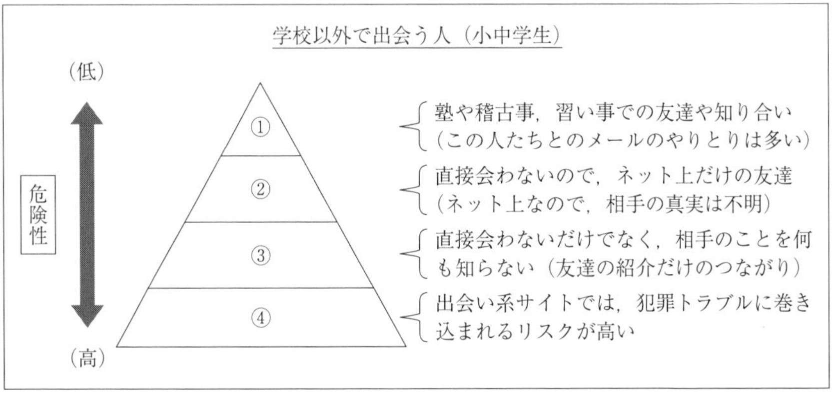

学校以外で出会う人（小中学生）

（低）
危険性
（高）

① 塾や稽古事，習い事での友達や知り合い（この人たちとのメールのやりとりは多い）
② 直接会わないので，ネット上だけの友達（ネット上なので，相手の真実は不明）
③ 直接会わないだけでなく，相手のことを何も知らない（友達の紹介だけのつながり）
④ 出会い系サイトでは，犯罪トラブルに巻き込まれるリスクが高い

出所）東風（2016）

い。そのための体験的学習が，次頁の図表 16－3 で示した学習指導案である。メールで伝える文を書き，言葉で話す場合を実際に比較してみる。ネットを賢く使うとはこうしたトラブルを回避することにもなるといえよう。

### ⑵　いじめのない明るい社会を築く態度を育てる授業事例

**【第６学年：「PC でチャットを活用した学習」を生かす実践】**

ネット上での誹謗・中傷とはどういうことだろうか。このことをまずは押さえたい。誹謗は，掲示板や SNS で特定の相手の悪口（プライバシーを侵害するような内容）となる文章を打ち込むこと。中傷は掲示板や SNS で特定の相手の名誉を傷つけるような噂話や写真など，相手のプライバシーを侵害する写真や話を投稿したりすることである。では，なぜ，ネット上で誹謗・中傷が多いのだろうか。ネットとそれ以外で考えたことを図表 16－4 のようにまとめた。

ここでみられた「誹謗」「中傷」の共通点やちがいとは，何であろうか。

まず，共通点は書いている人が誰なのかわからない，匿名であるという点である。自分の名前を名乗らずに，いいたい放題。隠れて相手のプライバシーを侵害する卑怯なやり方である。一方，違いは不特定多数の人によびかけているようなニュアンスを与えてしまうことや，「誹謗・中傷」に対する反応がチャット上ですぐにいくつも意見があらわれることである。ネット上の誹謗・中傷は，書き手と読み手に双方向の関係が築かれる。これにより，単なる誹謗・中傷よりも拡散する可能性が高くなる。図表 16－5 のような授業事例は，筆者の道徳実践のなかで PC を用いてチャットで意見交換をしている過程で，匿名性を利用した悪ふざけが発生した様子である。ネットで広げられる誹謗・中傷を防ぐには，① こうしたチャット上の会話には加わらないようにする。② 自分を引き込もうとする悪いグループもいる。信頼できる仲間とチャットやメールを楽しむ。③ 文字上では，どのような表情や思いで意見を述べているかはわからない。細かな点や詳細は電話なり直接会って相手と話す。道徳科における指導上の留意点として，ネット上の法を遵守することは互いを尊重して，いじめが発生するようなことから人間関係を守っているという道徳的知識を基盤に

## 図表16－3 「体験的学習」を生かす道徳科学習指導案

1 **主題名** 相手の立場を考えて（高学年B思いやり，感謝）
2 **教材名** 相手に思いを伝えたはずなのに（出典：文部科学省「私たちの道徳 小学校５・６年」）
3 **ねらい** 相手の立場や状況が不明な時には思いが正しく伝わらないことを理解し，相手の立場や状況を考えて行動しようとする態度を養う。
4 **本時の展開**

<table>
<tr><th>時</th><th>学習活動<br>（○発問 •児童の意識の流れ）</th><th>指導上の留意点<br>（•指導）</th></tr>
<tr><td rowspan="4">展開</td><td>導入および終末（省略）</td><td></td></tr>
<tr><td colspan="2">学習テーマ「相手の顔が見えないやりとりで，思いを正しく伝えるために大切なことはどんなことだろう）</td></tr>
<tr><td>1 「相手に思いを伝えたはずなのに」を読み，話し合う。<br>○自分が健太の立場だったら，メールを受け取った時どんな気持ちになりますか。<br>•失敗したのに，上から目線でちょっと頭にくる。<br>•落ち込んでいるのになぜこんなことを言われなきゃいけないのか。<br>•本当は友達じゃあないのかなぁ。<br>○「ぼく」はどんな思いでこのメッセージを送ったのでしょうか。<br>•一緒に練習している健太だからわかってくれると思いこんな書き方をしたんだな。<br>•健太を励ますためにいつも話しているように書いたんだな。<br>•怪我のことを心配している。<br>○健太の本当の思いが伝わらなかったのはどうしてでしょうか。<br>•相手の顔が見えないから。<br>•メールではいつもと同じように話しても伝わらないんだね。<br>•相手がどんな気持ちなのかを考えなかったからかな。<br>◎実際に健太を励ますメールと実際に声をかける言葉の違いを考えてみましょう。<br>【実際のメールの文を考える】―【直接会って声をかける言葉を考える】<br>•私は，○○というように書きます。声をかけるときは，△△と言います。<br>•僕は，○○ということに気をつけます。なぜなら，～だからです。<br>2 本時の学習テーマに沿って振り返る。<br>○相手の顔が見えない状況でのやり取りでは，どんなことが大切なのでしょうか。<br>•相手の顔が見えないからこそ，相手がどんな気持ちなのかを考えることが大切だ。<br>•自分が言われたらどんな気持ちになるか，しっかりと考えることが大切だと思う。<br>•普段話しているような言葉では伝わらないことがわかった。<br>•書いた文章を読み返すことも大切だね。</td><td>•自分が健太の立場だったらどうするかという視点で本文を読み，メッセージを読んでどんな印象を受けるかを話し合うようにする。<br>•前半部分を読み，健太が伝えたかった本当の思いについて考えさせることで，互いの思いがすれちがっていることに気づかせる。<br>•顔が見えないメールでのやりとりでは，思いがうまく伝わらないことがあることを理解させる。<br>•実際にメールの内容を考えさせることで，思考したことをより具体的な場面として捉えられるようにする。<br>•書いた内容をペアグループで交換する。その際，実際に会って話をした時と，メールで書いて伝える時の違いや，メールで書くときの留意点，なぜそのように書いたのか理由も話し合わせたい。<br>•相手を思う気持ちを交流できるようにする。<br>•一人ひとりが大切だと感じたことを全体で交流することで，多様な考えにふれ，相手の立場に立って考えることの重要性について改めて理解できるようにする。<br><br>【評価】相手の置かれている立場や状況を考え，相手の気持ちになって，人と関わりたいという思いをもっている。〈発言・ノート〉</td></tr>
</table>

出所）金沢市立泉小学校教諭・佐藤哲作成（2019）

図表16-4　ネット上とそれ以外の誹謗と中傷の例

| | ネット上の事例（@チャット） | ネット以外での事例（張り紙） |
|---|---|---|
| 誹謗 | ○○は，成績がよくないだけでなく生意気でもあるよ。みんな注意した方がいい。 | ○○さんは，成績がよくないのに，生意気だ。こんな人は，相手にしないほうがいい。 |
| 中傷 | ○○が，この前，先生に呼び出されて注意されているのを見た友達がいる。泣いていたようだ。 | ○○さんは，先生に呼び出されて，職員室で怒られているのを見た友達がいる。○○さんは怒られて泣いていたようだ。 |

出所）東風（2016）

図表16-5　実践指導記録

都内のある小学校で実際に発生したことです。6年生の道徳の授業です。児童一人ひとりが，PCの画面に映し出された物語（中心資料となるDVD教材「手品師」）を見ていました。見終わったあとの感想を，それぞれが画面上のこのコンピュータ室だけのネットワーク上のチャット画面に，書き込むという学習活動を行っていました。どの子も，自分の名前をニックネームに変えて，チャット上で書き込みを確認できるようにしていました。

先生　：では，この時の手品師の気持ちを考えてみましょう。劇場と小さな街角のどちらに行くかを書きこんで，その訳も書きましょう。

Aさん：街角に立ちます。子どもとの約束をやぶりたくないから。

Bさん：きっと劇場に立ちたい気持ちをわすれられないけど，子どもがかわいそうだから街角に立ちます。

Cくん：おれはそんなのやだ。絶対に金のもらえる劇場！　決まってる。

Dくん：お前，本当に“C”かよ？　変じゃないか。

Eくん：僕も変だと思う。お前，誰だよ！　ふざけるな。

Cくん：あれれれれれれれ……

こうして，チャット上の“C”という友達の名前を語った児童によって，書き込んで話し合う学習は，全く異なった方向へ進んでしまいました。“C”と自分の名前を使われた児童は大変に落ち込み，不安な気持ちになりました。

出所）東風（2014）

することが大切である。小学校の低学年では友達の悪口を書いた手紙が靴箱に入れられたり，机のなかに入っていたりする事件が起こることがある。これもネット同様に匿名性を利用した問題といえる。被害をうけた人は不安でしかたない日々を過ごすことになる。法やきまりが身近にあることで不安や不信から安心した生活を過ごせるようにしているという道徳的心情を深めることを重視したい。ただし，ねらいを達成するために自分自身の経験を振り返る場合には，いじめの経験や仲間外れのことを想起させることは留意する必要がある。

## 4 AI 社会に求められる態度の育成をねらいとした総合的な学習の時間との連携

堀田（2019）は，広い視点から情報モラル教育の大切さにも言及し，「道徳教育の要である道徳科は，情報モラル教育においても中核的な役割を果たすことになり，各教科などの特性を踏まえ，カリキュラム・マネジメントの観点から意図的・計画的な情報モラル教育が求められている」と述べている。情報モラル教育は，すべて道徳科で行うと規定されているわけではない。各教科では，子どもがコンピュータや情報通信ネットワークなどの手段に慣れ親しみ，文字入力などの基本的な操作も学習活動に組み込むことを重視している。そのために，現行の学習指導要領で強調されているカリキュラム・マネジメントが学校全体において求められており，その実践が急務となっている。新型ウイルス感染症対策で遠隔授業が話題となっている現在，総合的な学習の時間においてICT 教育の一環としてプログラミングの授業を進める。他方，WEB による指導法の充実と子どもたちの習熟も喫緊の課題である。遠隔授業の進め方や学びの多様性を総合的な学習の時間で一刻も早く，日本の子どもたちに教育の保障を実現する。ポストコロナの社会は間違いなく AI 化が進み，コンピュータをよりよい社会づくりに活かそうとする実践意欲や態度が求められる。実体験の減少を食い止めるような努力はいらない。ウイズコロナ社会の未来を切り開くのは，コンピュータを柔軟に活用する子どもたちなのである。

**• 参考文献 •**

カーツワイル, R. 著，井上健監訳（2007）『ポスト・ヒューマン誕生』NHK 出版

東風安生（2014）「話し合い活動とチャットを用いた道徳授業」『教材学研究』25巻，日本教材学会

東風安生（2016）「第 4 章 小学校現場から」楢原毅編著『スマホ世代の子どもたちと向き合うために教師が知っておくべきネット社会とデジタルのルール』小学館 教育技術 MOOK

堀田龍也（2019）「道徳教育における情報モラル教育」『新・みんなの道徳　教師用指導書（研究編）』学研教育みらい

# 第17章 思考スキルやファシリテーションを生かす道徳科授業

——矢作　信行

## 1 道徳科授業において思考スキルやファシリテーションを重視する意義

「特別の教科　道徳」(以下道徳科と記す) の授業は，子どもが主体的に生き生きと学ぶ授業でありたい。この主体的な学びを生み出す原動力は，子ども自身の問いである。自分の疑問や不思議，感動を道徳的な問いとして，自分や仲間に問うことである。

この問いをつくる過程，問いを解決する過程においてさまざまな思考が必要となる。子どもたちが道徳的諸問題を捉える場合，従来の心情的な把握のみでなく，行為の妥当性，規範やルールといった公共性との関連を考慮する必要がある。そこで多様な思考スキルを活用し，未来に向かってよりよく生きようとする能動的な学習が求められる。具体的には，批判的に考える学習，ケア的に考える学習，創造的に考える学習が主なものとしてあげられる。この思考スキルは，それぞれの思考の特徴を生かして学習を進めることが大切である。さらに３つの思考スキルの要素を多元的に取り入れ道徳的諸問題の解決を多面的・多角的に考える学習は，子どもの主体的な学び合いを一層充実したものにすると考える。

こうした，思考スキルを活用するとともに，一人で考え学ぶのではなく，仲間や教師と共に協働的に考え学び合う必要がある。教師はファシリテーター(会議において，メンバーの参加を促進し，議論のプロセスの舵取りをする人) として協働的な学び合いを構想することによって，子どもとともに授業づくりをするという，真に子どもが主体の道徳科の授業を創造することができる。

## 2 思考スキルやファシリテーションを授業に生かす視点

道徳科の授業では，思考スキルやファシリテーションの意味をしっかり捉え授業を構想することが大切である。ここでいう思考スキルとは，思考の具体的なスキルというよりも思考の枠組み（思考スタイル）と捉えている。

### (1) 主体的な学びを支える問い

子どもが主体的に学ぶために，自らが課題をみつけそれを自らの力で解決していこうとする学習が大切である。まず，考えられるのが，子ども自らが問いをもつことである。学習問題を自分でしっかりともつことが主体的な学びの基本である。問うことによって，道徳的な価値や自分の生き方を深めていこうということである。この問いは，一人だけではなく協働的に考える問いでもある。また，その解決においては，対話や協働的学習が必要になってくる。

子どもが問いをつくり，問いを解決していこうとするためには，教師は，多様な思考スキルの活用や子どもを支援していくファシリテーターとしての役割が重要である。

### (2) 主体的な学びを支える道徳的思考

道徳科の学習における学びのスタイルのひとつとして，道徳的な問いを子ども自身がつくることを述べてきた。この問いをもとに道徳的価値に対する見方を深めたり，問題を解決したりするためには，考えること（思考すること）が大変有効である。しかし，この思考という言葉の意味からして実に多くの用法があ

図表 17－1　思考の関連図

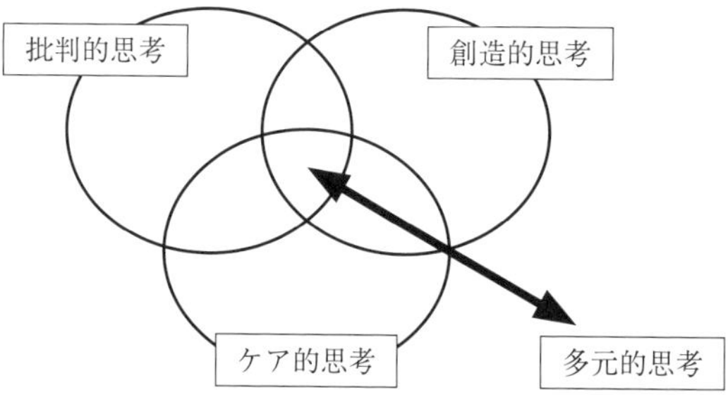

出所）リップマン, M.（2014）

る。たとえば論理的思考，情動的思考，反省的思考などである。ここでは，道徳科を学習する上で重要であると考える思考について，リップマン（Lipman,M.）の考えを参考に考えてみる。

**○多元的思考**

リップマンは，批判的思考，ケア的思考，創造的思考の大切さを強調している。また，この３つの思考スキルを統合して多元的に活用することが道徳的な思考を深めていくことになる。ひとつの思考スキルをクローズアップするだけでなく，３つを組み合わせて活用することが重要である。

道徳科における思考力の中心は，この多元的思考である。３つの思考（批判的思考・ケア的思考・創造的思考）の調和がとれて活用がなされたとき，真の意味での道徳的な思考の深まりがある。

**○批判的思考**

批判的思考は，1980年代アメリカ合衆国において教育論争のなかから生まれてきた。その後1900年代の後半，エニス（Ennis,R.）は，批判的思考を「私たちが何を信じ，何をすればよいかを決める手助けをしてくれる筋の通った合理的な思考である」といっている。

リップマンは，「誰かが，私たちにそれを自分で吟味する機会を与えずにただ信じ込ませたいと思う事柄を受け入れてしまったり，それに洗脳されてしまったりすることから私たちの身を守ることができるということである」と，批判的思考の役割について言及している。

批判的思考とは，相手を非難することではなく論理性や客観性をもって物事が正しいのか，矛盾点はないのかを確かめる合理的な思考方法のことである。そのために，意見には必ずその理由となる根拠や論拠が必要なのである。小学生であれば「理由」とか「わけ」といったことになろう。この批判的思考を活用した授業は，道徳性を高め充実した議論の飛び交う授業につながる。

**○ケア的思考**

学習指導要領の改訂では，主人公の心情理解に偏ってしまった「道徳の時間」への指摘はあるが，感情や感性は人間のもともともっているものである。

道徳的行為について判断するには，論理性だけでなく何らかの形で当然情動的なものが関わってくる。論理的に考えて正しいと判断した行為でも，時には何かしら情動的な側面から支援したりケアしたりする必要がある。

ケア的思考は，論理性を重視する批判的思考に比べ，臨床的で個別的であり，感情の伴ったものであるといえよう。一般的な心情との違いは，心情が相手に対して共感したり同情したり相手の気持ちをくみ取ったりすることに重きが置かれるのに対して，ケア的思考では，こうした心情的な問題に対して自分がどう関われるのかも問題にするのである。このケア的思考は，これからの道徳教育になくてはならない考えである。

○創造的思考

創造的な思考であるが，これは文字のごとく新しいものを生み出していく思考と考える。創造的といった場合には，芸術的分野，音楽的分野，文学的分野とその範囲は広い。ここで，扱う創造的思考は，道徳的な問題に対して，それを新たな視点から解決の糸口をみつけて実践しようとすることである。リップマンによれば，「私たちの創造的思考こそが，問題性のある状況を組み立て直し，問題に取り組むための手段として変わりとなる仮説を考え，起こりうる結果を考え，状況の問題性のある特徴を克服するまで実験を組織し，そして，新しい一連の信念を生み出すのである。」としている。つまり，創造的思考は，問題の状況からそれを克服する新たなものを生み出す思考と捉えることが重要である。

### ⑶　協働的思考とファシリテーションの重要性

批判的思考，ケア的思考，創造的思考を統合した多元的思考が問題の解決を図る鍵である。さらに道徳を学習する上で大切なのは，一人でじっくり考える力を養うのと同時に，少人数グループで協働的に考える力を高めることである。この協働的学習を進める際に，教師がファシリテーションの考えをしっかりもっていることがポイントである。

授業においては，グループディスカッションのファシリテーターとしての教師の役割である。子どもの議論をサポートしていくのである。多様な思考方法を用いて，議論を重ねていくときに，考えを整理したり，議論の焦点化を図ったりするのである。もうひとつは，子どもたちから，授業改善に向けた意見や考えを引き出し，それを生かして，よりよい授業をデザインすることである。

## 3 効果のある授業への具体的な取組

### (1) 多様な思考スキルを活用した授業事例

ねらいを「自分の考えや意見を相手に伝えるとともに，相手のことを理解し，自分と異なる意見も大切にする態度を養う」と設定し授業を構想した。図表17-2に示した通り，思考を重視した学習過程がポイントである。

この授業は，自作教材で夏休みの自由研究で貯金箱をつくってきた美代子に対して，たかしがしつこくみせてといい，根負けした美代子が貯金箱をたかしに渡すが，たかしが落として壊してしまうという話である。

この事例では，問いを子どもたちに考えさせたあと，思考の仕方を教師があえて投げかけたものである。はじめは，それぞれの行為を批判的に思考した。人物の攻撃にならないように行為に着目させて実施した。次に，苦しい立場に置かれている美代子に対してなんとかケアできないか考えた。「優しい言葉を掛ける」とか「悲しい思いをしっかり聞く」といった意見がみられた。最後にこの状況を打開し，よりよい関係，よりよい未来を切り開いていくにはどうすればよいか，創造的思考を用いて小グループで考えた。「お互い心から謝り，もう一度つくり直す」「２人で協力して直す」といった建設的な意見が多く出された。まず批判的に捉え，次にケアの視点から考えたことが，前向きな解決策を子どもたちが生み出すことにつながった。

この例のように順番に思考スキルを用いることもあるが，実際には，同時に活用されることが多い。それを話し合いのなかで教師がサポートしていけば，道徳的な思考を活用し子どもが主体的に学び合う授業を追求できる。また，話し合いの順序にこだわらず，できるだけ子どもの発想を大切にしながら授業を進めれば，十分深まりのある学び合いが確保できる。

図表 17－2　思考を重視した授業構想図

学習過程【思考を重視した学習過程】

| | 学習内容 | 予想される児童の発言等 | 指導上の創意工夫 |
|---|---|---|---|
| 導入 | 発問：謝ったり，許したりしたことにどんなことがあるか。 | だまっておやつを食べて，あとであやまった。<br>物をこわされたけれど許した。 | 「謝る許す」ということに関心をもつ |
| | テーマ：あやまったり，ゆるしたりすことについてかんがえよう | | 学び合いたいテーマを設定し，学習内容を明確にしていく。 |
| 展開 | 教材を読み疑問点を探し問題をつくる | 教材の範読を聴き，問題をつくる<br>児童とともに学習する問題をつくるのがポイント | 教師とともに，自分たちで学習する問題づくりをする。 |
| | 【予想される問い】<br>1　たかしのしたことについてどう思うか。 | かりたのがよくない<br>かりたら丁寧にしなくてはいけない<br>あやまりかたがよくない<br>・こころがこもっていない<br>・言い訳をしている<br>・べんしょうするっていっていない | ・児童の疑問をできるだけとりあげ，主体的な学びへとつなげる。 |
| | 2　美代子についてどう思うか。<br>今回は，たかし・美代子の両方の行為について批判をさせてみる。 | 【議論の窓】<br>【美代子は悪くないのか】<br>・悪くない<br>・悪いところもある<br>【美代子はどうしたら許すか】<br>・あやまってもらう<br>・弁しょうしてもらう<br>・あやまってもらい，弁しょうもしてもらう<br>【自分だったら】 | ・行為についての批判は良いが人間を非難（攻撃）するのは許容しない。<br>批判的思考を活用<br>ケア的思考の活用 |
| | 3　二人の関係性をよくするにはどうしたらよいだろう。 | | ・ペア討議，グループ討議により主体的な学びへとつなげる。 |
| | 予想される学習問題：元のように仲良くするにはどうすればいいだろう | | |
| | | ・あやまって，二人でなおす<br>・たかしが真剣にあやまって，美代子もゆるしてあげる<br>・ふたりでもっといい物をつくる。 | 明るい未来にむかって，創造的に思考する |
| 終末 | 4　今日の授業から自分が学んだこと，学級としてよかった点などを振り返ろう。 | 自己のふりかえり<br>・あやまりかたやゆるしかたを学んだ。<br>・態度や言葉遣いが大切だとわかった。<br>・悪いことをしたら心から謝ることが大切である。<br>・二人で問題を解決する方法を考えるのがよい。 | ・評価につなげるために書く活動の時間とする<br>〔パフォーマンス評価〕<br>・授業と自分とを結びつけ実践へとつなげるための考える時間とする |
| | 5　教師の話を聞こう | 集団としての振り返り<br>・ペア，小グループ，全員 | 振り返りの視点を個人にとどめないで集団学習も含める |

## (2)　ファシリテーターを活用した協働的学び合いの授業事例

この事例では，教材から問いを各自がつくり，それを小グループで協働的に議論する活動を重視した。各グループには，担任外の教員や学年の教員，保護者の協力をえて，グループに一人ファシリテーターを置いた。教材は，「銀のしょく台」を用いた。19 年間刑務所に入れられていたジャン・バルジャンが出所する。しかし，どこの宿屋でも泊めてくれない。彷徨して近くの教会に行くと，ミリエル司教がやさしく泊めてくれた。食事やベッドも用意してもらった。しかし，ジャン・バルジャンは，親切にしてもらったにもかかわらず，夜中に銀の食器を盗んで逃げてしまう。やがて，憲兵に捕まり司教の前に連れてこられるのであるが，司教は，食器はあげたものだ，銀のしょく台ももっていきなさいと嘘をついてまでジャン・バルジャンを庇った。ねらいは，司教の寛容の心とジャンに対して誠実に生きてほしいという願いをもとに，司教とジャンの相互理解を深めることをねらいとした。実際の授業では，子どもたちから出された問いを小グループで議論し，問題の解決を図ろうと考えた。

授業の流れにそって考えてみる。まず，教材を読み，問いを各自がつくる。次に小グループで各自の問いを出し合い，それを基に議論する。最後に，教室の全員で学級としての問いをつくった。

この事例のポイントは，個人で考えた問いを６人の小グループで話し合って共有化を図ろうとすることである。特に，この小グループにおいて議論することは協働的な学び合いであり，多様な道徳的思考が活用されることになる。

ファシリテーターが議論の進行をつとめ，話題の整理や議論すべき内容の焦点化を図っていった。実際の授業では，各自が自分の考えた問いをはっきりと発言し，どのグループでも全員が必ず発言していた。友達の意見を自分の考えと比べながら話し合うこともできた。グループのファシリテーターが議論の進行のサポートをしたことにより，議論の内容も「どうして司教は見ず知らずのジャンを泊めたのか」「どうして食事やベッドを用意したのか」「ジャンはなぜ食器を盗んでしまったのか」「なぜ，司教は，憲兵につかまったジャンを許したのか」「その後ジャンはどうなったのか」といったように問題が焦点化された議論が行われていた。

グループで問いの共有化を図る議論をしているのであるが，実は，本時の核心部分を子どもたちはしっかりと捉えていたといえる。子どもたちからは，「普通なら親切にしてあげたのに裏切られたら絶対もう助けないと思う」「ジャンは人間として許されない気がする」「私が司教だったら絶対にジャンを許さない」「ジャンは自分に恥ずかしくないのか，ジャンは司教の心の広さがわかっているのか」といった発言や「どこまで司教は優しいのだ。司教はどうしてあそこまで優しくなれるのか」といった発言が出された。

最後に，学級全体で意見交換を行い「親切にしたにもかかわらず，ジャンは食器を盗んだ。それでも司教はうそをついてまでジャンを許したのはどうしてだろう」という問いが学級の学習問題として設定された。授業の核心に迫る問いであるとみることができる。

## 4 思考スキルやファシリテーションを生かす新たな課題

子ども自らの問いを生かし，思考のスキルを道徳科の授業に用いることで，主体的な学び合いや道徳的価値についての考えを深めることができる。今後はもっと教師がファシリテーターに徹した授業づくりが求められる。協働的なグループ学習への教師の参加の在り方が非常に重要になってくる。このことは，授業者（教師）がねらいとする価値への方向へ無理やり引っ張っていく授業ではなく，子どもたちの素朴な疑問や不思議から問いをつくり，それを解決していこうとする学習プロセスが重要である。年間数時間は，担任外の教師や保護者の協力をえて，小グループにファシリテーターとして大人が参加する授業づくりを目指したい。

教師の確保や時間の調整が難しいといった課題もあるが，教師対象の研究授業に子どもも参加し，授業後のカンファレンスも一緒に行っている例もある。

思考スキルの活用とファシリテーションの視点に立った授業について実践を交えて紹介した。このような実践は，グローバル化や価値観の多様化が一層進むこれからの社会において必要とされるものである。今後，各学校での実践が大いに期待されるところである。

• 参考文献 •

押谷由夫（2018）『小学校教育課程実践講座　特別の教科　道徳』ぎょうせい

キャム，P. 著，桝形公也監訳（2017）『子どもと倫理学』萌書房

溝上慎一（2014）『アクティブラーニングと教授学習パラダイムの転換』東信堂

リップマン，M. 著，河野哲也ほか訳（2014）『探究の共同体』玉川大学出版部

# 第18章 哲学対話や新たな知見を入れた議論型道徳授業

――――中野　啓明

## 1 コンピテンシーの育成

2015（平成27）年３月の小・中学校学習指導要領の改正によって，従来の道徳の時間は「特別の教科　道徳」（以下，道徳科とする）となった。2017（平成29）年３月にはコンピテンシーとしての「資質・能力」の育成を重視した小・中学校学習指導要領が改訂されたが，道徳教育に関する部分は，基本的には2015年の改正を踏襲している。このことは，道徳科新設に関わる議論が，学習指導要領における資質・能力に関する議論を先行して論じてきたといえよう。

ところで，OECDのPISA（Programme for International Student Assessment）調査結果およびOECDの打ち出したキー・コンピテンシー（key competencies）が2008（平成20）年版以降の学習指導要領に影響を与えていることは，各種の中央教育審議会答申などにおいて，確認することができる。OECDのキー・コンピテンシーは，以下の３つのカテゴリーから成り立っている。

カテゴリー１：相互作用的に道具を用いる

カテゴリー２：異質なグループにおいて，相互にかかわりあう（interacting）

カテゴリー３：自律的に行動する

読解リテラシー，数学的リテラシー，科学的リテラシーといったPISAリテラシーは，キー・コンピテンシーのなかのカテゴリー１「相互作用的に道具を用いる」における「言語，シンボル，テキストを相互作用的に用いる能力」，および「知識や情報を相互作用的に用いる能力」を，調査可能な「能力」として具体化したものである。

PISA調査では，2015年からコンピュータ使用型調査に全面移行するとともに，ICT 活用状況の調査も実施している。さらに，2015 年の PISA 調査からは，協同問題解決能力に関する調査も行っている。これは，PISA 調査もキー・コンピテンシーのカテゴリー１だけではなく，カテゴリー２とも関係づけていこうとしているものであるとみなすことができる。カテゴリー２の「異質なグループにおいて，相互にかかわりあう」というコンピテンシーは，「考え・議論する」道徳授業と密接に関連するコンピテンシーであるともいえよう。

## 2 道徳授業における交流場面の問題点

2016 年７月に公表された「『特別の教科　道徳』の指導方法・評価などについて（報告)」（以下，「報告」と略記する）では，「主題やねらいの設定が不十分な単なる生活経験の話合い」および「読み物教材の登場人物の心情理解に終始する『読み取り』指導」を否定した上で，以下の３つを「質の高い多様な指導方法」として例示している。

① 読み物教材の登場人物への自我関与が中心の学習

② 問題解決的な学習

③ 道徳的行為に関する体験的な学習

「報告」に例示されている３つの「質の高い多様な指導方法」のいずれにおいても，子どもから多様な意見を引き出すまでの方策を示した上で，「話合い」などの子ども相互の交流場面を道徳授業のなかに位置づけている。

しかしながら，どのような指導方法上の工夫によって，子ども相互の交流場面での議論を深め，収束していくかについては，明確になっているとはいい難い。換言すれば，子どもから意見を出してもらうまでの方策は示されているけれども，出された子どもの意見をもとにしながら，学級全体などでの話合いを教師がどのように組織すれば，議論を深め，議論を収束することにつながっていくのかは，不明のままである。

たとえば，② の問題解決的な学習の場合，アの「なぜそれを大切にしたのか」や，イの「自分なりの解決策」を発表するまでは，子どもから多様な意見を引き出すための授業の進め方としては理解することができる。しかしながら，その後の授業展開の方策を示さなければ，単に自分の意見を発表して終わり，という事態になりかねない。もし，単に自分の意見を発表して終わるという指導に終始してしまうならば，価値の共有やよりよい行為の探究までには至らない指導となってしまうのではなかろうか。こうした事態に陥らないためにも，学級全体などにおける話合いを教師がどのように組織すれば，議論を深め，議論の収束につながるのかという具体的な方策を示す必要がある。

## 3　議論型道徳授業の実際

議論型道徳授業としてまず思い浮かぶのは，コールバーグ（Kohlberg,L.）が提唱する道徳性の発達段階論に基づくモラル・ディスカッション型の授業であろう。モラル・ディスカッションに関しては多くの書籍が刊行されているため，モラル・ディスカッションの進め方を一括りで示すことは難しいかもしれないけれども，コールバーグの理論枠組みからするならば，主発問としては「べき」「べきではない」という当為に関わる賛否を問うという形式となるであろう。

モラル・ディスカッションの授業を行うと，たしかに議論が活発化しているようにみえる場合が多い。しかしながら，発言が一部の子どもに限定されがちであること，相手を論破することが目的となりがちであることといった点は，モラル・ディスカッションの問題点としてあげることができるであろう。

本章では，こうした問題点を克服する授業実践として，p4cの実践，「二つの意見」を基にタブレット端末を活用して交流を促す実践の２つを取り上げる。

### (1)　p4cの実践例

p4cとは，philosophy for childrenの略であり，「子どものための哲学」などと訳されている。p4cはアメリカの哲学者であるリップマン（Lipman,M.）によってその原型が考案されたが，ハワイ州やオーストラリアなど，さまざまな地

図表 18 - 1　劔教諭が提示した「哲学対話で大切なこと」

☆哲学対話で大切なこと☆

- 決めた問いに対して何を言ってもよい。
- 人を傷つけることは言わない。
- 発言しないで聞いて考えているだけでもよい。
- 自分の考えを途中で変えてもよい。
- お互いに問いを投げかけ合うようにする。
- 自分の思ったことを自分の経験などにそくして，考えるようにする。
- 「考えを深めるための鍵」を使って話し合う。
  - Q　それってどういうこと？
  - Q　なぜ？　どうして？
  - Q　その考えはどこからきたの？
  - Q　その考えの根っこにはどんな考えがあるの？
  - Q　例えばどういうこと？
  - Q　そうじゃない場合は，どうかな？

域でいくつものバリエーションが存在している。p4c の実践は，日本でも多くの実践が行われてきているが，ここでは劔仁美教諭によって 2018 年２月に行われた新潟大学教育学部附属新潟小学校５年生での実践を取り上げる。

劔教諭は，p4c の手法を「哲学対話」として位置づけ，図表 18 - 1 のような「哲学対話で大切なこと」として提示している。

この授業は，「すれちがい」（学研）を教材とし，２時間扱いで行われた。２時間分の「指導の構想」における働き掛けを抜粋し，以下に示す。

働き掛け１【１日目】：教材を分割提示し，「自分だったらどうするか」と問い，カードに書かせる。

働き掛け２【１日目】：「プレ哲学対話」の場を設定して，２人の日記を知って個々に感じていること・考えていることを共有させた後に，「『哲学対話』では，何について話し合いたいか」と問う。

働き掛け３【２日目】：哲学対話の場と振り返りの場（自己内対話）を設定する。

働き掛け４【２日目】：再度，自分だったらどうするかと問い，カードに書かせる。

働き掛け５【２日目】：学習課題について考えていること，これからの生活で生かしていきたいことを問う。

図表 18-2　グループでの議論のホワイトボード上の記録

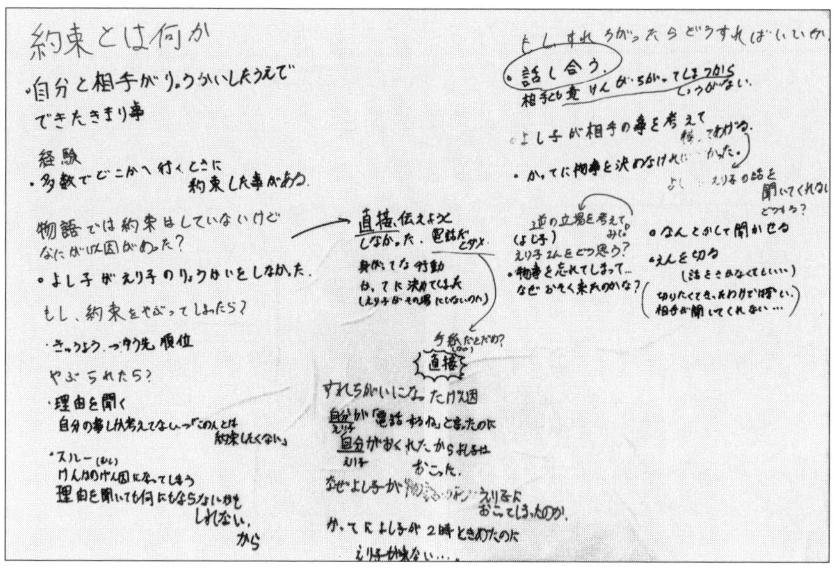


p4c の手法である「哲学対話」の場面を取り入れているのは，【働き掛け２】の場面と【働き掛け３】の場面である。

実際の授業では，１グループ 12 名で３グループをつくり，「コミュニティ・ボール」を用いて，ファシリテーターを中心にホワイトボードに出された意見を書き出していくという形式で授業が進んでいった。その際，剱教諭は「指導の構想」に示した「哲学対話で大切なこと」をカードで示しながら，「考えるための鍵」を使いながらグループでの話合いを促していた。２日目の「哲学対話」による話合いは，30 分ほども続いていた。

あるグループの２日目のホワートボード上での記録を図表 18-2 に示す。

### ⑵　「二つの意見」を基にタブレット端末を活用して交流を促す実践例

従来の道徳授業では，指導案レベルでは意見の対立は想定していたとしても，実際の授業では子どもの話合いの流れによって左右されることは否めなかった。また，理由についても，教師が想定していたものが必ずしも子どもから出てくるとは限らなかった。さらに，理由をあげるだけで時間を費やし，十分な検討ができないまま授業が終わってしまう場合も多かった。

こうした問題点を克服するため，筆者が新潟県の中越道徳教育研究会（以下,「中道研」とする）の先生方とともに開発してきたものが,「『二つの意見』を用いた道徳授業」である。この道徳授業の大きな特徴は，教師があらかじめ作成しておいた道徳的価値を含む「二つの意見」を，子どもたちに提示した上で検討していくという点にある。「二つの意見」を用いた道徳授業の基本的なパターンは，次のものである。

［a］ 教材を提示する（教材を読み込む）。
［b］ （教師があらかじめ用意した，道徳的価値を含む）「二つの意見」を提示する。
［c］ 相違点や共通点など，２つの意見の関係を考える。
［d］ 自分の考えをまとめる。

ところで，道徳授業を含めた子ども相互の意見の交流場面で用いられる方法としては，クラス全体であろうが，グループ毎の活動であろうが,「話合い」などの音声による直接的なコミュニケーションによるものが多い。模造紙やミニホワイトボードをグループ毎の活動におけるツールとして使用する場合も多いが，クラス全体で共有する場合には文字が小さくなることが難点でもある。

そこで,「二つの意見」を用いた道徳授業を基にしながら,「中道研」の先生方と以下のようなタブレット端末の活用方法を構想した。

① ワークシート（付箋）に記入した自分の考えをカメラ機能で撮影する。
② クラウド上に写真をアップする。
③ クラウド上の友達の写真を閲覧した上で，自分の考えを見直す。

こうした構想に基づき，実際に志田美代子教諭が加茂市立石川小学校の６年生に対して行った授業の学習指導案が図表18－3に示したものである。

子ども２人に１台のタブレット端末でワークシートを撮影し，クラウド上にアップロードした上で，他の子どもと自分の考えを比較するという活動を行ったが，クラス全員分の写真を閲覧するのにかかった時間は，５分ほどであっ

図表 18－3　志田教諭による「二つの意見」を用いた道徳授業の指導案

## 第６学年１組　道徳科　学習指導案

1　主題名　思っているだけではいけない（高学年Ｃ公正，公平，社会正義）
2　教材名　「ひきょうだよ」（出典：教育出版『小学道徳６　はばたこう明日へ』）
3　本時のねらい　「ひきょうだよ」とたかひろさんに言われた「ぼく」の気持ちを考えることにより，たとえ「いじめはいけない」「いじめを止めよう」という気持ちがあっても，実際に行動に移さなければ，それは，いじめている側や傍観者と同じであることに気付き，いじめに対して強い意志で立ち向かおうとする態度を養う。
4　本時の展開

| 時間 | 学習活動 | ※指導上の留意点<br>【評価規準】 |
|---|---|---|
| テーマをつかむ<br>５分 | １．ねらいとする価値についての授業前の意識を確認する。<br>Ｔ：クラスの友達がいじめられているのを知ったら，どうしますか。<br>２．教材の流れや登場人物を確認し，今日の学習のテーマを決める。<br>Ｔ：このお話は，何が問題だろう。<br>Ｃ：「ぼく」が止めようとしなかったこと。<br>Ｔ：今日は，「ひきょうだよ」と言われた「ぼく」が考えたことを話し合って，いじめに対してどのようにしていけばいいのか考えましょう。<br>いじめを止めるには，どのような心を大切にすればいいのだろうか。 | ※家庭学習として事前に教材を読み，話の概要を把握させておく。<br>※教材から，考えるべきテーマを子どもとともにつくりあげる。 |
| テーマの追求<br>30分 | ３．２つの意見のどちらに近いか，考える。<br>◎「ぼく」は，自分の何が「ひきょうだった」と考えただろうか。<br>石井さんの意見（赤付箋）<br>ゆうすけたちに何かされるのが怖くて何もしなかったこと。<br>川合さんの意見（青付箋）<br>助けなかったことを最後の最後で謝って，すぐに謝らなかったこと。<br>Ｃ：自分もいじめられるかもしれないからって何もしないのは，結局自分の身の安全しか考えていない。<br>Ｃ：謝ればいいってものではない。<br>Ｔ：友達の意見を聞いたり見たりして，気付いたことはありますか。また，意見が似ていて付け足したいことはありますか。<br>Ｃ：やっぱり，実際に助けようとしないとどんなに思っても駄目なんだ。<br>Ｃ：「ぼく」には，悪かったという思いがあった。でも，どんなに謝ったってたかひろさんの心は傷ついたままなんだ。<br>Ｃ：だから，いじめはだめ。でも，そう思っているだけでもだめ。<br>Ｔ：いじめを止めるには，どんな心を大切にすればいいですか。ワークシートに「○○な心」と書いてみましょう。<br>まとめ：いじめを止めようと思っていても，思っているだけではいけない。<br>とめようと行動しようとする心が大切。 | ※自分の考えに近い方を選び，その理由を付箋紙に書かせる。<br>※自分の考えを iPad で写真を撮り，アップさせる。早くアップした児童から，友達の考えを見させ，自分の意見と比較させる。<br>【評価規準：自分の考えに近い方を選んで，意見を書いている。】<br>※アップされた意見を確認し，指名順序を想定しておく。<br>※児童の話合いが滞る場合，教師の方から揺さぶりをかける発問をする。 |
| ふり返り<br>10分 | ４．本時のふり返りを行う。<br>Ｔ：今日の学習をふり返って考えたことを書きましょう。<br>Ｃ：今までもいじめはだめだと思っていた。でも，実際に自分がしていなくても，止めようと行動しなければ意味がないのだと思った。<br>Ｃ：分かっていても，自分だけだったら止められないかもしれない。そんな時は，他の人に相談して一緒になって止めようとしたい。 | ※自分のふり返りをアップしたら，友達のふり返りを見させる。<br>【評価規準：授業で話し合ったことをもとに自分がこれからどうしていきたいか書いている。】 |

た。また，２人に１台であったために，互いに協力しながらタブレットを操作する姿や，互いに感想をつぶやく姿も確認することができた。

## 4 「考え・議論する」道徳授業を充実するための新たな課題

COVID-19の世界的な流行は，授業の在り方だけでなく学校の在り方にも大きな影響を与えた。こうしたなか，「GIGA（Global and Innovation Gateway for All）スクール構想」の実現に向けた動きが本格化している。

今後は，すべての子どもがオンライン接続可能な一人１台のPCやタブレット端末があるなかで，授業をいかに展開していくかが課題となる。その際，一人ひとりの学習のプロセスを大切にすると共に，「考え・議論する」という子ども相互の協同性・双方向性を高めるためには，どのようにICT機器を活用するかという点にも考慮していく必要がある。そのさい，クラウドをいかに活用するかということも，併せて考慮する必要がある。

**• 参考文献 •**

OECD (2005) "The Definition and Selection of Key Competencies: Executive Summary".

OECD（2016）『21世紀のICT学習環境』明石書店

豊田光世（2020）『p4cの授業デザイン―共に考える探究と対話の時間のつくり方―』明治図書

中野啓明（2016）「読解リテラシーを道徳授業で育む」『道徳教育』56巻6号：82-83

長谷川元洋監修・著，松坂市立三雲中学校編著（2016）『無理なくできる学校のICT活用』学事出版

ライチェン，D.，サルガニク，L.編著，立田慶裕監修（2006）『キー・コンピテンシー―国際標準の学力をめざして―』明石書店

リップマン，M.著，河野哲也・土屋陽介・村瀬智之監訳（2014）『探求の共同体―考えるための教室―』玉川大学出版部

# 第19章 映像教材（放送教材）の特色を生かす道徳授業

――――安井　政樹

## 1 道徳授業における映像教材活用の意義

### (1) 映像の特性

まず，映像教材の特性を明らかにするため，紙媒体の教材（教科書教材など）と比較し，映像そのものの特性を検討したい。

教科書教材の多くは，文字（text）と画像（image）から構成される。文字は，文章として多くの教材で使われ，画像は，挿絵として補助的に使われる場合が多い。小学校入学期には，画像情報を主とした教材が多い。教科書により，写真や１枚絵だけの教材も存在する。画像は，視覚を通じて具体的なイメージを共有できるが，文字は，画像ほど具体的なイメージを伝えられず，読み手の想像力にゆだねる部分が多くなる。

一方，映像教材は，動画（movie）と音（sound）から構成される。動画は，人やものの動きを具体的に伝える。音は，登場人物の声やその場の雰囲気を伝える。なお，動画は映像が次々に流れるため，細かな部分まで記憶することが難しいという側面があることも留意しなければならない。

### (2) 映像教材（放送教材）の特性

道徳科の映像教材には，自治体の教育委員会作成の郷土映像資料や教科書会社などが作成している映像教材，NHK for School の道徳番組などがある。本章では，地域に依らず多くの教育現場で活用できる点から，NHK for School の番組（放送教材）に焦点化し，その特性を述べる。

岡部（2004）によれば，NHK の映像教材の特性は，① 安定性，② 簡便性，

③ 入手容易性，④ 新鮮性という4点があげられる。

放送教材は，教科調査官，研究者，学校の教員などの番組委員の監修のもと，図表19－1に示すような制作過程により，学習指導要領の趣旨に基づいた教材になっている。これが①の安定性につながっている。

「考え議論する道徳」というキーワードが審議会などで出ると，論点を明確化し，道徳的な問題場面について考え議論し深く学ぶ「ココロ部！」，テーマについて考え議論をし，深く学ぶ「オンマイウェイ！」という小学校高学年，中学生向けの番組の放送がスタートし，学校現場で必要とされる教材がいち早く提供された。これは③の入手容易性や④の新鮮性ともつながる。

NHK for School の番組は，テレビでいつでも手軽に視聴できる。インターネットではいつでも視聴でき，事前に教材研究をしたりすることも可能である（② 簡便性）。また，映像の欠点である「次々と流れてしまう」ことを補えるように，「重要シーン（場面絵）」などが印刷できる。番組ウェブサイトには，放送リストとして，教材のあらすじや関連する内容項目，学習指導案例や板書例

図表19－1 「NHK for School 制作の流れ」

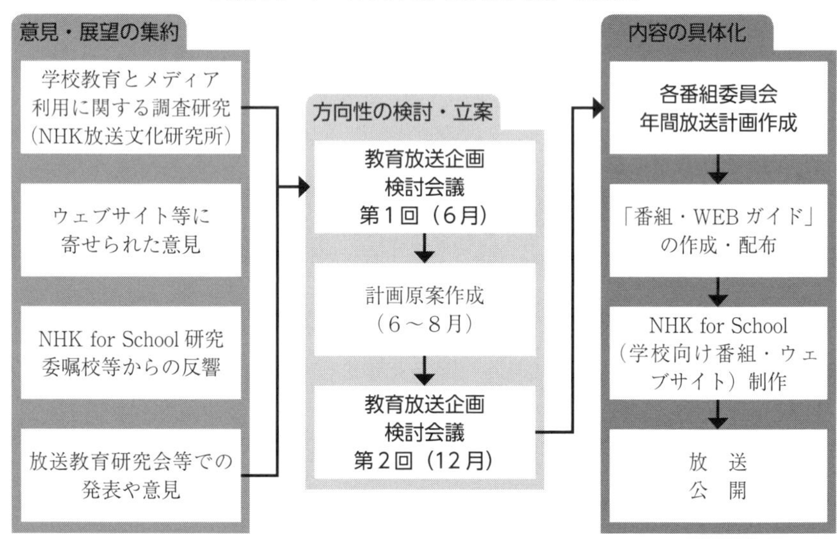


出所）「NHK for School 2020 番組＆WEB ガイド」

などが掲載されている。児童の実態や学校の重点などに応じて教師が選択し，活用できることも特性といってよい。

### ⑶　道徳科における映像教材のよさ

メラビアンの法則によれば，「感情を伝えるコミュニケーション」において，言語情報が人に影響を与える情報の割合は，７％に過ぎず，視覚情報（顔の表情など）が 55％，聴覚情報（声のトーンや話す速さなど）が 38％というように，非言語的コミュニケーションが重要であるといわれている。

道徳科においては，登場人物の「感情」が重要であり，その点において映像教材が優位であるといえる。紙媒体の教材では，たとえば「うつむきながら……」「唇をかみしめながら……」というように，視覚情報を言語情報で補ったり，画像で補足したりできる。しかし，視覚情報と聴覚情報が豊富な映像の方が，非言語コミュニケーションの情報が多いため，登場人物の表情や声色などから「心情」を把握しやすい特性があると考えられる。

また，読解力などの能力によらず，多くの子にとって内容が理解されやすいという特性もあり，考え議論する土台を学級につくるという意味でも，有効である。

## 2　映像教材と主体的・対話的で深い学び

### ⑴　読み物道徳を脱却し，考え議論する道徳学習へ

教科化された際の「質的転換」の一例として「読み物道徳からの脱却」がある。登場人物の心情の読み取りに終始する学習ではなく，登場人物の心情やその変化を通して，深く考える学習へと学びを充実させることを意味する。前述の通り，映像教材は，視聴した時点で「登場人物の心情」の理解はある程度できている状態で学びをスタートできる。手元の文字情報を頼りに「〇行目にこう書いてあるので…」という読み取りをすることはなくなる。そのため，視聴後の早い段階で問いを立て，考え議論する時間を確保することが可能となる。つまり，映像教材を道徳科で活用することは，必然的に読み物道徳から脱却し，考え議論する道徳学習へと質的な転換を図ることにつながる。

### (2) 視聴後の多様な学習活動

道徳番組の視聴後，感想や論点を語り合うなかで「問い」を立て，考え議論する学習を展開する際，映像の特性により道徳的な問題場面での葛藤や登場人物の心情理解がある程度できており，共通の学びの土台ができているため，多様な学習が可能となる。道徳番組の 10 分化が進んだことも，活動の幅の広がりに役立っている。たとえば，道徳的な問題場面で「役割演技」をする場合は，その時の状況が共有できているため，自分ならどうするかという自分との関わりで考える活動がしやすい。次項で，その具体例をいくつか紹介したい。

## 3 映像教材を生かした効果的な授業デザイン

### (1) 『新・ざわざわ森のがんこちゃん』を活用した授業事例

『新・ざわざわ森のがんこちゃん』は，小学校低学年向けに制作された人形劇形式の道徳番組である。主人公が思い悩む姿を通して，道徳的価値について考える構成になっている。放送回により，テーマ発問型の内容もある。

授業では，登場人物に共感し，視聴中から「ずるい！」「えー，迷う」というつぶやきが聞かれた。また，木の実をとる競争の際に，「台の数を同じにすべきか，背の高さに応じて数を変えるべきか」について議論した。「同じ数じゃなくても，同じ背の高さにする平等もある」「その人のことを考える新しい平等」という言葉で「公平」について考えを深めた。

### (2) 『もやモ屋』を活用した授業事例

『もやモ屋』は，小学校中学年に向けに制作されたドラマ形式の道徳番組である。放送回により，さまざまな特色があるが，視聴者が「もやもや」するつくりである。「ぼくの友だち」では，番組の最後に主人公の葛藤場面が登場する。

この葛藤について，考え議論するために役立つのが思考ツールである。これを活用することで，多面的・多角的な考えを見える化することができる。

授業では，グループ活動でホワイトボード（まなボード）上に「正しいことをしたい心」「できない心」という軸でベン図にし，考えをまとめた。

**図表19-2　『新・ざわざわ森のがんこちゃん』を活用した学習指導案（第2学年）**

1　**主題名**　みんなを大切に（低学年C公正，公平，社会正義）
2　**教材名**　「ずるい？ずるくない？」（NHK for School『新・ざわざわ森のがんこちゃん』より）
3　**ねらい**　公正公平な態度のイメージをもつことで，これからの自己のよりよい生き方を考える。
4　**本時の展開**

| 学習過程 | 学習活動 | 教師の支援 |
|---|---|---|
| 導入<br>既習と つなげる | **1　ずるいってどんなこと。**<br>ルール違反 おにごっことかで…<br>人によって，ちがうことをする | •「ずるい」と板書し，自由に発言させる。<br>（話題例）えこひいき，人によって変えることを視点に<br>•平等というキーワードも扱う |
| 展開（前段）<br>友達と つなげる | **2　教材の状況を把握する（映像教材を視聴する）**<br>「ずるい？ずるくない？」を見てどう思いましたか。（小グループでの感想交流）<br>**3　問いをつくる**<br>【問い】台の数を変えるのはずるいのかな。ずるくないのかな。<br>数をそろえる方がいい<br>数が違ってもいい<br>（その理由を考えていく）<br>数や量だけそろえるだけじゃダメ。数とかよりも，その人を大切にすることが大事 | •教材名を板書し，教材への意識を高める。<br>•考えを語る機会を全員に保障するため小集団学習を取り入れる。<br>•感想を生かしながら，みんなで問いを作る。<br>•立場を明確にするために，ネームカードを使う。 |
| 展開（後段）<br>生活と つなげる | **4　身近な場面にひきよせて考える。**<br>遊びのルールでハンデをきめる。水泳のコースで道具やすることが違ってもいい。お勉強でもそうかも。その人に合わせることが大事。 | |
| 終末<br>生活と つなげ いかす | **5　今日の学習を振り返る**<br>ずるいことをしないようしたいな。一人一人のことを考えて，数とかじゃなくて，何が正しいことか考えていきたいな。 | •自分の心を「強い心」「弱い心」で整理しながら見つめさせる。<br>•共有の時間をとり，学びよさを感じられるようにしたい。 |

主人公に共感している子が多く，「いじめは許さない！」「絶対に友達を守りたい」という思いがあふれた。一方で，「怖い」「止められないかも」という子もいた。

これらの心の揺れを，思考ツールを用いて見える化することで，議論を活性化した。そのうえで，全体交流を行い，板書で教師が整理しながら議論をコーディネートすることで考えを深めることにつなげられた。

図表19-3　『もやモ屋』を活用した学習指導案（第３学年）

1　**主題名**　よりよい友達（中学年B友情，信頼・善悪の判断）
2　**教材名**　「ぼくの友だち」（NHK for School『もやモ屋』より）
3　**ねらい**　友達がいじめられているのを目撃し，葛藤する主人公の姿を通して，「いじめはいけないものだ」と再認識し，「正しいと判断をしたことができる清々しさ」と「友達を守れないうしろめたさ」を感じ，こうありたいという自分の生き方を見つめる。
4　**本時の展開**

| 学習過程 | 学習活動 | 教師の支援 |
|---|---|---|
| 導入<br>既習とつなげる | **1　ついつい友達に合わせてしまうことはありますか？** | •子どもの生活経験を振り返りながら感じた思いを，実名を出さずに，語り合うようにする。 |
| 展開（前段）<br>友達とつなげる | **2　番組を視聴し，状況を確認する**<br>**3　問いをつくる**<br>【問い】「もしも自分だったら，どうする？」（投影的な問い）<br>「エイキくんは，何に迷っているんだろう」（共感的な問い）<br><br>友達を守りたい心　正しいことをしたい心<br>•友だちだって言う！（言いたい！）<br>•先生を呼びに行く<br>•一緒に片付ける。だって，友達だもん。<br><br>正しいことをしたくても，できない心<br>•友だちだって言えないかも…でも，勇気を出したいな。<br>•言いたいけど，自分もやられそう。でも，それだと，友達をうらぎってしまう。<br>•逃げてしまうかも… | •番組を視聴した後の「もやもや」した思いから本時の「問い」をつくる。<br>•方法論に陥ることが無いように，心がけたいそのためには，行動の背景にある「心」に目を向けさせる。<br>•「正しいことをしたい気持ち」と「できない気持ち」に分けて思考ツールを活用する。 |
| 展開（後段）<br>生活とつなげる | **4　自分の生き方にひきよせて考える。**<br>本当の友達なら，友達を助けたい…（助け方はいろいろ）<br>でも，できるかどうか，正直分からない時もある… | |
| 終末<br>生活とつなげいかす | **5　今日の学習を振り返る**<br>友達を守ることは大事！<br>だけど，その時言えるかな…<br>友達を守れるようになりたいなぁ。 | •すぐにできるようになるかどうかわからないけど，「こういう場面で大切にしていきたいこと」を自分の言葉で整理させる。 |

## (3)『ココロ部！』を活用した授業事例

『ココロ部』は，小学校高学年に向けに制作されたコント形式の道徳番組である。主人公が，道徳的問題場面で思い悩むシーンで「君ならどうする？」と問いかけがあり，視聴している子どもたちが考える構成である。

「遅れてきた客」では，閉館時間後に来た客に対する警備員の葛藤が描かれる。

**図表19-4 『ココロ部！』を活用した学習指導案（6学年）**

1 **主題名** 法やきまりを守って（高学年C規則の尊重）
2 **教材名** 「遅れてきた客」（NHK for School『ココロ部！』より）
3 **ねらい** きまりを問い直し，意味を考え進んで守ろうとする実践意欲と態度を育てる。
4 **本時の展開**

| 学習過程 | 学習活動 | 教師の支援 |
|---|---|---|
| 導入<br>既習とつなげる | **1 学習テーマ「きまりの意味」を確認し，自分なりの現状の考えを交流する。** | ○自分なりの考えをノートに箇条書きで整理させ，全体で交流する。 |
| 展開（前段）<br>友達とつなげる | **2 番組（前半7分35秒まで）を視聴し，自分ならどうするか語り合う。（ペア）**<br>**3 番組（残り）を視聴し，問い（課題）をつくり，語り合いながら考える。** | ○視聴する際には，どの子も見やすい環境をつくる。<br>○何で悩んでいるのかを明確にし，課題意識を高め，問いを作る。 |
| | 【問い】遅れてきたお客さんを入れるべきかどうか，考えよう | |
| | バタフライチャートのトピック：お客さんを入れる<br>※賛成反対両方の立場に立って，そう考える理由を考える。 | ○まなボードとバタフライチャートを活用して，グループで問いについて考えさせる。 |
| 展開（後段）<br>生活とつなげる | **4 「入れてあげたい警備員」と「きまりを守るべきと考える館長」になって役割演技をしたり見たりし，状況についてリアルに考える。**<br>警備員～事情が事情だから，入れたい。<br>館　長～公正公平の観点から難しい。 | ○「どんな思いを大切にしていたのか」について，見ている子にも問い，考えを深めていく。 |
| 終末<br>生活とつなげいかす | **5 改めて，きまりを守る意味を考える。**<br>• 不公平になってしまう。<br>• 最終的にみんなの笑顔につながる。<br>• きまりは何よりも大事なのか。こういう時は，特別に入れてもよいのでは？そういうきまりにできないかな。 | ○きまりを守ることだけでなく，「きまり自体」についてという視点を与える。<br>○考えをまとめた子から，立ち歩き交流をさせ多面的多角的に考えられるようにする。 |

「きまりは大事で，守るべきである」と思考停止になりがちな問題を問い直せるよい教材である。その際に，役割演技を行うことで，その子が大切にしたい思いを表出させることができる。頭では「きまりは大事」と理解している子どもたちも，心のどこかで「入れてあげたい」「でも，入れるわけには……」という葛藤が生まれていることが，即時的な演技のなかにあらわれる。こうした思いについて，他の内容項目（思いやり，生命尊重，公正公平など）との関連で整理することで，きまりの意義について改めて考えを深めることができた。

## 4 映像教材を活用する上での課題と今後の展望

### (1) 主たる教材としての「教科書」と「映像教材」の両立

道徳の指導の「量的確保」が求められたことをうけ，年間35時間の実施=教科書のすべてを扱わなければならないという誤解が，多くみられた。そのため，NHKでは「『特別の教科　道徳』スタート！」という資料を掲載し，具体的に年間指導計画に位置づける方法などを公開している。学習指導要領で「多様な教材の活用」が求められていることを踏まえ，各学校においては，児童の実態に即して映像教材を適切に活用できる計画づくりが大切となる。

### (2) 多様なニーズをもった子どもたちのために

誰にとっても学びやすい教材が大切であることはいうまでもない。教科書では，ユニバーサルデザインを意識した配色を取り入れるなどの工夫もされている。また，QRコードコンテンツにより朗読音源が用意される工夫もされるようになってきている。ディスレクシアなど，読みに困難がある子にとっては，こうした動きは歓迎するべきことといえる。また，「GIGAスクール構想」の環境は映像教材の活用をさらに促進させるであろう。そうした視点からも，各学校において，計画的に映像教材の活用を検討していくことが期待される。

**• 参考文献 •**

宇治橋祐之（2015）「多様化する教育メディアの現状放送メディアの拡張と深化から」NHK放送文化研究所

NHK制作局〈第1制作ユニット〉教育・次世代（2020）『NHK for School 2020　番組&WEBガイド』日本放送協会

岡部昌樹（2004）「放送教育の歩みと展望」『金沢星稜大学論集』

永田繁雄・西野真由美・安井政樹（2018）「教科書の使用開始！道徳番組は，授業に使っていいの？」『NHK for School 2018　番組&WEBガイド』日本放送協会

諸富祥彦・土田雄一『考えるツール&議論するツールでつくる　小学校道徳の新授業プラン（道徳科授業サポートBOOKS)』明治図書

# 第Ⅳ部

# カリキュラム・マネジメントが生きた一体的な道徳教育

# 概要 横断的視点で共に取り組む道徳教育を考える

柴田　八重子

カリキュラム・マネジメントは，すべての教職員の参加によって，教育課程の編成・実施・評価・改善を通して，学校の特色をつくりあげていく営みである。総則にカリキュラム・マネジメントの定義が盛り込まれた。以下のようである。

> 各学校においては，児童や学校，地域の実態を適切に把握し，教育の目的や目標の実現に必要な教育の内容等を教科等横断的視点で組み立てていくこと，教育課程の実施状況を評価してその改善を図っていくこと，教育課程の実施に必要な人的又は物的な体制を確保するとともにその改善を図っていくことなどを通して，教育課程に基づき組織的かつ計画的に各学校の教育活動の質の向上を図っていくこと（以下「カリキュラム・マネジメント」という。）に努めるものとする。

そのことを，中央教育審議会答申等においては以下の３つの側面で整理して示している。

① 学校の教育目標を踏まえた**教科横断的視点**で，その目標達成に必要な教育の内容を組織的に配列していくこと。

② 教育内容の質の向上に向けて，教育課程を編成し，実施し，評価して，改善を図る。**PDCA サイクル**を確立すること。

③ 教育内容や活動に必要な人的物的資源を，地域などの**外部資源**を含めて活用をしながら，効果的に組み合わせること。

問題は，これから「道徳教育」「特別の教科　道徳」へと，このカリキュラム・マネジメントの光線を当てることである。否，光源がこの「道徳教育」「特別の教科　道徳」にあると考えたい。否，光源は，加算混合の白熱光線として，子ども自身のなかにあると考えたい。子どもの内で，“自分が生きる”という行動実態としての自分自身をつくり支えていくこと，……ただの体験でなく，自覚した「経験」から発している光線を，イメージしていただきたい。

「体験」を「体験」として終わらせず，「体験」を「自分の『経験』」として生気を宿らせることが大切である。その工夫のためには，“自己内対話”と“他者との対話”を必要とする「道徳科の授業」が効果的であると考える。

そして，子どものいる場所＝「学校」からの発信でつくる，子どもを基点としての，“子どもと教師の教育関係”の改革・創造が必要である。教育の「カリキュラム」を「マネジメント」するとは，確実に子どもに還る内容，“本物の教育関係”の“教育の質”の向上がなければならない。

今期の改訂では，目指すべき理念として「社会に開かれた教育課程」があげられている。もう少しいい進めれば，「学校教育を通じて，よりよい社会を創る」という目標を，学校と社会とで共有することが求められているものとも受け取れる。学校が，子どもの未来を考え，教育課程をつくって，真剣に実践する臨床的な試行錯誤の“最前線の誇り”をもつならば，誇りを自覚する一番の当事者は，子どもと直接関わっている学級担任・教科担任などに位置する人ではないだろうか。……それを考えて，マネジメントの在り方を考えるならば，組織的に教育の質を飛躍的に高める鍵は，この臨床的接触者の学び・振り返りをどう生かすかにある。……カリキュラム評価は，子どもに還らせたい。

子どもたちの「内実を生かす道徳科と学級経営」をすると，生きる力をこんなに発揮できるのかと感動する実践，子どものためを考え抜いて「チーム学校」の必要を語られる実践，「教科間を横断的視点で視て，相乗効果を生かすこと」が必要であることを説かれる実践。「『総合的な学習の時間』や『読書活動』などの体験学習・体験活動の意義」をカリキュラム・マネジメントの効用と共に述べられる実践。道徳教育の充実を図るための「校長のリーダーシップ」の大切さを知らされる実践。またこれからますます必要になってくるリソースの活用・連携の開拓を扱った「家庭や地域社会・異校種等との連携」に立脚した実践など，……ここには「カリキュラム・マネジメントが生きた道徳教育」が満載されている。苦労や失敗に陥るから避けたい実践についても，併せ書いてあるのが嬉しい。

# 第20章 道徳科の授業を要にした学級経営

———彦阪　聖子

## 1 子どもたちが学級生活を拠点として，共に道徳性を発展させる

道徳教育は，子どもたちの道徳的な日常生活をベースとして育まれる。それは，学校における全教育活動のなかで行われ，その要として「特別の教科　道徳」が位置づけられている。つまり，道徳科の授業と日常生活やさまざまな学習活動とが響き合うようにし，さらには家庭や地域との連携をも考慮した指導が求められる。

筆者は，子どもたちの学校生活の中心となる学級を拠点として，子どもたち一人ひとりが生き生きと生活し，共に道徳性を磨き合えるようにすることが教育の本来の姿であると捉え，実践してきた。

ここで紹介する子どもたちを，小学校入学時から３年間担任した。その後，担任が替わり４年生となっても，子どもたちは学年として学級目標を進化させつつ，さらによりよい個，集団として成長している。このよりよく生きようとする原動力は何であるのか，どのような取組が子どもたちの心を育むのか，実践を振り返ることを通して，臨床教育学的に明らかにしたい。

なお，ここでいう「臨床教育学的」とは教育課題に対して，その解決に向けて当事者と一体になって取り組むことを通して，当事者（子ども）も実践者（教師）も共に成長する臨床の場（学級）における実践研究をいう。

## 2 目標を叶えるための３つの重点―愛・開・伝―

筆者が学級経営において大切にしたことは，学級目標と，それを叶えるため

に一人ひとりの子どもが個として立てる目標を，絵に描いた餅にしないことであった。立てた願いを子どもたちに本気で叶えさせる。そのためにまず行うのは，目標の吟味である。努力によって実現可能であること，具体的な「合言葉」となり，クラス全員でリズミカルに唱えたり学級歌の歌詞に取り入れて歌えたりすることを意識した。目標は教室前方の壁高く書いて掲示しておいた。達成できた出来事があれば学級目標を指しながらその行為をクラス全員で称え合う。そして，目標は折に触れふり返り，より高い目標へと進化させていく。学級目標の進化は，学級力向上の証となる。このことを押さえて，学級力向上と子どもの個としての成長のために，道徳科の授業を要に豊かな体験活動と響かせることを意識した。体験活動が豊かなものとなるために，愛 respect，開 open，伝 output をキーワードとして考え，具体的な取組を行ったのである（図表 20 - 1）。

ひとつ目の「愛」。これは，まず教師が，一人ひとりの子どもをかけがえのない存在として愛し，リスペクトすることである。学級の人数が何人であれ，ひとまとまりとしてみるのではなく，個を大切にするのである。具体的には，大きく２つのポイントをあげることができる。第１は，「どの子にも役割や出番を与え，責任をもたせる」ことである。どの役もひとつとして欠けてはならない大切な仕事であることを体感させる。

「一人一役」の仕事は，学級内で子ども同士にもお互い周知させる。声を掛け合い困った時に補い助け合っている仲間としての姿勢を心から感動しほめる。自己有用感の生まれる活動となるよう，どの子の頑張りをも認め大事にする。特に気をつけることは，その役割を遂行しようとする姿を見逃さないことであった。日々の生活で気づいた時にその場でほめると同時に，朝や帰りの時間，学級通信などでも積極的に伝えていった。まず教師がその姿を示し，何が価値ある行動なのかを伝えた。その姿勢が，徐々に子どもたちに広がっていった。

第２は，「そこにいない人を大切にする」ことである。欠席している子ども，転校していく子ども（そこにいなくなってしまう人）を大切にさせるのである。離れていてもいつも「仲間」として感じさせたい。そのような意識はその日い

図表 20－1　学級経営全体構造図

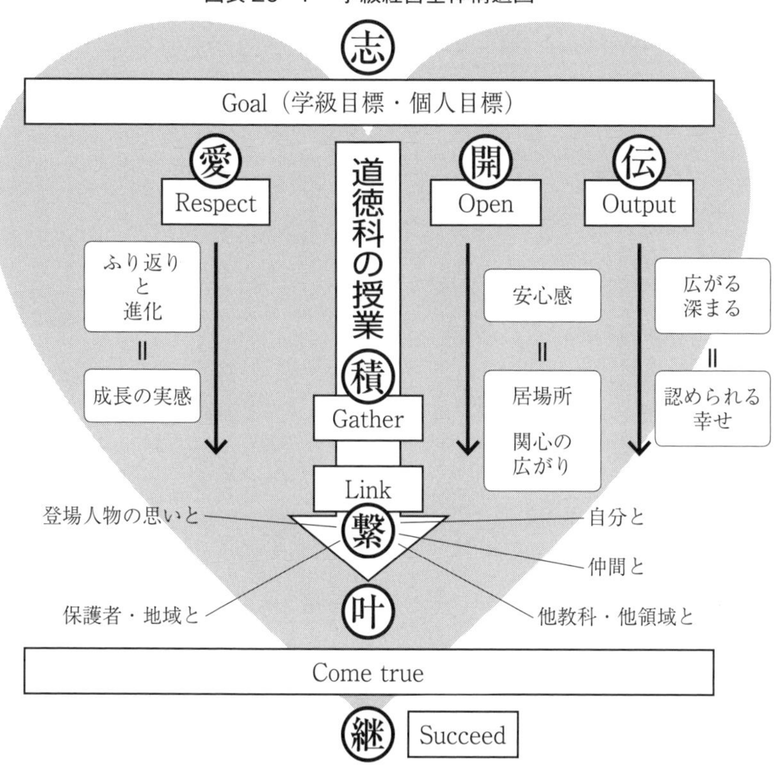


ない仲間の「一人一役」の仕事を率先して代行したり，いなくても授業に参加していたかのように思えるノートを作成したりする優しい心を育てた。転校していく友達には，学年あげて「送る会」を実行委員が中心となって企画運営した。いなくなってしまう子が幸せであるようにと精一杯「その子ファースト」に考えた。欠席している子の机も必ず机移動の時は誰かが動かし，クラスで何か大切な取り決めをする時も，いない人優先で話し合う。この行動は，いつしかどの子の心にも，いない人を大切にする心はそこにいる自分も大切にされているという心を育み，自分たちはいつも「みんな」を大切にできる仲間なのだという誇りにつながった。

次に「開」。自分を開く取組みである。具体的には，大きく２つのことを重視した。第１は，「教師が子どもたちに向かって自己開示する」ことである。先生は何を大切に生き，何に心動かされる人なのか，毎朝欠かさず２分程度で子どもに向けてスピーチをした。人の話を聴くことのできる子どもに育てたいなら，まず子どもたちが聴きたくなるような話をすべきだと考え，話術を鍛え準備をした。話題をみつけるためにいつも心のアンテナを高く張り，伝え方を工夫して臨む。「聴いてくれてありがとう」「大切にされてうれしいよ」のメッセージは照れずに伝える。この継続した取組が聴き合える仲間づくりとなり，やがて「スピーチを早く聴きたいから早く明日になってほしい」「今度は私もスピーチにチャレンジしたい！」という声と共に，自分たちが進んで取り組みたくなる活動提案となり「朝の子どもスピーチ」へと発展した。子ども同士が心を開き，お互いの朝のスピーチを心待ちにするようになったのである。

取組の第２は，「教師から保護者へ・教師から地域へと積極的に関わるようにする」ことである。保護者へは，毎日学級通信を通して子どもたちの様子を伝え，地域へは，学校ホームページを使い積極的に情報発信をしていった（図表20-2）。なかでも，道徳科の授業についての発信は毎回必ず行った。「開」く取組は，確実にそこに安心を生み，関心を広げていくことにつながった。

３つ目の「伝」。これは，教師の思いや取組をさまざまな形で発信していくことであり，子どもたちにも外へ向け学びをアウトプットさせるということである。伝えなければ伝わらないことがある。伝えようとすることが学びを深める。具体的には大きく２つのことに取り組んだ。

図表 20-2　ホームページ掲載写真

7/8(金)　うそをつかないと…すっきり！！　1年生

第１は，「学級通信，ホームページと共に『黒板メッセージ』で子どもたちへの思いを伝える」ことである。黒板は，子どもたちにとって朝一番に大きく目に飛び込んでくる便箋である。学期の初日や終業式など節目の日はもちろん，体育大会や子ども祭りなどの大きな行事のあ

る日には，黒板いっぱいに手紙を書いた。そのメッセージには，学級目標や，クラス全員の名前などを取り入れ，大事にしたいことは目標や「全員参加」であることを示し伝えた（図表20‐3）。

図表20‐3　３年生最終日の黒板メッセージ

第２は，子どもたちに「計画的に学びをアウトプットでき喜びを共有できる機会を作る」ことである。子どもたちの世界が，自分→クラス→学校→校区→市全体へと広がっていく３年生になった時に，市内のＡ校と総合的な学習の時間を中心に年間を通し交流学習をすることにした。この時の学級目標は「大好きキラリ☆を見つけ合い，どんなことにも立ち向かい，優しい笑顔あふれる２組，青空のような心を目指せ，ガッツ！」である。目標達成のため，「校区の大好きキラリ☆（校区の魅力）」をみつけ，それを発信したいと願う子どもたちの思いを叶えるプロジェクト学習であった。

テーマは「伝え方名人大作戦～わが町キラリ見つけ隊」とし，学習指導要領にある「社会に開かれた教育課程」を具現化することを目指した。地域の人的・物的資源活用が生かされることを願っての取組でもある。この活動を成功させるために，相手校と構想を練り，綿密に計画し，意思の疎通を図った。この構想図（図表20‐4）を具現化するために，２校混合でグループをつくった。校区の良さを伝える相手校があることから，一緒に校外学習に行き，リアルに出会えたことでより一層，伝えたい気持ちのモチベーションをあげた。また，同じ市であっても，違う校区の様子を知ることや，地域出身の街づくりのプロや，街を走る路面電車を守る会の方をゲストティーチャーとして迎えた出前授業が，「わが町の良さ」を見直すこととなった。

「郷土愛」をテーマに２校同じ時期に行った年間３回の道徳科の授業が，さらに，共に町を思う心を育んだ。より出会いの奇跡を感じ相手意識を大切にした交流学習は共に育ちあう喜びを大きくしたようである。

図表20-4　第3学年　総合的な学習の時間　年間指導計画
「伝え方名人大作戦～わが町キラリ見つけ隊～」

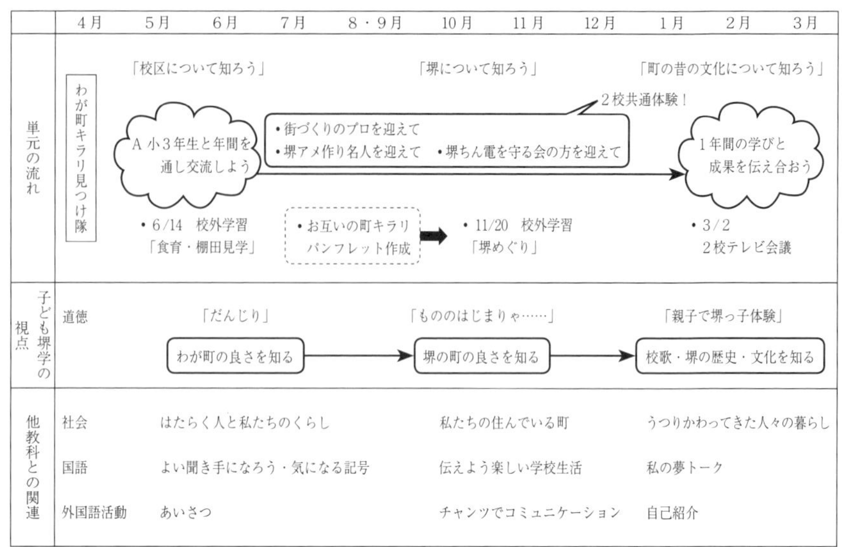


また，このような地域社会に開かれたカリキュラムは，より子どもに探求的な見方・考え方を育み，自己の生き方をより具体的に，より深く考えるようになった。学びえたことを多面的に検討し，わかりやすく他学年や保護者，地域の方々へ発信する校内「子ども祭り」のようなアウトプットする機会を設けたことは，「二度学ぶ」こととなりさらに子どもたちの学びを深めることとなった。3学期に行った最後の2校テレビ会議による遠隔授業は，双方向のライブ感溢れる感動的な授業となった。年間を通した交流で「離れていても友達だ」という気持ちが高まり，共に頑張ろうという仲間意識が確実に育っていることを実感した。また，伝えることを意識することで，認められる幸せを子どもたちは感じていた。

## 3　道徳科の授業における2つの重点―積・繋 と 継―

これらの豊かな体験活動に響く道徳科の授業にどう取り組んだのかについて，さらに述べることとしたい。まず，当たり前であるが，年間を通し，道徳教育の要となるこの35時間を計画的に「積（gather）」み重ねた。第2に，他教科・領域の学習と「繋（link）」げるために，旬の学びとなる時期に授業を計画した。特に「郷土愛」は毎学年重点的に取り組み，保護者や地域の方々との連携，さらに他の学校との交流学習を構想した。また，毎時間の授業においていつも子どもたちには，今までの自分，これからの自分，仲間，登場人物の生き方，授業者である教師と「繋」がることを意識できるようにした。

第3に，授業づくりにおいては，指導法として「役割演技を取り入れること」に重点を置いた。役割演技は子どもたちの思考を広げただけではなく，前に立って演技する友達を大切にする心，表現する楽しさ，自分を開いていく心地よさを育て，これが図表20－5の学級通信にあるようなサプライズ道徳授業をやり遂げる力につながった。3年生の3月，学活企画部の子どもたちが，自作資料「自信のないようこちゃん」を教材に「自分の成長に気づく心の大切さについて考えよう」をめあてとして，筆者の手を借りることなく授業案をつくり，教師役も務め役割演技を取り入れた道徳授業に挑んだのである。

そして，最後に大切にしたことは，「継（succeed）」ぐことである。3年間担任した筆者に課されたのは，担任の力ではなく自身の力による成長を誇りに思える「大丈夫な仲間」であることを子どもたちに実感させ進級させることである。次年度子どもたちを受け持つ新しい担任には，子どもの成長を「継」ぐために，子どもたちと紡いだ時間のなかで大切にしてきた学級目標とその達成のための具体的な取組を申し送った。4年生に進級した子どもたちは，休み時間になると瞬く間に先生と共に運動場に飛び出し遊んでいた。クラス一丸となって8の字大縄跳びの市主催チャレンジランキングに挑戦し，そして見事，市内

図表20－5　学級通信「大好き」183号

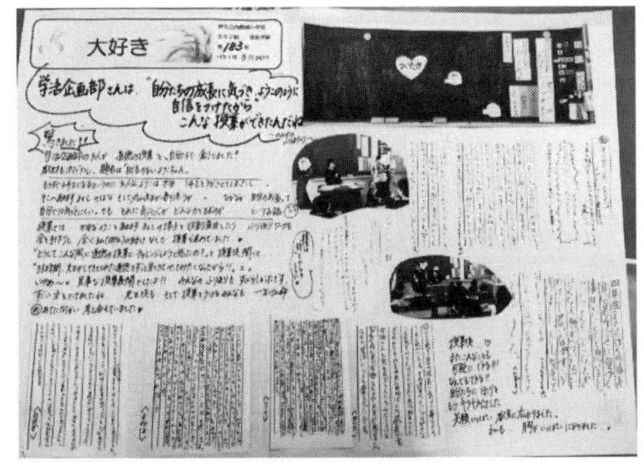

１位の記録に輝いた（この時，隣のクラスはそれをわがことのように喜び，応援の横断幕を送り支えた）。学期末の子どもたちへの愛を伝える「黒板メッセージ」も，「進化させる学級目標」も，道徳の授業の「役割演技」を大切に重ねることも，新しい担任に継がれている。そしてさらに担任の独自の取組みが加えられている。子どもたちの心の成長を「継」ぐようにすることと，次の担任への信頼を伝えていくことが大切であることを確信した。

## 4 よりよく生きる原動力

「私の成長は，書く力と聞く力と忘れない力と，友達を思う力がついたことです。学活さん（学活企画部）の道徳の授業は，みんなの意見を聞いて自分たちで発明（発案）したのがすごいと思いました。本当に先生の道徳みたいでした。生まれて初めての道徳のようにも思いました。学活さんはみんなのほこりです。今心が青空みたいに晴れています。学活さん，ありがとう」

これは，子どもたちが自作した授業でのめあて「自分の成長に気づく心」を振り返ったＡ児の感想である。第２節で述べた学級目標の言葉がこの感想に溢れている。Ａ児の心にもいつも学級目標があり，それを叶えることが誇りとなっている。よりよく生きる原動力は一朝一夕に生まれるものではない。愛し，開き，伝え，積み，繋げ，継ぐことによって育まれるものであることを，臨床教育学的視点からの取組によって確認できた。

**・参考文献・**

押谷由夫編著（2017）『アクティブラーニングを位置付けた小学校の特別の教科道徳の授業プラン』明治図書

河合隼雄（1995）『臨床教育学入門』岩波書店

田沼茂紀（2017）『道徳科授業のつくり方』東洋館出版

永田繁雄編著（2019）『小学校道徳　指導スキル大全』明治図書

彦阪聖子（2019）「道徳科の授業を要として学級目標をかなえる―4つの指導の重点と３つの豊かな体験を響かせる―」日本道徳教育学会『道徳と教育』337：51-63

# 第21章 チームとしての学校の協働による道徳教育の効果的推進

———廣瀬　仁郎

## 1 道徳教育の指導体制の確立

今日，教育現場においては，新しい時代に求められる資質・能力を育む教育課程の実現と複雑化・多様化した課題を解決するための体制を整備していくことが強く求められている。そのためには，社会に開かれた教育課程の実現を図り，①「アクティブ・ラーニング」の視点を踏まえた授業改善，②「カリキュラム・マネジメント」を通した一体的な組織運営の改善，③多様な地域人材などと連携・協働して家庭や地域社会を巻き込んだ教育活動の充実に努めていくことが不可欠となる。教育課程は校務掌理権をもつ校長の裁量と責任において編成，管理されるものであり，経営的視点に立ってＰ（計画），Ｄ（実行），Ｃ（評価），Ａ（改善）を行ういわゆるPDCAサイクルによって，自校のカリキュラム・マネジメントを充実していくことが期待される。この実現を担うのは，校長の経営方針を主体的に受け止め，経営参画する教職員の意識や姿勢にあり，「チームとしての学校」の存在が鍵となる。

道徳教育を効果的に推進するためにも，校長の方針の下，全教師がワンチームとなって協働性が発揮できる組織を確立していくことが大切である。そのためには，校長と共に，キーパーソンとなる道徳教育推進教師がいかにリーダーシップを発揮し，全教師の参画，分担，協力の実現を図るための体制づくりを先導していけるかどうかが決め手となる。

## 2 道徳教育推進教師の役割

校長は，自校で推進したい道徳教育の方針を明確に示さなければならない。

この方針をすべての教師が自分事として主体的に受け止め，一枚岩となって道徳教育を推進していくことが求められる。

道徳教育推進教師には，校長の意を体し，個々の教師の力が結集される組織的，生産的な体制づくりの火付け役となることが期待される。

道徳教育推進教師の役割については，文部科学省の「小学校学習指導要領解説　総則編」(2017.7) に次のように示されている。

- 道徳教育の指導計画の作成に関すること
- 全教育活動における道徳教育の推進，充実に関すること
- 道徳科の充実と指導体制に関すること
- 道徳用教材の整備・充実・活用に関すること
- 道徳教育の情報提供や情報交換に関すること
- 道徳科の授業公開など家庭や地域社会との連携に関すること

**図表 21-1　期待される道徳教育推進教師の専門性**

| | |
|---|---|
| リサーチャー<br>道徳性に関わる児童の実態，保護者や地域の方々の願い等を調査し，自校における道徳教育推進上の課題を明らかにする。<br>デザイナー<br>校長の方針を受け，重点目標の設定や特色ある道徳教育の推進を構造的に描いていく。<br>コーディネーター<br>自校の道徳教育の全体的な統一を考え，統合したり，調整したりしながら，組織を生かしたスムーズな推進を図る。<br>プランナー<br>トータルデザインに基づき，道徳教育の全体計画，道徳科の年間指導計画作成や道徳科の授業研究会等の研修企画の具体的なビジョンを示していく。<br>ナビゲーター<br>計画が機能し，活用されているか，目標に向かっているか，教職員に道筋を示し，見届け，導き，評価し，改善していく。 | コレクター<br>道徳科の授業充実のために必要な教材・教具・場面絵，ワークシート等の授業セットや，教育機器などの確保と収集を図る。<br>スポークスマン<br>自校の道徳教育について保護者，地域や関係中学校等への理解と協力を得るための資料やホームページ，広報誌の発行や説明の中心となる。<br>ムードメーカー<br>有効な情報を発信し，学校をあげて道徳教育の推進に力を入れようという意気込みや研究授業に意欲的に取り組もうという体制となるような雰囲気を醸成していく。<br>周りが支えたくなるような人柄や持ち味も大きく影響する。<br>アドバイザー<br>道徳科の効果的な指導法や教科書の有効活用，学習指導案の検討，評価の方法などで校内の指導主事として助言に当たる。 |

• 道徳教育の研修の充実に関すること
• 道徳教育における評価に関すること　など

ここに示された事柄は，実に広範で多岐にわたるため各学年や担任外からの部員で構成された道徳部会などで分担，分掌するなど組織的な道徳教育が実現できる推進体制を整えていくことが重要である。教職員全体を巻き込み，協働性による質の高い道徳教育の推進に寄与するためには，道徳教育推進教師は自らの力量を高め，スペシャリストとしての専門性を磨いてほしいところである。教育行政や教育団体においてもその専門性を磨くための研修会や養成講座を設けている所も多い。そのなかで，図表21－1は，提案レポートや協議事項から「期待される道徳教育推進教師の専門性」として多くあげられていた事項を，筆者が分類して示したものである。

## 3 全教師の協働による道徳教育の全体計画の作成

道徳教育の全体計画を作成する際にもっとも大事な視点は，当該学校において，実際に生きて働いているかどうかにつきる。児童や学校，地域の実態や課題に向き合い，どのようなことに重点を置いて道徳教育を推進していくのか，各教育活動ではどのように役割を分担し，有機的に関連を図っていくのか，家庭や地域社会との連携をどう進めていくのかという方策まで示されたその学校ならではのオリジナルなプランであってほしい。

学校の協働に基づく実用性の高い道徳教育の全体計画の作成に当たって重視したいのは，次の７点にあると考える。

### ①　校長の方針を共有する

校長の方針は，全教師が協力して学校の道徳教育の諸計画を作成し，展開し，その不断の改善，充実を図っていく上での拠り所となる。自校の道徳教育のあるべき姿を方向づけるミッションとして，全教師が協働して道徳教育を推進する羅針盤となるよう，共有を図っていくことが求められる。

### ②　自校の道徳教育推進上の課題を明確にする

児童の実態や課題，教職員，保護者や地域住民の願いを受け止め，自校の道徳教育上の課題や重点目標を鮮明にし，その解決と充実のための見通しをもつ。

③　全教師が作成に関与，参画し，その英知が結集できる組織体制を確立する

個々の教師が各校務分掌の立場から，課題の解決に向かっていけるように，教育活動全体で行う道徳教育の役割や関連を明確にしていく。

④　特色性を醸し出す

特色ある学校づくりの一環として，学校課題を踏まえ，地域に根ざし，伝統や校風を生かしたその学校ならではの全体計画の作成を目指していく。

⑤　実際に機能し，活用できる計画となることを目指す

目標の一覧や活動の羅列に留まることなく，それぞれの教育活動で，何のために，いつ，どのようなことに取り組むのか内容や時期を示し，実際に生きて働く実用性を重視した計画となることに力点を置く。各教科等で行う道徳教育の内容や時期を整理したものを各学年組織と教科部会で検討し，「別葉」として加えることでより具体的に機能していくことが期待できる。

—全体計画の別葉の例—

◇各教科等における道徳教育に関わる指導の内容および時期を整理したもの

◇道徳教育に関する体験活動や実践活動の時期などが一覧できるもの

◇道徳教育の推進体制や家庭や地域社会等との連携や活動がわかるもの

⑥　着実な実践を見届け，さらなる改善に生かせる評価機能を充実させる

学年会や教科等の部会で全体計画の推進状況を見届け，確認し，その成果や課題を記せる簡単な記録欄を設けたり，チェックリストを添付したりすることで次年度の改善に生かせるものにする。

⑦　保護者や地域住民に公表する

今回の学習指導要領では，社会に開かれた教育課程の実現が強く求められている。家庭や地域社会を巻き込み，相互の理解と連携を深めるためにも，道徳教育の全体計画を積極的に公表・公開し，意見を求めていくことが重要である。そのためにも，保護者や地域の方々にもわかりやすい表現で提示したり，写真やイラストを盛り込み，レストランのメニュー，旅館のパンフレットのようなわくわく感を醸し出す内容となるように工夫を凝らしたり，道徳便りや学

校のホームページに反映させていくことも大切である。

以上の考えから，学校の組織をあげて，実用性が高く，自校の特色が生きる道徳教育の全体計画の作成に着手していく必要がある。

## 4 全教師の協働による道徳科の年間指導計画の作成

道徳科の年間指導計画は，年間にわたって，各学年・各学級の道徳科の学習指導案を立案する拠り所となるものであり，主体的・対話的で深い学びが伴う質の高い道徳授業の着実・確実な実践が担保できるように，活用しやすく，実用性をもつ指導計画を作成していくことが強く求められる。

次に，教職員の協働による道徳科の年間指導計画作成のポイントを記す。

**①　道徳教育の全体計画に基づき，各学年の基本方針を明確にする**

道徳科の指導について学年ごとの基本方針を構想，確認した上で各学年段階の重点内容項目を押さえ，「道徳科」の指導の重点と方針を明確にする。

**②　各学年の年間にわたる主題一覧の構想を練る**

ア　指導の時期，主題の性格，他の教育活動との関連，地域社会の行事，季節的変化などを考慮し，主題の配列を考える。

イ　学校全体および各学年段階の重点内容項目については，複数時間の配置を位置づける。

ウ　使用義務を伴う教科用図書を中心に主題に即した教材を決める。各地域に根ざした地域教材，自作教材の位置づけなども視野に置き，多様な教材の活用についても弾力的に考慮する。

エ　主題名とねらいを決める

オ　道徳科の指導の時期，主題名，ねらいおよび教材を一覧にした配列表にまとめる

**③　指導過程を含む各時間の指導の概要を検討する**

上記の主題一覧だけに留まっては，実際の機能，活用までには至らない。具体的な授業の構想に生かすために，次の項目を簡潔に加えたい。

ア　主題構成の理由

主題に関わる明確な価値観，児童観，教材活用の視点を簡潔に記す。

イ　学習指導過程と指導の方法

ねらいを踏まえて，教材をどのように活用し，どのような学習指導過程や指導方法で学習を進めるのかについて簡潔に記す。理想的には，学習指導過程を導入，展開，終末の各段階に即して，提示したい。少なくとも主な発問については記すように努めたい。

ウ　他の教育活動における道徳教育との関連

学年段階の教育活動全体を見通し，本時で扱う内容項目に関わる指導が各教科等でどのように行われるか「別葉」を参考に洗い出し，示しておくと道徳科における補充・深化・統合する要としての機能がより発揮される。特に本主題の前後の教育活動については意図的に関連や連動が図れるようにしたい。

④　学校の特色やこだわりが反映される内容を加味する

考え，議論する道徳科の授業で特に大事にしたいポイントを盛り込むことも有効である。たとえば，問題解決的な学習などの指導の工夫，板書構想，研究主題との関連や道徳科の授業における評価の視点，校長，教頭の参加，教師間の協力的指導，地域人材の活用等の指導体制，協力体制等が考えられる。

⑤　計画の弾力的扱いに関する校内規定を設ける

年間指導計画は，組織体である学校の責務として，意図的・計画的に遂行されなければならない。そのため指導者の恣意による安易な変更や修正は厳に慎まなければならない。しかし，児童の実態などから時期を変更したほうが有効な場合やより児童のニーズに応えることができる魅力的な教材，スポーツや時事的なその年ならではの旬の教材を生かすことでより高い効果が上がる場合もある。その場合は学年内の共通理解を図り，道徳教育推進教師を通して，校長の了解をとる。変更理由を備考欄に書き，今後の検討課題とするなどの校内規定を設けておきたい。

⑥　評価の実施と今後の改善が計画的に行える機能を盛り込む

年間指導計画の実施に伴い，授業の成果や課題の記録を残す必要がある。備

**図表21-2　道徳教育推進教師が中心となり教師間の協力的指導など指導体制の充実を重視したカード形式の年間指導計画の例**

**4年生　　11月　第3週**

【主題名】信頼し合う友〈中学年B友情，信頼〉

【教材名】「いのりの手」（出典：学研『新・みんなのどうとく4』）

【ねらい】互いに理解し，信頼し合い友情を深めていこうとする態度を育てる。

【主題構成の理由】デューラーとハンスの根底にある友への思いを追求することで，真の友情とは，相互に信頼し合い，尊重し合えるかけがえのない存在であることを理解し，よりよい人間関係を築くことの大切さを深めていく。

**導入**

・あなたにとって「友だち」とはどんな存在か。
※「友情」・「信頼」への関心を高め，学習課題を設定する

かけがえのない「友」になるために大切なことを考えよう

教材「いのりの手」を提示する

**展開**

児童がより高く共感した人物を選択し，コース別で課題に対する学習を深める（2名の指導者が協力的指導によりコースを担当する）

**ハンス側のコース**

①交代で絵の勉強するために，先にデューラーが学ぶことを提案したのはどうしてか。
②なかなか勉強を終えないデューラーに対してどんな思いで，きつい仕事を続け，お金を送り続けたのか。
③デューラーが自分の手を握り，泣き出した時，どんな思いだったか。

**デューラー側のコース**

①先に絵の勉強ができることになったデューラーの思いはどんなか。
②何年も熱心に絵の勉強を続けるデューラーについてどう思うか。
③ごつごつになったハンスの手をにぎりしめ，デューラーは心の中でどんなことを考えていたか。

全体会　交流「感じたこと・考えたこと」

デューラーがその手をかかせてほしいとハンスに語った時の二人の思いを役割演技で表現する。

二人の生き方から，友情を深めるためにはどのような思いや考えが大切であるかまとめる（課題に対する自分なりの納得解）

コースの代表で演技の他，異なるコースの相手を見つけ，アクティブに活動する方法もある

**終末**

画家　アルブレヒト・デューラーについて紹介する。
代表作「野うさぎ」「四人の使徒」など

【評価の視点】・二人の友情の深まりについて各立場から多面的・多角的に考えを深めていたか。
・友情について自己を見つめて考え，より一層深めていこうとする思いが高まったか。

【他の教育活動との関連】学習発表会でのグループワーク　社会科見学での調査・探究活動

図表 21-3　授業セットなどを整備した道徳資料室の例

出所）廣瀬撮影

考欄や特記事項の欄を設け，次年度の改善に生かせるようにしたい。

### ⑦　毎時間の授業で活用しやすい形態を工夫する

実用性の高い年間指導計画で問われるものは，授業にすぐに持ち込める使いやすさと便利さである。図表21-2のようにミニ指導案的な形式でカード化したり，クリアファイルに挿入する工夫やデジタル化して容易に各時間のカードが引き出せせるような工夫も考られる。場面絵やペープサート，ワークシートなどの全主題の授業セット・授業記録を全教師の協働や保護者のボランティアで作成，ストックできる道徳資料室を整備することも有効である。

### ⑧　シラバスとして保護者や地域住民に公開する

開かれた教育課程の一環で，年間の道徳科の学習についてホームページや道徳便りで紹介し，保護者や地域の方々の協力，授業への参画を促すことで双方向となり，授業の一層の充実を図ることができるようになる。

**• 参考文献 •**

廣瀬仁郎（2016）「道徳教育の推進を中心とした指導体制」永田繁雄編著『小学校　新学習指導要領の展開　特別の教科　道徳編』明治図書：124-125

廣瀬仁郎（2018）「全体計画と年間指導計画」毛内嘉威編著『道徳授業の PDCA』明治図書：16-21

文部科学省（2002）「小学校　心に響き，共に未来を拓く道徳教育の展開」

# 第22章 各教科等との連動による相乗効果で道徳教育の可能性を開く

――――木原　一彰

## 1 各教科等と道徳教育を連動させる意義

学校教育における道徳教育の基本的な方針については，小学校学習指導要領第１章総則に次のように明示されている。「学校における道徳教育は，特別の教科である道徳（以下「道徳科」という）を要として学校の教育活動全体を通じて行うものであり，道徳科はもとより，各教科，外国語活動，総合的な学習の時間及び特別活動のそれぞれの特質に応じて，児童の発達の段階を考慮して，適切な指導を行うこと」。この方針は，道徳科となる以前から一貫して堅持され続けている。道徳教育は，なぜ学校の教育活動全体を通じて行われなくてはならないのか。いくつかの視点からその理由を明らかにしておきたい。

### (1) 道徳教育の目標からの視点

学校における道徳教育は，自己の生き方を考え，主体的な判断のもとに行動し，自立した一人の人間として他者とともによりよく生きるための基盤となる道徳性を養うことを目標としている。「主体的な判断と行動」や「個の自立と他者との共生」は，教育の目的として教育基本法第１条に明示されている「人格の完成」を目指す姿に他ならない。そして，その基盤となる道徳性を育成することが道徳教育の目標とされている。

教育の目的の根幹に道徳教育が根差している以上，その射程は道徳科にとどまらず，学校の教育活動全体にまで広がる。そして，その目的を達成するため，学校における具体的な教育実践が道徳性の育成という視点のもとに体系的につながり，統合されることが必要だといえるのである。

### ⑵ 各教科等の目標と特質からの視点

各教科等においては，それぞれの特質に応じて，「未知の状況にも対応できる思考や判断，表現力の育成」や「実際の社会や生活で生きて働く知識及び技能」，そして「学んだことを人生や社会に生かそうとする学びに向かう力，人間性」などを育むことを目的としている。そして，これらの３つの力は，道徳教育を推進するための基盤となる力として，各教科等の特質に応じてさまざまに内在していることを示している。

各教科等における道徳教育は，「小学校学習指導要領（平成29年告示）解説特別の教科　道徳編」に具体的に記述されている。たとえば国語科では，「国語で正確に理解したり適切に表現したりする資質・能力を育成する上で，日常生活における人との関わりの中で伝え合う力を高めることは，学校の教育活動全体で道徳教育を進めていくための基盤をなるものである」と記されている。これらの力は，道徳科の学習そのものを補充する役割をもつものであるとともに，学校教育全体における道徳教育推進のために欠くことのできない視点である。

### ⑶ 道徳科の特質からの視点

小学校学習指導要領第３章「特別の教科　道徳」では，道徳科の目標として，「道徳教育の目標に基づき，よりよく生きるための基盤となる道徳性を養うため，道徳的諸価値についての理解を基に，自己を見つめ，物事を多面的・多角的に考え，自己の生き方についての考えを深める学習を通して，道徳的な判断力，心情，実践意欲と態度を育てる」と規定されている。道徳科に移行する以前は，「各教科及び特別活動における道徳教育の密接な関連を図りながら，計画的，発展的な指導によってこれを補充，深化，統合し……」とされており，道徳の時間の学習と他の教科等との関連が明確であった。

では，道徳科への移行によってこの関連が希薄になったのかといえば，決してそうではない。「道徳科の目標に基づき……」とあるように，道徳科の目標そのものが学校の教育活動全体を通じて行う道徳教育の目標と同じ「道徳性の育成」と規定されている。つまり，道徳科の目標の先には，学校教育全体における道徳教育の目標があり，その達成のためには，道徳科単独ではなく，各教科等における学習活動や体験活動などで養われた道徳性との有機的な関連が不可欠なのである。各教科等の学習の主たるねらいは道徳性の育成がその中心ではない。道徳科は，学校教育全体における道徳教育の中核をなし，各教科などで見出された道徳性の萌芽を，道徳科の授業によってより明確に意味づけるという重要な役割をもつ。「道徳科が道徳教育の要」といわれる所以である。

## 2 総合単元的な道徳学習の理念

各教科等との有機的な関連を明らかにするための方策として，道徳科の全体計画やその別葉を作成することがあげられる。各教科等に含まれる道徳的価値を有機的に関連させることで，道徳科の学習，ひいては道徳教育そのものの充実を図るためのひとつの方策として，総合単元的な道徳学習について考える。

提唱者の押谷由夫によると，「子どもが道徳性を育む場を総合的にとらえ，各教科や特別活動，総合的な学習の時間などの特質を生かして行われる道徳的価値に関わる学習を，道徳の授業を中心に有機的なまとまりをもたせて，子どもの意識の流れを大切にした道徳学習ができるように計画していくこと」と規定されている。「総合単元的な」の言葉には，昭和20年代に取り組まれた生活単元あるいは経験単元学習のみに偏るのではなく，各教科の単元をはじめ，現実に即した多くの単元のくくりを考えながら，学習の多様なパターンに対応していくようなプログラム開発を志向しようとする思いが込められている。総合単元的な道徳学習は，子どもを主体とした道徳科の学習を確立するとともに，各教科における道徳教育の一層の充実を図ることが重視されている。

総合単元的な道徳学習を子どもの実態や学習のねらいに応じて柔軟に構想するために，いくつかのポイントがあげられる。

### (1) 道徳科の学習を中心に位置づけること

各教科等との有機的な関連を明確にし，道徳科の学習をより一層効果的なものにすることが，総合単元的な道徳学習の意図である。よって，道徳科の学習を中心に据えて，関連する教育活動を明確に位置づけることが重要である。

### (2) 焦点化・重点化して取り組むこと

総合単元的な道徳学習は，網羅的・羅列的に組み込んだだけでは，計画としての機能度が落ち，実効性が担保されない。学校目標や学級目標に焦点化し，児童の実態に応じた道徳科の内容項目を中心に据えた計画を立て，重点的に取り組むことが効果的である。学級経営の大きな柱を，総合単元的な道徳学習に意図的・計画的に組み入れることで，指導の効率化を図ることも期待できる。

### (3) 道徳教育の場を多様に構想する

道徳科の学習を中心に据えた取組ではあるが，それが他の学習場面とどのように結びつくことが想定されるかを広範に捉えておくことは必要である。各教科や特別活動，総合的な学習の時間との関連はもちろん，学校での生活，家庭や地域社会での学習など，子どもが日常生活において行うすべての学習を射程に入れ構想することが求められる。道徳科の学習を中心に位置づけたうえで，それと有機的に結びつく内容を精選して連携させていくことを大切にしたい。

## 3 他教科との有機的な関連による道徳科の学習の授業事例

ここでは，各教科等と道徳科の学習とを関連させた実践例と，総合単元的な道徳学習の理念を踏まえた実践例の２つを取り上げ，考察していきたい。

### (1) 図画工作科と道徳科とを関連させた授業事例

本実践は，第 83 回日本道徳教育学会春季大会で報告された事例である。図画工作科における東山魁夷の作品鑑賞と道徳科とを関連づける学習として構想したものである。それぞれの子どもの思考の深まりを補い合う関係で授業を位置づけるために，まず，図画工作科の作品鑑賞で，美術的視点から見えた東山魁夷とその表現について考える。そのうえで，作品鑑賞の学びを「人間・東山魁夷」に迫る道徳の時間にも生かすことを重視して単元を構想した。

### ①　図画工作科「東山魁夷」の作品鑑賞

造形要素にみられる表現の特徴に気づき，それを拠り所にしながら，画家・東山魁夷の表現意図や思いに迫る学習だった。彼の風景画を表現技法や構成から分析することで，清々しさや神秘性，懐の深さなど彼の作品に一貫する「自然に尊敬の思いを込めた表現」を感じることができた。

### ②　道徳科「6学年：ただ大いなるものにみちびかれて」

以下が，図画工作科との関連を図った道徳科の学習指導案である。

**6年　道徳科学習指導案**

1　**主題名**　気高く生きる（高学年D感動，畏敬の念）
2　**教材名**「ただ大いなるものにみちびかれて」（出典：日本文教出版『小学道徳6・生きる力』）
3　**本時の学習**
(1)　**本時のねらい**
　東山魁夷の風景画へのこだわりと，作品に込められた大いなるものへの思いについて話し合い活動を通して迫ることで，人間としての在り方をより深いところから見つめることができるようにする。
(2)　**本時の展開**

| 主な発問と児童の発言等 | 教師の支援及び意図 |
|---|---|
| ○東山魁夷の絵画と言葉を紹介する。<br>○資料『ただ大いなるものにみちびかれて』を読んで各自が感想をもつ。 | ○東山魁夷の風景画「山雲」とメッセージを紹介する。 |
| ○東山魁夷の生き方に対して，どんな感想をもったか。<br>・生きる望みを失うような状況の中でも絵を描く希望を失わなかったところがすごい。<br>・1枚の風景画を描くのにも，日本全国を旅してスケッチしようとすることがすごい。 | ○風景画にこだわり，自然の姿を描き続ける東山魁夷の思いに感想や問題意識を持つ児童が多いと考えられるので，問題をその部分に焦点化したい。 |
| ◎なぜ，東山魁夷は風景画にこだわり，描き続けたのだろう。彼が風景画に込めた思いに迫ってみよう<br>・自然を描くことに使命感を感じていたからだと思う。<br>・自然のすばらしさを，自分の絵を通して伝えようと考えたことが，彼にとっての使命感だったのではないか。<br>・人間が自然と共に生きることの大切さを風景画に込めたかったのだと思う。<br>・人間に比べて，自然とは本当に大きな存在で，人間にはどうすることもできないような「大いなるもの」として表現したかった。<br>・魁夷の絵を鑑賞して，美しさもだけれど，寂しさや怖さも感じた。彼は，自然はやさしいだけではなく，怖さや恐ろしささえも含めた自然を表現したかったのだと思う。 | ○東山魁夷の生き方を支えていた思いを追求することを通して，東山魁夷の自然観と，そこに込められた大いなるものに対する畏敬の念について探究し，迫らせたい。<br>○図画工作科で実施した東山魁夷の作品鑑賞から感じ取った内容を想起させ，魁夷の生き方と重ね合わせて考えることによって，単に美しさだけではなく，厳しさや畏れまでも内包した魁夷の自然観の奥深さに気づかせたい。 |
| ○人間の力を超えているものに出会い「すごいなあ」と感動したことにどんなことがあるかを書いてみましょう。<br>・東日本大震災の津波の様子を見て，普段は美しい自然が，突然，私たちの命を奪うことに，人間の力ではどうすることもできない自然の力を感じた。 | ○大いなるものとしての自然のすばらしさとともに，その感動を伝えようと生涯を通して自然との対話を続けた魁夷の生き方のすばらしさも感得させたい。 |

話合いのなかで子どもは，図工の時間に考えた「静寂を感じさせる色調と画面構成」や「力強さを感じさせる多彩な自然の姿」などを想起しながら，人間・東山魁夷をみつめた。また自然の雄大さや美しさだけでなく，魁夷自身が経験した自然に対する喜びや感謝，寂しさや孤独などの多様な思いが込められていると考えていた。

授業を通して，日常的には想像することすら困難な「畏敬の念」について，東山魁夷の生き方とその作品を拠り所にして話合いを深めることができたと感じた。これは，図画工作科の鑑賞授業によって，美術的視点から見えた東山魁夷とその表現をふまえながら，道徳の時間の学習において，東山魁夷の生き方をみつめる単元を構想した効果であった。

### (2) 総合単元的な道徳学習による授業事例

本実践は６年生で構想した学習である。学年・学級経営の目標は，「先駆け～磨け！心技体　拓け！新時代～」であった。この目標に向け，道徳科で特に児童に培いたいと考えたのが，「相互理解，寛容」と「国際理解，国際親善」であった。「自分の考えや意見を相手に伝える」「自分と異なる意見や立場を尊重する」ことが，子どもの人間関係の広がりを生むとともに，グローバル化する社会のなかで生きて働く力となるための基盤となることを期待した。

#### ①　社会科「長く続いた戦争と人々のくらし」

戦争の歴史とその時代を生きた人びとの生き方を学ぶことを通して，国際社会で生きる平和で民主的な国家および社会の形成者としての資質・能力の基礎を養うことをねらいとした。集団や社会との関わりに関する内容と関連を図ることができる教材として設定した。

#### ②　総合的な学習の時間「平和について考えよう」

「黒こげの弁当箱」や「禎子の折り鶴」などの絵本の読み聞かせを通して，戦争と平和について子どもの考えを交流した。また，平和についての現代的な課題について調べることで学習を自己の生き方につなげられるよう設定した。

### ③　道徳科「6学年：究極の理想『平和』を求めて〜新渡戸稲造〜」

以下は，本事例に位置づけられた道徳科の学習指導案である。

**6年　道徳科学習指導案**

1　**主題名**　「進んで国際親善に努める」（高学年C国際理解，国際親善）
2　**教材名**　「究極の理想『平和』を求めて―新渡戸稲造―」（出典：教育出版『小学道徳6』）
3　**ねらい**　他国の人々や文化について理解し，国際親善に努めようとする態度を育てる
4　**展開の大要**

| | 学習活動と主な発問／予想される児童の発言等 | 指導上の留意点 |
|---|---|---|
| 導入 | 1　平和についてのイメージを交流する。<br>○平和とは，どんなことでしょうか。<br>・戦争がない　・おだやかに暮らせる　・自由<br>・悲しみや苦しみがない　・笑顔で生きられる | ○平和について，自分たちのイメージを膨らませることで，価値への導入をはかる。 |
| 展開 | 学習テーマ「平和を求めた人の生き方に学ぼう」<br>2　教材を読み，感想を発表し合う。<br>○資料の主人公の生き方への感想を交流しましょう。<br>・『武士道〜日本人の魂〜』本をアメリカで出版し，多くの外国の人に読まれたことがすごい。<br>・日本やアメリカでいろいろなことを言われたのに，それでも活動を続けたのはなぜだろう。<br>3　新渡戸稲造の生き方を支えた思いに迫る。<br>◎日本からもアメリカからも敵だといわれながらも，世界に日本の立場を訴え続けたのはなぜでしょう。<br>・自分の言っていることは正しいと信じていたから。<br>・日本とアメリカとの対立の原因は互いの国のことがよくわかっていないからだと考えたから。<br>・戦争をしないためには，きちんと主張し，お互いに理解し合おうとすることが大切だということをわかってほしかったから。 | ○『武士道』を著し日本と世界の平和のために尽力した稲造の姿に感想や問題意識をもつ児童が多いと考えられるので，本時に追究する問題をその部分に焦点化させる。<br>○新渡戸稲造の行動を支えていたものが，日本を愛する心と世界の平和への願いであることに話し合いを通して迫らせる。<br>○考えにくい児童については，新渡戸稲造の生涯を表した年表を参考にして考えるよう支援する。 |
| 終末 | 4　自分の生き方に重ねて考える。<br>○新渡戸稲造の生き方で「大切だ，自分のこうありたい」と思ったのはどんなことですか。<br>・まずは，日本のことをよくわかってもらうために何を伝えたらよいかしっかりと考えたい。 | ○ワークシートに記入し，それぞれの思いを語るなかで，さらに自己の生き方について考えを深める。 |

中心発問を「なぜ，日本からもアメリカからも敵だといわれながらも，死の間際まで世界に対して日本の立場を訴え続けたのだろう」とした。

子どもたちは，「戦争を許さないという強い思い」や，「大切なものを失いたくない」といった「国際理解，国際親善」をより深く考えた意見だけでなく，「命を奪うことがどれだけ悲しいか気づいてほしい」といった「生命の尊重」の視点や，「自分が訴えることで戦争を止められる」といった「希望と勇気，

努力と強い意志」の視点などを関連させ，彼の生き方に迫ることができた。

④　学習発表会での群読劇「平和な世界をめざして」

学習全体のまとめとして，「平和な世界をめざして」をテーマにした学習発表会を実践の場とした。子どもたちは，「平和の大切さを訴えたい」や，「誰とでも仲良くすることが平和につながることを伝えたい」など，自分たちの具体的な行動につなげて群読劇の台本を考え，思いを伝えることができた。

## 4 各教科等との連携を明確に位置づけるために

各教科等との連動による相乗効果で道徳教育の可能性を開くためには，教師の発想を柔軟に生かした計画が必要である。2008（平成20）年の学習指導要領の改訂の際に，「各教科等は，よりよい人間形成のためにあり，各教科などの目標に基づいてそれぞれに固有の指導を充実させる過程で，道徳性が育まれる。」とした理念を実現するためには，道徳科を中心としたカリキュラム・マネジメントによる単元構想を立案し，重点内容項目を中心として関連する各教科の内容を思い切って精選することが求められる。たとえば，総合単元的な道徳学習で用いられてきた「総合単元計画表」を，実効的な全体計画の別葉として作成することも考えられる。また，キャリア教育で作成される年間指導計画も，道徳科の位置づけを中心に据え替えるだけで，道徳科と他の教育活動とを有機的に結びつけたものとなる。教師の柔軟な発想を無理なく生かし，各教科と連動した道徳科を教育課程に位置づけ，PDCA サイクルに乗せることが重要である。

**• 参考文献 •**

荒木寿友・藤井基貴（2019）『新しい教職教育講座　道徳教育』ミネルヴァ書房
押谷由夫・内藤俊史（1993）『教職専門シリーズ ⑥ 道徳教育』ミネルヴァ書房
押谷由夫（1995）『総合単元的道徳学習論の提唱―構想と展開』文溪堂
七條政典（2002）『豊かな心の教育への経営戦略』教育開発研究所

# 第23章 体験活動・体験学習等で展開する道徳教育のもつ意義

———日下　哲也

## 1 体験活動・体験学習等で展開する道徳教育の位置づけ

学習指導要領第１章総則第１の２⑵では，「学校における道徳教育は，特別の教科である道徳（以下「道徳科」という）を要として学校の教育活動全体を通じて行うもの」と示されている。このことは大きく２つのことを述べている。ひとつは，道徳科が道徳教育の要の時間として位置づいていることである。２つは，道徳教育は，道徳科だけでなく学校の教育活動全体を通じて行うものであり，それぞれの教育活動には道徳教育のねらいとする内容が含まれていることである。体験活動・体験学習等は特別活動で行われる集団宿泊活動やボランティア活動，自然体験活動，地域の行事への参加などが例としてあげられるが，教科などや集会活動，広く子どもが体験している日常活動も含まれると考えたい。体験活動・体験学習などで展開する道徳教育は，教育活動全体に位置づけられものであり，学校教育目標の達成するために道徳科を要として積極的に教科などとも関連を図ることで子どもの道徳性を養い，実感を伴った自らの生き方や在り方を考える学習なのである。

### ⑴ 意味ある体験活動・体験学習等

体験活動・体験学習等は，その特性から子どもの心に深く残る。しかし，体験活動・体験学習等をさせるだけでは意味あるものにすることはできない。体験したことは同じでも，その価値づけ方は個々の子どもによって異なっていることが多くある。たとえば，高学年の場合，一人一鉢活動で花を育てる体験活動をしても，体験活動の機会を与えただけでは植物の世話をすること（D-20

自然愛護）と捉えたり，友と一緒にしたことが印象に残り（B-10 友情，信頼）と捉えたり，みんなのために働く（C-14 勤労，公共の精神）と捉える子どももいる。このような体験活動・体験学習などを学校教育目標に照らして選択し，教師の指導のもと体系的・継続的に行うことが大切である。そのことが体験活動・体験学習などを子どもにとって意味あるものにしていくことになる。

### ⑵ カリキュラム・マネジメントを図った体験活動・体験学習等と道徳科

学習指導要領で，カリキュラム・マネジメントや教科など横断的な視点に立った学習の重要性がいわれている。道徳教育において，この視点に立った先駆的な学習のひとつとして総合単元的な道徳学習がある。道徳科の学びを要として有機的なまとまり（カリキュラム・マネジメントや教科等横断的な視点に立つ）や単元化を図り，価値内容についてより多面的・多角的に考えることで，子どもの道徳性を高めていく。道徳科で学んだ価値内容と重ねて体験活動・体験学習等を行ったり，体験活動・体験学習等で気づいたことを道徳科で深めていったりする往還を通して，実体験に基づきながら「自分事」としてこれまでの自らの価値観を振り返り，自分の価値観をつくり上げていくのである。

次に，体験活動・体験学習等として総合的な学習の時間や読書活動を取り上げ，道徳科との関連を図った事例をあげていくこととする。

## 2 教科以外での学習と道徳科の関連を図った具体的な取組

### ⑴ 総合的な学習の時間との関連を図った授業事例

【第４学年：「総合的な学習の時間」を生かす実践】

#### ① 教材について

総合的な学習の時間の目標はひとつに，「探究的な見方・考え方を働かせ，横断的・総合的な学習を行うことを通して，よりよく課題を解決し，自己の生き方を考えていくための資質・能力を育成することを目指す」がある。本主題は，総合的な学習の時間「４年単元　峰山の今の自然と人のくらしから未来を

## 第4学年　道徳科学習指導略案

1　**主題名**　先人に感謝し郷土を受け継ぐ（中学年B感謝・C伝統と文化の尊重他）

2　**教材名**　「旧金比羅歌舞伎大芝居ふっ活への道」（香川県郷土資料）
「谷川岳に生きたドクター」（出典：学研『新・みんなの道徳４』）

3　**ねらい**　中心となる価値内容が関連する２つの教材を合わせて考えることで，伝統を受け継ぐということへの理解を多面的・多角的に深め，地域の人々に感謝しながら地域の伝統を受け継いでいこうとする心情を育てる。

4　**本時の展開**

| 学習活動（主な発問等） | 指導上の配慮事項・※評価 |
|---|---|
| 1　自分の思いを書き，峰山学習の問いを確認する。 | • 前時に，２つの教材を分担して学習し，それぞれの場面や情景を確認しながら教材から分かることを「つながり図」にまとめておく。 |
| 残していこうとする人々の思いをさぐり，自分の思いに付け足したいことを見つけて，峰山学習（総合的な学習の時間）に生かそう。 | |
| 2　自分の考えた教材と異なる教材について考えたグループの発表を聞き，自分の考えに付け加える。<br>(1)　異教材グループの発表を聞き，カードに書き出す。 | • 授業の始めに，互いの教材の共通点や相違点について話し合うことで，共通の視点をもって話し合うことができるようにする。<br>• ２種類教材を学習したグループ構成で話し合うことで，より多面的・多角的な視点を持って，価値内容に迫っていけるようにする。<br>• 事前に書いている付箋をもとに異教材で学習した児童と話し合い，理由を付けて他の教材から自分の考えに取り入れるよう助言する。<br>• ２つの教材からの学びを視覚的にとらえ，多面的・多角的で考えられるように，討議シートは両側から２つの教材から得られる価値内容が集まるような構成にする。 |
| (2)　カードから，取り入れたいものを選んで，自分の考えをつくる。 | • 話し合う際には付箋に短い言葉で書き，討議シートに追加するよう助言することで，価値内容の関係性を理解しやすくする。<br>• 共通した視点と違う視点の両方を持ち合わせたグループを編成することで，多面的・多角的に価値内容について考えられるようにする。 |
| 3　２つの教材や自分の考えをカードにしたものをもとに５グループに分かれ，自分の考えをもとにグループで話し合う。<br>4　守り受け継ぐために必要な思いを整理し，峰山にある文化財を未来に残すために必要な心についてまとめる。 | • 付箋に書いた言葉をもとに，矢印などを用いてそれぞれのつながりを考えるように助言することで，２つの教材のそれぞれから学んだ価値内容を関連付けて考えられるようにする。<br>• 話し合いを通して学んだ人々の思いやそこから生まれた自分の考えを文章化し，思いの再構成化を図ることで，深まった価値内容を再認識できるようにする。<br>• ２つの教材から学んだ価値内容を峰山学習と関連付けて考え，自分の思いに付け加えるために，２つの教材から見つけた価値内容を短い言葉でキーワード化して板書する。<br>• 本主題から学んだことから，どのように峰山学習で表現していくかという見通しをもつことで，総合的な学習の時間との関連を図るようにする。<br>※評　それぞれの資料から学んだことを考え，話し合うことで，「伝統文化を受け継ぐ」ことへの考えを深め，言語表現することができたか。 |

【実践者　香川県高松市立亀阜小学校　教諭　篠原　弘樹】

えがこう」の小単元「峰山をにぎやかにする構想をジオラマにしよう」に，統合・関連を図る総合単元的な道徳学習・主題「先人に感謝し郷土を受け継ぐ」として展開した。この総合単元的な道徳学習は，小学校学習指導要領「特別の教科　道徳」に示された多様な指導方法のひとつ「問題解決的な学習」であり，道徳的諸価値に関わる問題や課題を主体的に解決しようとする「問題解決的な取り組み」を特質とする。本主題において，教材「旧金比羅歌舞伎大芝居ふっ活への道」は，伝統や文化のすばらしさについては学ぶことができても，長年その価値を受け継いできた先人の力に気づいていくことは難しかった。受け継いで育てた人に「感謝」し，自分たちも関わっていこうとする役割意識を大切にするため，感謝の価値内容を含んだ教材「谷川岳に生きたドクター」を組み合わせ「つながり」を考えることで深い理解を図ろうとした。

### ②　展開の概要

総合的な学習の時間（3学期）では，「峰山の魅力を発信するために，『ぼくたちが考える未来の峰山』（ジオラマ）をつくり，お家の人や市に発信したい」という学習課題のもと学習を進めた。子どもは，ジオラマに自分たちの調べた古墳や自然，公園などをジオラマに表現した。同じ時期に，子どもは，社会科「町の特色を生かした地域」で地域の伝統がたくさんの人によって受け継がれていることを学んだ。このことから，子どもは，未来の峰山を考えるためには事実・事象だけでなく，歴史をつくった人やつないできた人の思いや気持ちを探ることで，自分たちが伝統や歴史を受け継いでいくために必要なことがわかるのではないかと考え，道徳科の学習で解決していく見通しをもった。

図表 23－1　「先人に感謝し郷土を受け継ぐ」の一場面

子どもは，前時にそれぞれの教材について「人のつながり図」をつくり，人と人とのつながりのなかにある思いについてグループで話し合っている。本時は，前時に話し合ったことをもとに，違う教材から学んだ子どもの考えを交え，残していこうとする人びとの思いについて話し合う。子どもは，これまでの道徳の学習で，人びとの関係や思いのつながりを矢印でつないで整理をする活動をしてきている。板書では，ワークシートと関連させ，２つの教材から学んだ内容が中心に集まり，つながり深まっていることを視覚的に捉えられる簡潔で構造的な板書を意識した。そうすることで，伝統や歴史を守り受け継ぐことの大切さだけでなく，その背景にある人びとの努力や強い意志や感謝の気持ちをもって伝統を受け継ぐことの大切さに気づかせていった。

### ⑵　読書活動との関連を図った授業事例

【第３学年：「読書活動」を生かす実践】

#### ①　題材について

本主題「自然を大切にしよう」では，自然のすばらしさや不思議さを感じ取り，自然や動植物を大切にする心情や態度を育てることを目標としている。また，自然を大切にすることで，自分たちの命も守られていることや環境保全についても関心をもち，その必要性について考えることができるようにしたい。しかし，道徳科で教材を読み，議論し合うだけでは自然という壮大なものに対する理解は不十分ではないかと感じる。豊かな心を育てるには，自然そのものを感じ取る感性を揺り動かす感動がなければならない。この感性を育てるために，国語科の読書活動を体験学習等と捉え道徳科と関連づけ，子どもたちの心の耕しを図った。

#### ②　展開の概要

自然の仕組みのすばらしさや植物の役割などが理解できる『山に木を植えました』（講談社），『木はいいな』（偕成社）を朝の読書の時間を使って読んだ。そして，読み取ったことを国語の時間の読書活動を使って「自然図」として絵と言葉で表現する。次に，道徳科で教科書教材「ハチドリのひとしずく」（学習

## 第３学年　道徳科学習指導略案

1　**主題名**　自然を大切にしよう（中学年Ｄ自然愛護）

2　**教材名**　教科書教材　「ハチドリのひとしずく」（出典：学研『新・みんなのどうとく３』）
図書教材　『どんぐりかいぎ』（福音館書店）『山に木を植えました』（講談社）『木はいいな』（偕成社）

3　**ねらい**　「どんぐりかいぎ」の一場面を中心に考えることで，自然の中では，命のつながりを保ちながら環境を保全してきたことを理解し，動植物と自然環境の関わりから考え，自然を守ろうとする心情を育てる。

4　**本時の展開**

| 学習活動（主な発問等） | 指導上の配慮事項・※評価 |
|---|---|
| 1　「ハチドリのひとしずく」の学習と図書「どんぐりかいぎ」を振り返り，学習課題を確認する。 | •事前に，図書「どんぐりかいぎ」を示し，前時に学んだ「ハチドリのひとしずく」で，それぞれが考えた『自分にできること』を比べて読み返しておくことで，本当に自然を守っていくことができるのかという新たな課題に気付く環境を作っておく。 |
| 「自然や動植物を大切にする」ことをもっと深く考えるために，絵本「どんぐりかいぎ」から探り，自然に対する考えを自然図に付け足そう。 | |
| 2　図書「どんぐりかいぎ」の３回目の会議の場面を取り上げ，「どんぐりの木たち」が分かったことから植物と動物の関係について話し合う。<br>(1)　吹き出しを比べ，「どんぐりのき」と「どうぶつたち」の関係を示す言葉を見つけ，図に表す。<br>(2)　関係図を見て，自分たちが分かったことを付け足す。<br>(3)　自然図を見て同じようなつながりを見つける。 | •図書の重要な内容を視覚的に捉えることができる掲示物を準備しておくことで，自然の中でのバランスに着目できるようにする。この提示した資料が，児童の考えを深める関係図につながるようにする。<br>•事前の準備として，「どんぐりかいぎ」の三回目の会議の場面の児童の書き込みをもとに，グループで話し合う。<br>•比較・類別操作を行い，どんぐりの木と動物の関係性が分かる言葉を使って吹き出しに書き込み，用意した関係図に貼り付けていくことで，自然環境の中のつながりを意識づけるようにする。<br>•動物の立場で考えることもできることを助言することで，両者の関係性に気付くことができるようにする。<br>•どんぐりの「なり年」と「不なり年」があることの事実を確認することで，自然の仕組みの素晴らしさを実感し，人の手で壊してはいけないという思いを高めることにつなげていくようにする。<br>•関係図から自然図に視点を変えることで，今考えている関係性は，山の一部分の出来事だけではなく，地球全体のどの部分を切り取っても起こりうることであると意識づける。<br>•何千年もの間自然のバランスが保たれ，自然環境が保全されてきた事実にふれることで，自然のすごさを実感することができるようにする。<br>•個によって，生活経験の違いからくる理解の差を埋めるためにグループでの話し合いの時間を設けるようにする。その際に，身近で起きている環境問題について助言できるように準備しておく。 |
| 3　「どんぐりかいぎ」から学んだことを話し合い，それぞれの考えを自然図に貼る。 | •個々に学んだことを価値付けることで，自分事としての価値の自覚を促す。<br><br>※評　本時の学習の学びから理解した「自然を大切にする」思いを，言語表現することができたか。 |

【実践者　香川県高松市立亀阜小学校　教諭　中原　悦子】

研究社）を学習する。教材について「考え議論」するために文中に書き込みをし，その「書き込みの言葉や文」を短冊にしたものをもとに「話し合う・対話する」こととした。また，事前に用意した「自然図」から，ハチドリが必死に守りたいと考えた森（自然）がどのようなものかを深く感じ取った上で，ハチドリがとった行動をより理解した議論ができる手立てとした。自然に対する知識を獲得することで，ハチドリの森を身近な自然として，すなわち，自分事として考えさせようとした。実際の活動では，どの子も自ら進んで手を伸ばして本を読み，喜んで自然の仕組みを表現していた。

「ハチドリのひとしずく」の学習の後，新たな概念を構築するために，図書『どんぐりかいぎ』（福音館書店）を読む。図書教材の内容には，議論するために必要な多面的・多角的な考え方の材料がたくさんつまっている。図書教材「どんぐりかいぎ」では，３回目の会議の場面を使用し，どんぐりの木や動物の思いを書き込んだものを元に，両者の関係性がわかるように比較・分類思考を行い，吹き出しにまとめる。まとめたものを「関係図」として表現し，自然に対する視野を広げ，自然の仕組みを多面的・多角的に考えるのに役立てた。終末の段階では，個々が学び取った価値を言語に表現するために，ひとつのグループの「自然図」に各グループの考えを付け足し，視覚的に捉えやすいように工夫した。「どんぐりかいぎ」に触れることで，今まで「大切にしよう」といっていた考え方に変化があった。命のつながりから考えると，一方的に大切にするという考え方に思わぬ落とし穴があることに気づいた。多面的・多角的に自然環境の保全を考えていく見方を理解した上で，「自然愛護」という価値内容を把握し，概念化を図った。

図表 23－2　「自然を大切にしよう」の一場面

## 3 道徳教育充実のための新たな課題

生産年齢人口の減少，グローバル化の進展など，私たちは先行き不透明で予測が困難な時代に直面している。新型コロナウイルス感染症の拡大は顕著な例である。また，情報化の進展は著しく，Society5.0の到来が間近に迫るなか，社会が大きく変わろうとしている。AIやAR（拡張現実）やVR（仮想現実）などの技術が生活に定着し，遠隔授業が行われるなど間接体験や疑似体験が容易にできる社会が目の前に迫っている。実際，コロナ禍においてはオンライン授業の有効性が説かれ，「GIGAスクール構想」が飛躍的に進展した。しかし，どのように社会が変わっても，見て，聞いて，触れて，関わり合う体験活動・体験学習等の重要性は変わらない。子どもがよりよく生きていくための基盤となる道徳性を養うことを目標としている道徳教育においては，道徳科を要として体験活動・体験学習等との関連を図りながら，子どもたち自身が見聞きし関わって感じたことから他者と交流し，自分の価値観を振り返り，「自分事」として自らの生き方・在り方を考えていくことを大切にしなければならない。

**• 参考文献 •**


香川県小学校道徳教育研究会（1991）『子供が自ら学ぶ道徳教育―体験を生かした道徳授業の展開―』東洋館出版社

香川県小学校道徳教育研究会（1995）『新・道徳学習の理論と実践―総合単元的な道徳学習の展開―』松林社

香川県小学校道徳教育研究会（1998）『「生きる力」を育む道徳授業―道徳を柱とした総合的学習の実践―』松林社

香川県小学校道徳教育研究会（1999）『総合的学習と連携を図る道徳学習―新教育課程の構想と実践―』明治図書

# 校長のリーダーシップで充実を図る道徳教育の具体的展開

――――坂口　幸恵

## 1　道徳教育推進を図る校長のリーダーシップ

校長は教育目標の具現化を目指して学校経営する。「やさしい子」「思いやりの心」などの教育目標に，道徳教育の効果は大きい。道徳の教科化に伴い，道徳教育や道徳科の実効性がより求められるようになった。この道徳教育の抜本的充実が求められる背景には，深刻ないじめの本質的な問題に向き合うことが必要とされるからだ。校長はいじめを許さない雰囲気が浸透する学校づくりを実現していかなければならない。

道徳教育の充実のためには，校長のリーダーシップのもと学校全体としてどれだけ熱心に取り組めるか，文部科学省（2015）が示す「チームとしての学校」をつくり上げていくことが大切になる。校長の道徳教育方針を内外に示し，道徳教育推進教師の役割を明らかにして「チーム学校」として道徳教育推進体制を築く。この取組を生きて働く体制とするために，従来の鍋蓋式学校組織から脱却し，多様な専門性をもった教職員を有機的に結びつけ，校長が打ち出す経営ビジョンに向かって協働する学校組織づくりが肝要である。

図表 24－1　従来の鍋蓋組織　　　図表 24－2　チームとしての学校組織

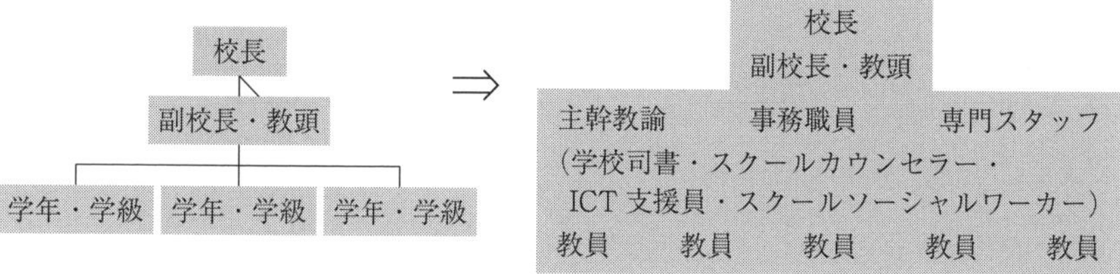


出所）文部科学省（2015）「チームとしての学校」像（イメージ図）作業部会事務局作成を改変

学校組織ではSCやSSWといった専門スタッフが存在し，そのなかには校長の指揮監督下にあると考えない者もいるかもしれないが，校長は一校を預かる責任ある立場としてマネジメントをする役割を果たさなければならない。教員相互も専門スタッフの同僚として向き合っていくことが求められる。専門スタッフとの連携を管理職や担当者任せにするのではなく，教職員一人ひとりが「チーム学校」としての帰属意識をもち，同僚であることを見える化することが必要である。七條・植田（2016）が示すように，道徳教育の推進にも，校長のリーダーシップに対する期待が大きい。学校組織のトップである校長は，副校長をマネージャーとして，研究主任・道徳教育推進教師をファシリテーターに任命して組織の活性化を図る役割がある。

以上を基盤に，道徳教育推進に果たす校長の役割は次の6点であると考える。

ア　学校経営方針での道徳教育に係る重点目標の明確化を図る。

イ　学校の重点項目の明確化を図る。

ウ　道徳教育の全体計画の作成をする。

エ　道徳教育の全体計画別葉の作成をする。

オ　道徳科の年間指導計画の作成をする。

カ　地域の方や保護者の方の理解を促進する。

「チーム学校」として道徳教育を学校経営の柱に据えて取り組むことは教育目標の実現にきわめて効果的である。校長がリーダーシップを発揮して取組方針を明確にし，推進体制や研修の在り方について全教員の共通理解を図り，道徳科の授業の改善・工夫に取り組むことが求められる所以である。「人間としていかに生きるべきか」を学校全体で探究していく組織づくりが重要となる。

また，学校経営においては教育課程や教育計画などという見えるカリキュラムとともにヒドゥン・カリキュラム（隠れたカリキュラム）が重要な鍵となり，「ありたい学校」の具現に向けた日ごろの校長の「呼びかけ」と「実践」がポイントになる。児童と教職員が，そのイメージを共有し，具現に向けて実践していく際の校長のリーダーシップこそが重要だと受け止める。

## 2 地区内の学校の道徳実践の核となる

筆者は10年の校長経験のなかで，学校経営の柱に道徳教育推進を据えてきた。特に，「特別の教科　道徳」の実施に当たり，研究主題を「豊かな心をはぐくむ道徳教育」と設定し，副題として「認め合い，高め合う児童の育成を目指して」とした。

道徳が教科となって大きく５つの変化があった。(1) 道徳教育と「特別の教科　道徳」の目標の関係，(2) 道徳教育の目標（考え，議論する道徳），(3) 道徳の内容項目，(4) 道徳の指導方法，(5) 道徳の評価である。これらを踏まえ，校長として校内研究の柱を据えて，学校全体で研究を進めることが必要である。

道徳科研修を進めるにあたっては，「小学校学習指導要領解説　特別の教科道徳編」を基本に，「道徳教育の抜本的充実に向けて」(2017)，「道徳教育の充実に関する懇談会報告」(2013)，「『特別の教科　道徳』の指導方法・評価などについて」(2016) 等を参考に，教科化の背景や在り方について共通理解をすることが肝心である。

次に，研究主題を踏まえ，目指す児童像を発達段階別に次のように示した。

低学年…自分の考えをもち，友達の考えにも関心をもって，関わり合える子。

中学年…自分の考えを友達に伝え，友達の考えを受け入れられる子。

高学年…伝え合い，認め合うことを通して，よりよい生き方についての考えを深めていける子。

なお，研究仮説として，「多様な考えを引き出し，表現させ，深め合える指導の工夫を行えば，互いの違いを尊重して認め合えるようになり，道徳的価値についての自覚が深まるであろう」とした。

研究仮説を検証するには，授業研究を柱に年間を通して意図的・計画的に研究を進めていった。副校長にマネジメントさせ，研究主任および道徳教育推進教師をファシリテーターとし，「チーム学校」の活性化を図った。特に心掛けたことは，毎年，６学年すべての研究授業を行うことである。どんなに研究推進委員会や校内研修会で議論を深めても，実践が伴わなければ机上の空論になってしまう。教育現場では，授業実践こそが命であり，具体的な授業の指導方法を通して学び合うことで，教師の指導力も備わっていくと考えるからである。

また，評価については道徳教育に係る評価などの在り方に関する専門家会議による「『特別の教科　道徳』の指導方法・評価等について」を踏まえ，道徳科の評価を適切に行うためには，指導者の明確な指導観（価値観，児童観，教材観）が必要であることを確認した。この点について，研究推進委員会を中心として研究を進めるとともに，事前授業などを通して深めていった。教師の指導観を基にした１単位時間の指導の評価をすることにより指導の改善点を明らかにし，授業力の向上を図っていった。また，児童の道徳科における評価は数値などによらないとなっている。あくまで児童の学習状況や道徳性に関わる成長の様子を把握することが道徳科の評価であることを校内で共通理解した。評価観の共通理解を図るには，「次期学習指導要領等に関するこれまでの審議のまとめ　補足資料」（2016）から「多様な評価方法の例」などを参考にし，自己評価も含め具体的にはどのようなワークシートが有効かを検討し，ポートフォリオを活用する他，パフォーマンス評価，ルーブリック評価など，評価方法や手段を工夫し，児童の成長をどう見取るべきか，自校の評価の在り方の確立を図った。

道徳科の授業推進にあたっての研究の視点は次の３点である。

１．「特別の教科　道徳」の指導内容に基づいた指導，年間指導計画の作成。

２．「考える道徳」「議論する道徳」授業の推進に向けた指導の改善。

３．学習状況や道徳性に係る成長の継続的な把握および適切な評価の実施。

また，副校長をマネージャーに，研究主任・道徳教育推進教師をファシリテーターとして，「道徳科の特質を生かした学習指導」を次のように共通理解した。

ア　「導入」…主題に対する児童の興味や関心を高め，ねらいの根底にある道徳的価値の理解を基に自己をみつめる方向づけを図る。

イ　「展開」…ねらいを達成するための中心となる段階であり，主たる教材らよって，児童一人ひとりが，ねらいの根底にある道徳的な価値の理解を基に自己をみつめる段階とする。

ウ　「終末」…ねらいの根底にある道徳的価値に対する思いや考えをまとめ

たり，道徳的価値を実現することのよさや難しさを確認したりして，今後の発展につなぐ段階とする。

なお，学習指導の多様な展開を図るために，道徳教育推進教師を推進役にし全教師が実践する指導方法として，永田（2006）が示す「7つの引き出し」を活用した。

ア　教材提示…想像や共感をかき立て問題意識をもたせる。

イ　発問…心を動かし，多様な考えを引き出し，思考を深める。

ウ　話し合い…多様な考えを学び合い，深め合う中心的な学習活動。

エ　書く活動…自己に向き合い考えを深める。

オ　表現活動…動作化，役割演技などで自己の考えを深める。

カ　板書…思考を深める学級共通ノート

キ　説話…教師の思いを児童に伝える。

研究授業を重ね，研究を深めるにつれて，各学級で問題解決的な学習を導入するようになり，自我関与が中心の授業がなされるようになっていった。この「7つの引き出し」は，校長自ら道徳科授業の実践をしたり，毎朝礼での校長講話をしたりして大いに活用した。校長がトップとしてのリーダーシップを発揮し，全校一体となって「チーム学校」を具現化していった。

最後に，道徳科の評価の在り方について「チーム学校」6原則を確認した。

ア　資質・能力の3つの柱の「どのように社会・世界と関わり，よりよい人生を送るか」に深く関わること。

イ　人格そのものに働きかける道徳科において，他教科のような観点別評価は妥当ではないこと。

ウ　学習状況や道徳性に係る成長の様子を，学習活動全体を通して見取ること。

エ　個々の内容項目ごとの評価ではなく，大くくりなまとまりを踏まえた評価であること。

オ　児童が自ら成長を実感し，さらに意欲的に取り組もうとするための「認め，励ます」個人内評価であり，記述式で行うこと。

カ　学習活動において，多面的・多角的な見方の広がりや道徳的価値理解を，自分との関わりで深めているかを見取ること。

研究を通して，教員相互の道徳教育に対する意識が高まり，授業力が向上した。このことが，児童の道徳性を高めていったと確信する。さらに，全教育活動を通して行う道徳教育の全体像を把握するために，全体計画「別葉」の作成を行った。別葉の作成により，各教科との関連を図った道徳教育が推進され，道徳科の授業で道徳的価値について補充・深化・統合することができ，児童の道徳性の育成が図れるようになった。

家庭や地域との連携についても，学校全体で取り組む道徳教育との関連は深い。道徳教育は学校だけでできるものではない。学校，家庭，地域が一体となって初めてできるのである。校長として学校，家庭，地域の三者が緊密に連携するためのパイプ役となり，児童の道徳性を育む組織的体制づくりに努めた。

## 3 地区全体の道徳科の充実のためにできること

教科化に向けて，校内研究テーマを道徳教育とする学校が増えたことから，校長としてどのように道徳科を推進していくかを校長会研修で研鑽を重ねた。

同時に校長会組織の役割として江戸川区の道徳部長となり，道徳部員相互の指導力向上を図る実践を行うとともに，教科化直前の年に，区で採択される教科書を基に道徳科の年間指導計画を作成し，各校の道徳教育推進教師が参考にできるようにした。教科書採択が決定し，見本本が配布されてわずか３か月で道徳部員の有志が集まり，年間指導計画作成に取りかかった。

まずは，区内70小学校を４ブロックに区切って副部長を任命し，区全体で組織的に機能するようにした上で，道徳の教科化の背景について共通認識し，どのような視点で道徳教育推進教師として自校で働きかけをしていけばよいかを話し合わせた。話合いのベースとして，栗本・石丸（2018）の「道徳授業の質的転換へのアプローチ～『あなたならどうするか』の発問を工夫して～」を参考に，教科化における道徳科の指導法について共通認識をした。特に，道徳教育の質的転換を図るには，道徳教育推進教師一人だけの取組でなく，学校，学年をあげてチームとして取り組んでいくことの大切さを確認した。

さらに，山口（2017）の「『特別の教科　道徳』の評価に関する一考察～教師の適正な評価活動のために」からは，学習評価は，教員が指導の改善を図るとともに，子どもたち自身が自らの学びを振り返って次の学びに向かうことができるようにするためにあることを確認した。また，林・渡邉（2017）の「道徳科の評価方法としてのエピソード評価」からは，真正の評価やエピソード評価について学び，本区の道徳科における評価法についての共通理解を深めた。

以上のような道徳研究を志す有志が集う場では，先進的な研究論文にも触れながら，互いの指導力を高め合う学びの会議を推進するよう工夫した。

年間指導計画作成にあたっては，江戸川区の特色を反映させていくこととした。本区では独自に読書科が特設されており，ウインタースクールやセカンドスクールなど宿泊を伴う行事にも特色がある。また，管楽器演奏発表会，スケート教室，地域行事なども共通のものが多くある。これらを踏まえ，区の特色を鑑み，教科書教材を活用した道徳科の年間指導計画を提案することができた。

完成した江戸川区道徳科年間指導計画を区内の教員一人ひとりがもつ学校ランの書庫に格納し，区内の教員であれば誰もが閲覧，活用することができるように教科化スタート直前の３月までに完成させた。

この年間指導計画は，教科化のスタートに際して大いに活用され，各校に置いて生かされたと自負している。特に，各校で道徳教育推進教師が一人で背負い込むことなく，区内のネットワークを生かして交流し合えたことが，各校の年間指導計画の改善につながっていったと実感した。また，教科化開始後は，「特別の教科　道徳」における指導と評価の在り方について江戸川区小学校教育研究会道徳部が中心となって，研究授業を核として創意工夫をしており，区内全体に情報発信をしているところである。

同時に，一校を預かる校長としてリーダーシップを発揮し，道徳教育を校内研究主題に位置づけ道徳教育推進に努めてきた。「道徳教育の充実に関する懇談会報告」（2013）にもあるように，校長が学校全体としての取組方針を明確にし，全教員の共通理解を図りながら，具体的な改善策に取り組むことが求められる。特に，道徳教育推進教師の意義を一層有効なものにするために，道徳教育推進教師が担う役割を明確にし，力量ある教員を任命することが自校の道徳教育を推進していく力になると考える。その際，指導計画や指導方法，評価方法の事前説明や，評価結果などの説明をすることはもちろん，授業内容や児童の受け止めをまとめたものを発出したり，通知表に道徳科に関する所見欄を設けたりして道徳科の学習状況等を共有することなどが，保護者の理解促進の大きな鍵となることも心得ておきたい。

2018年度からの道徳科のスタートは順調に滑り出したようであるが，実際に教科化されてみると課題は山積している。道徳科初年度に意気込んで立ち上げたものが，翌年には人事異動などにより校内体制が変わり，教員相互の共通理解が不十分となったという報告もある。校長は自らのリーダーシップを発揮し，「チーム学校」として常に教員の意識の啓発を図り，児童の道徳性を育む道徳教育をこれからも力強く推進していくことが求められている。

**• 参考文献 •**


文部科学省（2015）「チームとしての学校の在り方と今後の改善方策について」

七條正則・植田和也（2016）『道徳教育に求められるリーダーシップ』美巧社

文部科学省（2017）「道徳教育の抜本的充実に向けて」（「道徳の質的転換によるいじめの防止について」）

文部科学省（2013）「道徳教育の充実に関する懇談会報告」

文部科学省（2016）道徳教育に係る評価などの在り方に関する専門家会議「『特別の教科　道徳』の指導方法・評価などについて」

文部科学省（2016）「次期学習指導要領等に関するこれまでの審議のまとめ　補足資料」（「多様な評価方法の例」：67）

永田繁雄（2006）『小学校道徳　板書で見る全時間の授業のすべて』東洋館出版

栗本賢一・石丸憲一（2018）「道徳授業の質的転換へのアプローチ～『あなたならどうするか』の発問を工夫して～」『教育学論集』70：25-41

山口圭介（2017）「『特別の教科　道徳』の評価に関する一考察～教師の適正な評価活動のために」『玉川大学教育学部紀要』17：101-115

林泰成・渡邉真魚（2017）「道徳科の評価方法としてのエピソード評価」『上越教育大学紀要』36-2：379-388

# 家庭や地域社会・異校種等との連携に立脚した道徳教育

――――宮里　智恵

## 1 道徳教育において家庭や地域社会，異校種等との連携を重視する意義

### (1) 子どもを取り巻く人的環境の変化と道徳性の育成

人は誕生以来，家族や親せき，地域の人びと，先生や友達など，「身近な他者」とさまざまに関わり合いながら道徳性を身につけていく。なかでも家庭や地域社会は子どもにとって人間形成の源となる場所である。しかし近年，子どもを取り巻く人的環境は大きく変化した。家庭においては核家族化や少子化が進行し，きょうだい数も減少した。また地域社会においても，異年齢の子どもが群れ遊ぶ姿はほとんどみられなくなり，地域の大人もわが子以外の子どもに関わることに消極的になった。これは子どもの道徳性の獲得を促す「身近な他者」の減少を意味する。子どもの身近にいて，その成長を見守る多様な他者が大きく減少しているのである。

### (2) 家庭や地域社会と共に子どもを育てる学校の役割

こうした状況に際し，今改めて学校と家庭や地域の人びとと連携した道徳教育への期待が高まっている。「小学校学習指導要領（平成29年告示）解説　特別の教科　道徳編」には，「道徳科の授業を公開したり，授業の実施や地域教材の開発や活用などに家庭や地域の人びと，各分野の専門家等の積極的な参加や協力を得たりするなど，家庭や地域社会との共通理解を深め，相互の連携を図ること」「特別活動等における多様な実践活動や体験活動も道徳科の授業に生かすようにすること」とある。学校は家庭や地域に道徳教育を開き，共に子どもを育てる存在として連携することの重要性が謳われているのである。

### (3) 異校種異年齢交流活動などの体験活動と道徳授業

たとえば，特別活動や総合的な学習の時間などで，異校種や異年齢の子どもを直接交流させる活動がある。滝（1999）はこうした活動について「社会性は異年齢の集団の中で育まれるものである。年上の子どもから温かくかかわってもらった体験を持つ子どもは，自分も年下の子どもに温かくかかわることができる子どもになる。学校という場所はこの異年齢の活動を創り出すことのできる場所なのである」とした。交流活動における異校種や異年齢の子どもも，子どもの道徳性を伸ばす「身近な他者」なのである。

## 2 家庭や地域社会との連携を図った授業事例【第3学年】

広島県海田町立海田南小学校の事例である。この事例の特徴は，①「自分の住む町に誇りをもち，人のために働くことのよさを感じ取って，自分にできることを進んでやっていこうとする態度を養う」をねらいとした数ヵ月にわたる道徳学習プログラム（図表25-1）を開発し，他教科等とのカリキュラム・マネジメントを行っている点，②「じまんの町にくらす　すてきな自分」というタイトルの積み上げ型のワークシート（図表25-2）を開発し，子ども自身が学習の流れを見通せる仕組みをつくっている点である。

図表25-3は教材「大通りのサクラなみ木」を用いた道徳科授業の学習指導略案である。本時に先立ち，子どもたちは社会科や総合的な学習の時間などの学習を通し自分たちの住む町の特徴を捉え始めていた。授業者は本時の授業前，子どもの実態として「（学習プログラム前半の指導を通して）直接的に助けてもらった人への感謝の気持ちは育って来ている一方，地域の方の存在に気づき，感謝の気持ちを抱いている児童は多くない」と捉えた。そこで，本時の目標を「自分の生活が間接的にもさまざまに多くの人々によって支えられていることに気づき，そうした人々を尊敬し，感謝する心情を育てる」とした。

授業前半では教材「大通りのサクラなみ木」を用い，大変な作業である大通

## 図表25－1　令和元年度１学期　第３学年　道徳学習プログラム

**じまんの町にくらす　すてきな自分**

ねらい　自分の住む町に誇りをもち，人のために働くことのよさを感じ取って，自分にできることを進んでやっていこうとする態度を養う。

**児童の意識の流れ**

① 自分の町のことについて，知らないことがあるぞ。もっと知りたいな。

② 自分の町にはいいところがたくさんあって嬉しい。みんなのために頑張っている人って素敵だ。

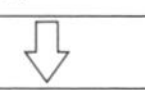

③ 自分も「やさしい人大作戦」ができるといいな。

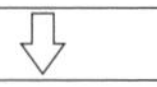

④ 自分は多くの人に支えられているんだ。有り難うございます。

⑤ お年寄りや体の不自由な方の立場に立って考えることが大事だな。

⑥ 自分の仕事を進んでできるといいな。

⑦ 私も，自分にできることを進んでやっていこう。人の役に立つのは嬉しい。

⑧ 私にできることは何かな。やってみたい！

**各教科・領域と道徳科との関連**

**① 社会科「わたしたちの町のようす」**
【社会科における道徳教育の視点】
自分たちの住む町についてその特徴を知り，町のよいところに気づく。

**② 総合的な学習の時間「地いきのすてきを見つけ隊」**
【総合的な学習の時間における道徳教育の視点】
地域の人・もの・ことについてそのよさを調査し，地域を愛し，自分を支えてくれる人々を尊敬する心情を育てる。

**③ 特別の教科　道徳「やさしい人大さくせん」**
【親切，思いやり】
困っている人の気持ちを考え，優しい思いやりの心で接しようとする態度を育てる。

**④ 特別の教科　道徳「大通りのサクラなみ木」**
【感謝】
自分の生活が，間接的にも様々に，多くの人々によって支えられていることに気付き，そうした人々を尊敬し，感謝する心情を育てる。

**⑤ 総合的な学習の時間「海田の町の福祉を知り隊」**
【総合的な学習の時間における道徳教育の視点】
車いす体験を通して，相手の立場を考えたり相手の気持ちを想像したりしようとする態度を育てる。

**⑥ 学級活動「係や当番活動を見直そう」**
【学級活動における道徳教育の視点】
自分の係や当番活動を振り返り，自分の役割を果たし，進んで仕事をしようとする態度を育てる。

**⑦ 特別の教科　道徳「やさしい人大さくせん」「ことぶき園に行ったよ」**
【勤労，公共の精神】
働くことの大切さを知り，進んでみんなのために働こうとする心情を育てる。

**⑧ 総合的な学習の時間「自分たちにできることを実践しよう」**
【総合における道徳教育の視点】
自分たちの町に住むお年寄りや体の不自由な方のために，自分たちにできることを実践しようとする意欲をもつ。

**時期**
4月
5月
6月
7月

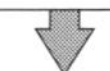

じまんの町にくらす　ぼく・わたし
できることを　すすんで　やりたい！

りのサクラの木の世話を続ける「大西さん」への尊敬の気持ちを高めた。そしてその気持ちを，授業後半の「自分たちの周りにも支えてくださっている人はいないだろうか」という関心に高め，社会科や総合的な学習の時間で出会った地域の方を想起させる流れに繋いだ。子どもたちは交通ボランティアさんなど身近に多くの地域の方がいて，自分たちを日々見守ってくださっていることに気づいていった。

図表25－2　積み上げ型ワークシート

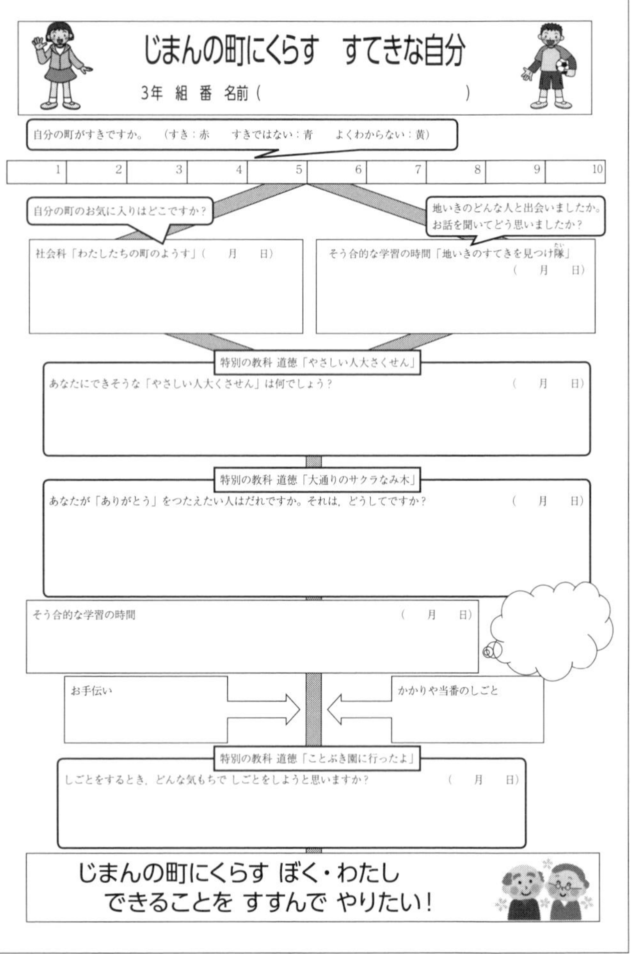

じまんの町にくらす　すてきな自分

3年　組　番　名前（　　　　　　　）

自分の町がすきですか。　（すき：赤　　すきではない：青　　よくわからない：黄）

| 1 | 2 | 3 | 4 | 5 | 6 | 7 | 8 | 9 | 10 |
|---|---|---|---|---|---|---|---|---|---|

自分の町のお気に入りはどこですか？

地いきのどんな人と出会いましたか。
お話を聞いてどう思いましたか？

社会科「わたしたちの町のようす」（　月　日）

そう合的な学習の時間「地いきのすてきを見つけ隊」（　月　日）

特別の教科 道徳「やさしい人大さくせん」
あなたにできそうな「やさしい人大くさせん」は何でしょう？（　月　日）

特別の教科 道徳「大通りのサクラなみ木」
あなたが「ありがとう」をつたえたい人はだれですか。それは，どうしてですか？（　月　日）

そう合的な学習の時間（　月　日）

お手伝い

かかりや当番のしごと

特別の教科 道徳「ことぶき園に行ったよ」
しごとをするとき，どんな気もちで しごとをしようと思いますか？（　月　日）

じまんの町にくらす ぼく・わたし
できることを すすんで やりたい！

このように，本授業を通し，子どもたちは改めて「身近な他者」である地域の方の存在を認識し，感謝の気持ちをもつに至ったのである。

図表 25－3　教材「大通りのサクラなみ木」を用いた学習指導略案

**第３学年　道徳科学習指導略案**

1　**主題名**　感謝の気持ちを持って（中学年Ｂ感謝）
2　**教材名**　「大通りのサクラなみ木」（出典：東京書籍「新しいどうとく３」）
3　**目標**　自分の生活が間接的にも，多くの人々によって支えられていることに気づき，そうした人々を尊敬し，感謝する心情を育てる。
4　**本時の展開**

| 学習活動 | 指導上の留意点 |
|---|---|
| 1　桜並木や「はなみずき通り」の写真を見て教材を読み，これから考えたいことをはっきりさせる。 | ○挿絵やカードを提示して，話の内容を捉えやすくする。 |
| 2 「大西さん」のサクラの世話に込めた思いや「ぼく」の気持ちを考える。<br>○「大西さん」はどうしてそんな大変な世話をするのだろう。 | ○「大西さん」は，大変な作業でさえも「やりがいがある」と感じていることを押さえる。 |
| 3　自分の周りにも，支えてくれる人がいるかを考え，多くの人に支えられていることに気づく。<br>◎あなたにも「大西さん」のように，自分を支えてくれている人がいますか。 | ○総合の時間で作成した「地域のお宝マップ」やゲストティーチャーの映像を流し，地域の方の支えを想起しやすくする。 |
| 4　本時の学習を振り返る。<br>○「あったかタイム」です。「心の貯金箱」に入れたいことを書きましょう。 | ○自分が多くの人に支えられていることの有難さに気づいている児童の言葉を紹介する。 |

出所）2019 年６月の校内授業研究会の学習指導案をもとに，筆者作成

## 3　異校種異年齢の子どもとの交流活動を基にした授業事例【第５学年】

広島大学附属三原小学校の事例である。同一敷地内に幼稚園があり，毎年，小学４年生と年長児がペアを組んで交流活動を行っている。ペアは園児が小学生になっても引き継がれ，小５と小１，小６と小２という３年間のペアとして，活動をする。つまり，子どもは，年長児からの３年間は年下の子どもとして，小４からの３年間は年上の子どもとしてペア活動を体験するのである。

本事例は，小５の１月の道徳授業である。現在のペア（小 1）との交流も１年半が過ぎ，改めてペアの子どもに対する気持ちを高めようと，「親切，思いやり」をテーマにした授業を行った。この事例の特徴は，① 自分たちが年下のペアだった頃の交流活動の写真や，その当時の年上のペアが書き残した「交

図表 25－4　異年齢交流活動を生かす「親切，思いやり」の学習指導略案

### 第５学年　「道徳の時間」学習指導略案

1　主題名　ペアの弟や妹とのかかわりを深めよう！　２－(2) 親切，思いやり
2　教材名　ペアの弟や妹とのかかわりを深めよう！（自作資料）
3　目標　自分たちの世話をしてくれたペアのお兄さん，お姉さんの思いを知ることを通して，今の年下のペアによりやさしくかかわろうとする態度を養う。
4　本時の展開

| 学習活動 | 指導上の留意点 |
|---|---|
| 1　自分が年下のペアとして活動した幼い頃の写真を見て，当時のことを思い出す。 | ○年下のペアとして交流していた頃の写真を提示する。 |
| 2　交流ノートをもとに，ペアの兄や姉の気持ちをつかむ。 | ○当時のペアが自分たちを大切にしてくれていたことに気づかせる。 |
| 3　ゲストティーチャーの話から，今のペアの自分たちへの思いを話し合う。 | ○現在のペアが自分たちを頼りにしていることに気づかせる。 |
| 4　本時の学習を振り返る。 | ○今後も，ペアに優しく接しようとする気持ちを高める。 |

出所）筆者もゲストティーチャーを務めた 2003 年１月の授業の学習指導案をもとに筆者作成

流ノート」，当時のペアの担任の話などを教材として活用した点，② 現在のペア（小 1）の担任をゲストティーチャーとし，小１の子どもが自分たち小５のペアに対しどのような思いでいるのかを具体的に語ってもらった点である。

図表 25－4 は本事例の学習指導略案である。授業前半では，年下のペアだった頃の交流活動の写真や年上のペアが書いていた「交流ノート」を紹介した。あるノートには，次のように当時のペアに対する思いが綴られていた。

「今日，神社にやんちゃな〇〇君を連れて行くんだけど，ちょっと心配。（中略）予想通り，〇〇君は『並んで』といっても並ばず，『先生の話を聞いて』といっても聞かず，とても困りました」

授業後半では，年上のペアとして活動する現在の自分たちに視点を移させた。小１のペアは自分たちのことをどう思っているのか――。子どもたちは自信のない表情をみせた。そこで，現在の小１の担任に登場してもらい，１年生は学校という場所が初めてで，いろいろな行事を緊張して迎えていること，そんな時，５年生がペアでいてくれることで大いに安心できていること，などを

語ってもらった。子どもたちは嬉しそうに聞き，安堵の表情を浮かべた。

子どもたちはこの授業を通し，年下だった自分が安心して学校生活を送って来られたのは年上のペアに支えられていたからであることに気づき，自分も改めてペアに優しくしてあげたいという気持ちをもつに至った。

こうした気持ちはたくさんの「身近な他者」の思いに触れたことによって引き出されていた。子どもたちは自分を取り巻く人びとの存在に改めて気づき，その思いに応えたいという気持ちを深めていったのである。

## 4 家庭や地域への道徳教育の公開・発信

学校の道徳教育を家庭や地域に開き，理解を求める取組はきわめて重要である。たとえば，以下のようなさまざまな創意ある取組の工夫が考えられる。

### ①　道徳授業を参観してもらう

道徳授業を参観し子どもたちの道徳的な考えに直接触れてもらうことは，道徳教育への理解を促す絶好の機会である。また「参観」だけでなく「参加」の取組もある。子どもと共に生き方について考える経験は，参加した大人自身が子どもの「身近な他者」であることを思い起こすことにつながるだろう。

### ②　ゲストティーチャーや手紙，ビデオ映像などで登場してもらう

また，道徳授業で子どもたちに家庭や地域の方の生の声を届けたい時，ゲストティーチャーとしてや手紙やビデオ映像などで登場してもらう方法がある。事前に授業のねらいや展開をしっかりと伝え，準備してもらう。授業後には，子どもたちがどのように受け止めたのかを伝え，丁寧な連携を心掛ける。

### ③　「道徳だより」やホームページなどで発信する

図表25－5は，広島県東広島市立入野小学校，河内小学校，河内中学校の「道徳教育推進だより」である。3校は同じ中学校区で，毎月輪番でこの通信を作成し3校の全家庭に配布し，ホームページにも掲載している。

### ④　掲示物で発信する

図表25－6は広島県東広島市立久芳小学校の掲示物である。道徳の授業が終わるたび，八つ切り大の用紙に教材や学習内容を簡潔にまとめ掲示する。教室

図表 25-5　地域にも発信する「道徳だより」

図表 25-6　道徳授業の歩みを伝える掲示物

内外に掲示することで，道徳授業の歩みを広く伝えることができる。

## 5 家庭や地域社会，異校種等との連携の充実に向けて

筆者は先年，ある保護者の方の「道徳が教科となり，道徳の教科書をみられるようになって家庭でも道徳の話をする機会が増えた。自分も道徳教育の輪の中に入れた気がする」という言葉に出会った。また，「道徳だより」を読んだ地域の方が，通学途中の子どもたちを見守りながら親しく声をかけてくださった，とのエピソードも聞いた。機会さえ設ければ家庭も地域の方も道徳教育に積極的に関わってくださることを感じ，勇気づけられる思いであった。

学校においては家庭や地域，異年齢の子どもなど，子どもを取り巻く「身近な他者」の存在に広くアンテナを張り，どのように道徳教育の輪に入ってもらうかを模索し続けることが大切である。学校，家庭，地域の三者がまなざしを共有し，軌を一にして連携することで道徳教育の可能性はさらに広がる。

**• 参考文献 •**

越智貢・広島大学附属三原学園道徳部会（2004）『かかわりを育てる道徳―幼小中一貫教育 6 年間の取り組み―』第一学習社
鈴木由美子・宮里智恵編（2019）『やさしい道徳授業のつくり方改訂版』溪水社
滝充（1999）広島大学における異年齢交流活動に関する講演会にて
二宮克美・繁多進（1995）『たくましい社会性を育てる』有斐閣選書

# 小学校道徳教育における評価の取組

# 概要　道徳教育での評価の課題に向き合う

永田　繁雄

道徳教育における評価の問題は，常に教育に携わる人たちの強い関心の的になってきた。子どもの道徳性に係る評価は人格の直接的な評価にもつながりかねず，教育の性格を歪めるのではないかとの懸念が消えなかったからである。

戦後型道徳教育の旗印として1958（昭和33）年に特設された道徳の時間が各教科とは区別された特設領域とされたのには，そのことへの配慮が強くにじんでいた。そして，2015（平成27）年の学習指導要領の一部改正によって，道徳の時間が「特別の教科　道徳」（以後「道徳科」）として，各教科とは区分された際にも同様のことがあった。道徳の内容のもつ主題としての性格の特殊性や，それに伴い数値などによる評価などは馴染まないことなどから，子どもの人格を尊重した謙虚な評価のスタンスを維持するため，「特別の教科」として，各教科とは一線を画したのである。

しかし，道徳授業が道徳科として新たなスタートが切られたとき，わが国の各学校では，評価をどうするのか，また，通知表や指導要録にどのように書けばよいのかといった不安や気がかりが渦巻いていた。そこで，文部科学省は，その課題について「道徳教育に係る評価等の在り方に関する専門家会議」を立ち上げ，2016（平成28）年７月に報告を取りまとめたのだった。

報告においては，特に道徳科の評価に関して，たとえば，① 道徳的判断力などの諸様相を観点とした分析的な捉えは妥当ではないこと，② 個々の内容項目ではなく大くくりなまとまりを踏まえた評価とすること，③ 認め，励ます個人内評価の記述式とすることなどを示した上で，重視すべき評価の視点として，以下の２点を例示した。

「一面的な見方から多面的・多角的な見方へと発展しているか」

「道徳的価値の理解を自分自身との関わりの中で深めているか」

そして，これらの全体が文部科学省の「小学校学習指導要領解説　特別の教

科　道徳編」(2017) において具体的な指針として示されたのである。

この経緯によって，道徳の評価に関わる実践や研究が大きく動き始めた。また同時に，より適切な理解に基づく評価のあり方への関心が一層強くなった。

そこで，第Ⅴ部では，道徳教育，とりわけ道徳科における評価への多面的な問題意識に立脚して，次の４つの章で構成することとなった。

第 26 章…道徳教育・道徳科の指導における評価の課題について，その歴史的な経緯をひも解いた上で，現在のあり方を考察する。

第 27 章…道徳科の指導の１時間における評価の留意事項や，その具体的な表現，保護者や子どもへの返し方などについて検討する。

第 28 章…道徳科の指導に生かす評価方法の多様な工夫について，それを盛り込んだ授業展開の事例に基づき具体的に考える。

第 29 章…特に道徳科での長期的評価や，学級全体の学習の様子の評価のあり方やその具体的な方法を整理・検討する。

このように，まず，歴史的経緯と現在の趣旨，主として１時間の指導での考え方，評価方法の工夫，さらには，その長期的な視点に立つ考えなどが検討され，全体的・連続的に深めていくことができるようになっている。

道徳教育における評価は，私たちが子ども一人ひとりの人間的な成長を見守り，よりよい生き方を求める思いや行いを受け止め，それを応援することをその趣旨の第一としている。したがって，それは，子どもとの人格的な触れ合いのなかで，共感的な理解の上に立って進めることが大切にされる。

それと同時に，評価の充実は指導の一層の改善を促すものであり，指導と評価の一体化について常に心に留めておくことも重要になる。その際，もしも評価の趣旨を取り違えたりして，価値理解を厳格に当てはめたり，教師の価値観というみえない落とし穴に誘導したりするとき，それは指導の逆効果を生むだけでなく，子どもの健全な成長に深刻な懸念を引き起こすことになりかねないことに留意しておく必要がある。

私たちは，子どものもつ成長可能性と内面的な力を信じ，肩の力を抜いた温かな評価を進めるように努めていきたいものである。

# 第26章 道徳教育における評価の諸課題

―――赤堀　博行

## 1 これまでの学習指導要領における道徳教育の評価の考え方

### (1) 1958（昭和33）年の学習指導要領

道徳の時間の新設に際して，道徳性の評価については，指導上大切とした上で，道徳の時間だけについての児童の態度や理解などを，教材における評定と同様に評定することは適当ではないとしている。そして，小学校学習指導要領道徳編には，道徳も一定の目標と計画に従って指導を行うため評価が必要であるが，教科と同様に成績の優劣を評点するのではなく，道徳は人格の全体に関わるため，その評価も人格の全体を総合的に行う必要があると述べている。

### (2) 1968（昭和43）年の学習指導要領

昭和43年の改訂では，小学校指導書道徳編に，道徳教育の評価の視点を児童の道徳性が指導の結果どれだけ高まったか，教師の指導計画や指導方法が適切であったかの２つを例示した。その上で，児童の道徳性を評価する際の留意点として，道徳の時間での理解や態度などを，各教科同様に評定してはならないとしている。また，道徳性の諸様相の評価の観点を次のように例示している。

| | |
|---|---|
| 道徳的な判断力 | 善悪についてどれだけ知的に理解しているか，自主的で正しい判断がどれだけできるようになったか |
| 道徳的心情 | 道徳的に望ましい感じ方や考え方や行為に対しての喜びや楽しみの感情がどれだけ培われたか |
| 道徳的態度 | 善を行い悪を避けようとする行動への構えが，どれだけ児童に定着してきたか |

道徳性を評価する方法として，観察，面接，質問紙，検査，作文などが例示

された。留意事項として，評価の妥当性を担保するため複数の方法で広い視野から総合的に判断すること，収集した評価資料の整理の際の必要な資料の不足や，矛盾があるときは，性急な解釈をせずに詳細な情報や資料の収集に努めること，評価の結果，道徳性に関する問題点がみつかった場合は，その原因を究明して指導や処置にあたらなければならないことを示している。

### ⑶　1977（昭和 52）年の学習指導要領

児童の道徳性は，常にその実態を把握するよう努める必要があるとして学校教育全体で行う道徳教育の評価について示した上で，道徳の時間の評価については，教科における評定と同様に行うことは適切ではないとして概ね前回の内容を踏襲している。

### ⑷　1989（平成元）年の学習指導要領

道徳教育の評価について，「常にその実態を把握し指導に生かすよう努める必要がある」とする指導と評価の一体化に言及している。また，総則の「指導の過程や成果を評価し，指導の改善を行うとともに，学習意欲の向上に生かすよう努めること」とする教育評価の基本的な考え方を基に指導計画や指導方法の評価と道徳性の評価との関連性を述べている。

### ⑸　1998（平成 10）年の学習指導要領

道徳教育及び道徳の時間の評価については，これまでの考え方と変わりはないが，道徳性の諸様相の評価では，道徳的判断力はこれまでの判断に加えて思考を把握することを，道徳的心情は道徳的に望ましい感じ方，考え方や行為に対する感情と，望ましくない感じ方，考え方や行為に対する感情を把握することとしている。道徳的実践意欲と態度は，これらが学校や家庭での生活のなかでどれだけ芽生え，また定着しつつあるかなどを把握する必要性について述べている。

評価方法では，検査法は除かれ，観察法では児童とともに活動しながら観察する方法をあげ，児童理解に生かすこととしている。面接法では，面接の心構えや技法の習得に努める必要性を述べ，質問紙法では，児童の自己評価の重要性と質問紙を児童理解の深化に多様に活用することが示されている。

### (6)　2008（平成 20）年の学習指導要領

学習指導要領の記述に変更はなく，解説の評価に関わる記述では，その意義は概ね前回を踏襲しているが，評価の基本的態度で大切なこととして，児童の自己理解を一層重視することをあげている。

評価の創意工夫と留意点では，児童の生活を知るための資料に関わる記述を削除，「道徳の時間の指導に関する評価」という節も削除して，評価の創意工夫と留意点の項で道徳の時間について触れている。

## 2　学校教育における道徳性の評価の考え方

### (1)　道徳教育の評価とは

道徳性を養うという道徳教育の目標が明示されたのは，1968（昭和 43）年の学習指導要領である。道徳性は，人間存在の根元に関わり，全人格的なものであるため，その育成には指導すべき内容や方法などについて確たる認識が必要であり，家庭，学校，社会といった具体的な生活の場で適切な指導がなされることが必要であるとしている。そして，学習指導要領における道徳性の様相は，道徳的判断力，心情，態度及び実践意欲などであるが，これらは独立した特性でなく，相互に関連しながらひとつの全体的構造をなしているものとしている。諸様相の「など」には，道徳的行為等が含まれているとされる。

道徳の時間は，児童の道徳的判断力を高め，道徳的心情を豊かにし，道徳的態度と実践意欲の向上を図るもので，道徳的行為，道徳的習慣を支える内面的資質を育成することとしている。

### (2)　道徳性の評価とは

1969（昭和 44）年の指導書では，道徳性を養う道徳教育は，本来人格の全体に関連するものであるため，その評価も人格の全体にわたって総合的に行う必要があるとしている一方で，技術的にはかなり困難であり，道徳的判断力に関わる知識はある程度客観的に測定する方法も考えられるが，道徳的心情や道徳的態度の評価は困難を伴うとしている。要は，道徳性を諸様相に区分して考えること自体が便宜的であり，道徳性を把握する際は，諸様相を相互に関連させ広い視野から評価する配慮が必要である旨が記されている。

1958（昭和 33）年度から２年間，文部省は東京学芸大学附属世田谷小学校を初等教育実験校に指定して「友人関係における道徳性の伸長を期して」として評価の研究を重ね，「小学校　道徳の評価」をまとめた。友人関係における道徳性の伸長を把握するために，友達関係における集団の位置取りをソシオメトリックテストで行っている。また，質問紙調査，道徳的判断に関する標準テスト，さらに事態反応テスト，友人関係に関わる作文や日記，教師の観察や保護者対象の質問紙など多種多様な方法で研究を重ねた。

こうした研究は，児童の友人関係に関わる道徳性を把握する上で参考にはなる。しかし，個々の内容項目について同様の評価を行うには，相当な時間と労力が必要になるし，児童の道徳性を客観的，かつ的確に把握することは容易ではない。また，上記の方法によって得られた評価のための資料を総合的に考察して，判断するのは教師であり，評価者としての力量も問われることになる。

## 3 道徳科の評価の基本的な考え方

### (1) 学習指導要領に示されている道徳科の評価

2015（平成 27）年に学習指導要領が一部改正されたが，改正前の道徳教育の評価に関わる記述は，前半に教育活動全体を通じて行う道徳教育で養う道徳性の把握を，後半は但し書きで道徳の時間の評価を述べている。これまでは，教育活動全体を通じて行う道徳教育と道徳授業を一体として捉えて道徳性を養うことから，これらを截然と分けていなかった。改訂後も，道徳科を要として道徳教育を推進する基本的な考え方は同様だが，道徳科と教育活動全体で行う道徳教育の役割を明確にするために評価に関わる事項が以下のように改められた。

> 第3章　特別の教科　道徳　第3の4
> 　児童の学習状況や道徳性に係る成長の様子を継続的に把握し，指導に生かすよう努める必要がある。ただし，数値などによる評価は行わないものとする。

　この項は第3章に示されており，すべて道徳科の授業に関わることである。これにより道徳科の評価の対象は，道徳科の授業における児童の学習状況と道徳性に係る成長の様子ということが明確にされた。わが国の学校教育では，道徳科の授業において道徳性の評価は行わないということである。研究的に道徳性の評価を追究することは問題ないが，道徳科の学習では道徳性の評価は行わないことが大原則である。

## ⑵　道徳科の評価の基本的な考え方

### ①　道徳科における評価の意義

　学習評価は学習の結果を単に値踏みすることが目的ではなく，児童が自らの成長を実感し学習意欲の向上につなげるものであり，教師が自らの指導の目標や計画，指導方法など授業改善を図るためのものでなければならない。

　また，学習評価の基本的な考え方は，一人ひとりのよい点や可能性などを多様に把握し，それらがどれだけ成長したかという視点を大切にすることである。道徳科の評価も同様であり，授業を通して把握した学習状況や道徳性に係る成長の様子を指導に生かし道徳性を養成することが肝要である。

### ②　道徳科で行う評価の対象

　道徳科で把握すべきことは児童の学習状況であり，その積み重ねが道徳性に係る成長の様子につながる。道徳科では，道徳的判断力，道徳的心情，道徳的実践意欲，道徳的態度といった諸様相からなる道徳性を養う。道徳科は教育活動全体で行う道徳教育の要として教育活動全体で行われた道徳教育を補充，深化，統合する役割がある。

　道徳性は人格の基盤であり，児童が今後出合うであろうさまざまな場面，状況において，道徳的行為を主体的に選択し，実践するための内面的な資質・能力である。道徳性は，徐々に着実に養われることで潜在的，持続的な作用を行為や人格に及ぼすもので，一朝一夕には養えない。また，よりよい生き方は決まった形があるということではなく，道徳性が養われたか否かの把握は容易ではない。また，道徳性は，児童が将来いかに人間としてよりよく生きるか，出合うであろうさまざまな問題に対してどう適切に対応するかといった個人の問題に関わるものであり，どれだけ道徳的価値を理解したかなどの基準を設定することは適当ではない。また，1時間の授業で，道徳的判断力が高まったか，道徳的心情が養われたかなどを把握することは困難である。授業は道徳性を養うために行うものではあるが，指導の結果として道徳性そのものの状態を把握するのではなく，道徳性を養うための学びの状況について把握することが今回の評価の考え方である。

道徳的な判断力，道徳的心情，道徳的実践意欲と道徳的態度のそれぞれについて分節し，学習状況を分析的に捉える観点別評価を通じて児童を見取ろうとすることは，児童の人格そのものに働きかけ，道徳性を養うことを目標とする道徳科の評価としては妥当ではないことが解説にも示されている。

### ③　学習状況や道徳性に係る成長の様子を把握することとは

#### ア　学習状況の把握とは

学習状況を把握するためには，授業者が1時間の授業で一定の道徳的価値について何をどのように考えさせるのか，明確な指導観を基に授業を構想することが重要になる。児童にとっては，何をどのように考えるのか，これが具体的な学習であり，この学習の有り様が学習状況である。そこで求められるものが，授業者の道徳科の指導と評価の考え方を明確にした指導計画である。

たとえば，授業者が児童の実態などから，友達と互いに高め合うことのよさを考えさせたい場合，授業で展開したい学習は，児童が自分事として友達同士が高め合うことのよさについて考えることであり，このことを行っているかどうかが評価の視点になる。また，授業者が節度を守って行動することは大切ではあるが，つい度を過ごしがちな人間の弱さを考えさせたいという意図であれば，児童がこのことを考えているかどうかが評価の視点になる。

授業者が評価の視点に基づき学習状況を把握することが大前提であるが，このことに加えて，たとえば，道徳科の特質である道徳的価値の理解について，読み物教材の登場人物に自我関与して道徳的価値について考えたり，対話的な学びを通して道徳的価値の理解を深めたりする状況，自己を見つめることについて現在の自分自身を振り返り自らの行動や考えを見直している状況，その上で，道徳的価値についての思いや課題を培っている状況，多面的・多角的に考えることについて道徳的価値をさまざまな側面から考察したり，関連する道徳的価値に考えを広げたりする状況を把握できたとすれば，これらの学習状況もよさとして取り上げることも重要になる。学校として道徳科の特質を損なうことなく，どのように児童の学習状況を把握し，そのよさをフィードバックしていくかは，具体的な実践を通して考えていきたいところである。

**イ　道徳性に係る成長の様子とは**

道徳性に係る成長の様子は，道徳性の成長の様子ではない。道徳性に係るとは，道徳性に関係する，あるいは関連するということであり，道徳性を養うために行う学習状況がどのように成長しているのかを把握することである。

具体的には，一人ひとりの児童が道徳的価値の理解に関してどのような成長が見られるのか，自己を見つめること，物事を多面的・多角的に考えることに関してどうか，自己の生き方についての考えを深めることに関してどのように成長が見られるのかということである。

たとえば，道徳的価値の理解について，親切は大切なことだといった観念的な理解をしていた児童が，自分自身の経験やそれに伴う感じ方，考え方を基に自分事として理解できるようになったこと，自己を見つめることについて，単に経験だけを想起していた児童が自分の経験に伴う感じ方，考え方も合わせて振り返ることができるようになったこと，物事を多面的・多角的に考えることについて，一面的な見方から多面的な見方ができるようになったこと，自己の生き方についての考えを深めることについて，道徳的価値に関わる思いや課題がやや漠然としていた児童が，現在の自分自身の自覚に基づいて考えを深めるようになったことなどを把握することが考えられる。

一時間一時間の授業を着実に積み上げ，学習状況を把握しなければ道徳性に係る成長の様子は把握できない。なお，学習状況の把握を積み上げるということは，毎時間，すべての児童の学習状況を綿密に把握することではない。現実的に年間35単位時間の授業で，すべての児童の学習状況を詳細に把握することは困難である。しかし，授業者が明確な指導観に基づいて，授業で行うべき学習を明らかにすることで，そのことが評価の視点となる。そして，その視点で児童の学習状況を見ることで顕著な発言やつぶやき，活動などを把握することができる。そのような顕著な学びの姿を学習状況として記述するのである。

しかし，顕著な姿を見とれない児童もいる。授業者が真剣に児童に向き合っているのであれば，顕著な姿がみられなかった児童を次の授業では，生き生きとした学びができるようにしたいと願うであろう。こうした考え方に基づいて指導の工夫を図ることが授業改善である。授業改善は，児童の学習状況の把握することなしにできることではない。

そして，授業改善によって前時には顕著な姿がみられなかった児童に生き生きとした学びの姿がみられたら，そのことを学習状況として記述すればよいのである。このような授業と評価を繰り返すことによって，学級のすべての児童の学習状況，言い換えれば学びのよさを把握することができるのである。こうした学習状況の把握を積み上げることが道徳性に係る成長の様子につながるのである。

**• 参考文献 •**

青木孝頼ほか（1980）『新道徳教育事典』第一法規
赤堀博行（2018）『道徳の評価で大切なこと』東洋館出版社
赤堀博行（2020）『道徳教育における評価の基本的な考え方』帝京大学大学院講義資料
古島稔・久保千里（1970）『道徳指導と評価』明治図書
文部省（1961）「初等教育実験学校報告書１・小学校道徳の評価」
※学習指導要領，指導書，解説は文中に記述

# 第27章 道徳科の指導過程における評価の在り方

――――服部　敬一

## 1 評価の目的

「特別の教科　道徳」(以下道徳科) が新設され，評価が注目されるようになった。評価の目的は，「小学校学習指導要領　特別の教科　道徳編」(以下「解説」) の107頁に示すように，道徳の時間の頃と同様「児童 (生徒) にとっては，自らの成長を実感し意欲の向上につなげていくものであり，教師にとっては，指導の目標や計画，指導方法の改善・充実に取り組むための資料となるもの」である。つまり，指導と評価は一体であり，切り離すことができない。

## 2 教育の評価と道徳性の評価

### (1) 教育の評価

梶田叡一 (2010) が示すように教育の評価の目的のひとつに「教育活動自体がどの程度に成功であったかを，子どもの姿自体の中から見てとること」がある。それは，子どもがもともともっている資質や能力を評価するのではなく，実施した教育活動の成果を明らかにすることである。そのためには，教育による子どもの成長や変容を見取ることを通して，教育そのものの成果や課題を明らかにする必要がある。その理由は，評価の目的が子どもが学習を通して自らの成長を実感し意欲を向上させることと，指導者が学習の成果や課題を見極め，今後の指導の改善・充実に生かすことだからである。

### (2) 道徳性の評価

道徳性は，人格的特性であり内面的資質であることから，それが養われたかどうかを見取ることは容易ではない。道徳性を測定するテストなどはあるにはあるが，それによって得られる結果は，あくまでも子どもの道徳性の一側面に過ぎず，健康診断の一検査項目のようなものだと考えるべきである。また，道徳性の形成は，道徳科だけでできるものでもなければ，学校の教育活動全体を通じて行う道徳教育だけでもできるものでもなく，家庭教育の成果や環境の影響，子ども自身の性質などによって総合的に行われるものである。したがって，仮に子どもの道徳性を評価することができたとしても，それは道徳科だけの成果であるということはできない。

## 3 「道徳科」の評価

### (1) 道徳科１単位時間の評価は可能か？

これは多くの人がもっている疑問である。

その理由のひとつは，道徳授業のねらいは，あくまでも期待目標や方向目標であって到達目標ではない。つまり，子どもが「うそをついたりごまかしをしたりしないで，素直に伸び伸びと生活する」方向へと向かうことを期待しているのであって，行動することを目指しているのではないというものである。また，「解説」の22頁にも「これらの内容項目は，児童自らが道徳性を養うための手掛かりとなるものである」とあるように，内容項目それ自体がねらいではない。つまり，「誠実に，明るい心で生活しようとする心情を育てる」などの（内容項目）＋（諸様相）のねらいは期待目標や方向目標であるといえる。

しかし，１単位時間のねらいが設定できなければ，その授業が指導者の期待する方向に向かって少しでも進んだのかどうかを評価することはできない。このことは，ブルーム, B.S.（1973）が次のように述べていることとも重なる。

「教育者も，短期的な目標と長期的な目標の間の関係を見失うことがある。このため，教師や校長の中には，彼らの『本当の』目標は，必ずしも明白ではない，確認できないものであって，生徒のどのような変化であるかという形では述べられないものだと主張する人もいる。また，すぐに明白でないが，ずっと後になって，学校をおえて何年もたって現れるような或る態度，価値，技能を育成するものであるという主張もなされることがある。教師によっては，自分たちにわかっているのは目標の重要性だけであり，実際に生じる成果の形や方向などを教師が予知することはできないと主張されることがあるのである。このような考え方は，時によると“教える以上のことが習得される”という決まり文句に要約される場合もある」。(p.28)

道徳科にも長期的な目標はある。しかし，授業は 1 単位時間ごとに意図をもって設計される。評価を行う上で目標が重要であることは，「解説」でも，その 107 頁に「目標に基づいて教育実践を行い，指導のねらいや内容に照らして児童（生徒）の学習状況を把握するとともに，その結果を踏まえて，学校としての取組や教師自らの指導について改善を行うサイクルが重要である」（下線は筆者）と述べられている。

理由の２つ目は，１時間程度では子どもの道徳性は高まらない。高まったとしても見取れるほどの変容はみられないというものであろう。もし，そうだとすれば，道徳科の学習を何時間すれば，子どもの道徳性が高まるのだろうか。1 時間か，10 時間か，それとも 35 時間か。1 時間では高まらないとすれば，それを 35 時間すれば高まるという保証はあるのか。

道徳科であっても，実際には 1 単位時間のねらいがあるべきだと述べた。たとえば，学習指導案に，一般的な（内容項目）+（諸様相）のねらいが書かれていたとしても，指導者には，子どもにどのような変化（こんなことが学習者のなかに形成されてほしい，深まってほしいなど）を期待するかの願いや意図があるはずである。指導者の願いや意図は，学習指導案のねらいとして明示されていなくとも，1 単位時間の真のねらいとして想定されているはずである。

### (2)　道徳科 1 単位時間の具体的なねらい

評価において道徳科 1 単位時間のねらいが重要であると述べた。次に，1 単位時間のねらいをどのように設定するかについて考える。

具体的に考えるために，教材「まどガラスと魚」を取り上げる。この教材を用いた授業の一般的なねらいは「過ちは素直に改め，正直に明るい心で生活しようとする心情を育てる」であるが，これまで述べてきたように，これは1単位時間のねらいとしては抽象的である。では，どうすればよいのか。

指導者はこの教材を用いた授業で子どもに次のような変化を期待しているであろう。

**ア　うそをついたりごまかしたりしないという気持ちを（強く）もつ。**

**イ　失敗をごまかさないで，素直にあやまろうという気持ちを（強く）もつ。**

**ウ　失敗をしても，正直にあやまれば許してもらえるから，あやまった方がよいと思う。**

**エ　失敗をごまかさずにあやまれる子がいるので自分もそうしたいと思う。**

**オ　失敗をごまかしてしまう子もいるが，自分は正直にあやまれるようになりたいと思う。**

**カ　自分の失敗をあやまれる人はかっこいいし，あこがれるから，自分もそうしたいと思う。**

**キ　失敗をごまかさずに，あやまればすっきりすることがわかる。**

**ク　失敗をごまかし続けることは，とてもつらいことだということがわかる。**

これらのなかで，どれが1単位時間のねらい（短期的目標）になるだろうか。

アとイは，学習を通して子どもたちがそのような気持ちをもったのか，強めたのかがわからない。そもそも，うそをついたり，ごまかしたりしないことが人として望ましいことぐらい子どもでも知っているだろう。したがって，「ぼくは，自分が叱られないようにうそをつくことが時々ありますが，今日の学習でやっぱりそれではいけないと思いました。これからは，失敗をした時には正直に謝りたいと思います」と言ったり，書いたりしていても，そのことが，子どもがもともとわかっていたことであるならば，この学習を通しての成長とはいえない。また，このことを子どもが涙ながらに語る姿を見ると，私たちは，つい「強く」「本当に」「心から」そのように考えているに違いないと思いがちである。しかし，その子がなぜ涙を流したのか，その涙の意味が何かを考えずに，「強く」「本当に」「心から」思ったと考えてよいものであろうか。また，仮にその時は強く思っていたとしても，感情は変わりやすいものである。その気持ちがいつまで続くかはわからない。私たちは，実生活のなかでも，過ちを犯した後に心から反省し，二度とするまいと強く決意しても，また同じような過ちを繰り返す経験を何度もしているはずである。

**ウ**は，必ずしも事実ではない。教師は，「正直に言えば叱らないから。本当のことを言いなさい」と子どもたちに言うが，子どもは，謝れば必ず許してもらえるとは考えてはいないし，実際には叱られることもある。したがって，叱られないことを根拠に，正直に謝ることがよいとはいえない。

**エ**と**オ**には，学習のなかで自分とは異なる（あるいは同じ）考え方に触れることを通して，失敗をごまかさずに謝ろうという気持ちをもつようになるだろうという願いがうかがえる。確かに，私たちは日常生活において他者の素晴らしい考えに触れて納得したり，稚拙な考えに触れて自分はそうはなりたくないと思ったりすることはある。ただし，それは意図的，計画的に起こるというよりも，むしろ偶発的に起こることであり，そのようなことがまったく起こらない可能性もある。したがって，それを授業の主たるねらいとして設定することはできない。

**カ**は，謝りに来たお姉さんに憧れや尊敬の気持ちをもつことで，自分もそうありたいと思うようになるという意図であろうが，果たしてそうなるだろうか。お姉さんが魚を盗んだわけではない，盗んだのはお姉さんのねこである。千一郎は叱られたくない，みつからないかも知れないというずるい考えから逃げたが，お姉さん自身にずるい考えはない。したがって，子どもたちはお姉さんの方が罪は軽いし，謝りやすいと考えるはずである。つまり，単純に同じ扱いはできないのである。

**キ**は，千一郎は，逃げてはいけない，正直に謝るべきだと考えながらそれができない。そして，そのことが頭から離れないので，ガラスを割った家の前を何度も通り，そのたび心の痛みを感じていた。だからお姉さんが謝りに来たことも千一郎の心に響いたと思われる。そんな千一郎が，正直に謝ることができて気持ちはどうなったかを考えさせれば，ほっとし，すっきりした気持ちを捉えさせることができる。ただし，そのためにはごまかし続けることの苦しさ，辛さ，うしろめたさをしっかりと理解させておくことが前提である。この前提が弱いと，すっきりした気持ちも弱くなる。ここで，そのすっきりした気持ちを，おじいさんに許してもらった気持ちと区別しておかなければならない。教師は，子どもたちが叱られなくてほっとした気持ちと，正直に謝ることができてほっとした気持ちを区別できにくいことを知っておく必要がある。

そうするとクが，おそらく本教材で子どもたちに気づかせるべきことだと考える。失敗をした時に，私たちの頭にまず浮かぶのは叱られたくないという考えである。そこから，ごまかそうという気持ちも起こってくる。しかし，本当は謝るべきだ，自分が被害者なら当然謝ってもらいたい，逃げるのは卑怯だという考えもある。その気持ちがあるから，ごまかしてしまった自分のことを情けなく思えたり，おじいさんに申し訳ないと思えたりするのである。そんな気持ちをもちながら，ごまかし続けることは苦しく，不安であり，時に叱られることよりも重くのしかかってくる。人間にはそういうところがある。このことを理解することは，「過ちは素直に改め，正直に明るい心で生活すること」という長期的目標にもつながる。

### (3) ねらいが決まれば授業は設計できる

以上のことから，この1単位時間のねらいを以下のように設定する。

**失敗をした時には，叱られたくないという気持ちから，うそをついたりごまかしたりしたくなる気持ちもあるが，そのようなうそやごまかしは，結局は自分を苦しめ，自分を肯定的に捉えられなくなる。それは，私たちの中に正直でありたいという気持ちがあるからだということに気づかせる。**

このねらいは，1単位時間で子どもにどのような変化や変容を期待するかが明確である。ねらいが明確になれば，どのような発問が効果的であるかを考えることができる。たとえば，次のような発問構成が考えられる。

**【発問1】 千一郎が，わざわざ遠回りをして，その家の前を何度も通ったのはなぜでしょう？**

**（補助発問） できれば忘れたいと思っているはずなのに，何度も行くなんて変**

ではないですか？

（補助発問）　千一郎にどんな気持ちがあったから，何度も行ったのでしょう？

【発問２】　その家の前を通るたびに，千一郎はどんなことを考えたのでしょう？

【発問３】　お姉さんがもってきたアジの干物の目にみつめられたように思ったのは，千一郎のなかにどんな心があるからなのでしょうか？

（補助発問）　絶対にばれない場合であれば，千一郎はそのような気持ちにはならなかったでしょうか？

（補助発問）　絶対にばれない場合であっても，千一郎の心が少しは重くなるのはどうしてでしょう。どんなことを考えて重くなるのでしょう？

## 4　子どもの学習の評価

### ⑴　子どもの学習状況を見取る視点

１単位時間のねらいが明確になれば，その時間の学習がねらいに向けて効果的に行われたかどうかを評価する視点が見えてくる。

子どもの学習状況を見取る方法はさまざまに考えられるが，「あなたはこの時間に，どんなことを学びましたか（わかりましたか）」と尋ねる方法もよい。そうすることで，子どもにねらいに迫るような気づきがあったのか，なかったのか。あるいは，子どもがもともとわかっていたことであったかを評価することができる。仮にその時間には新たな気づきのなかった子どもが，先生の期待する答えを述べようと考えても，「正直にすることがよいとわかりました」のように，子どもは自分がわかったことしか答えることはできない。

### ⑵　道徳科の評価文

道徳の学習１単位時間の評価が可能であることを述べてきたが，先生たちのもうひとつの関心は，その評価を児童（生徒）指導要録や通知票にどのように表記するかである。ここで，次の評価文例をもとに考えていく。

（文例１）　いつも正直でうそをつくところを見たことがありません。そのため

　　　　**か友達からも信頼されていて，毎日楽しく生活しています。**

**（文例２）　失敗してしまった時には必ず自分から言いに来ます。この正直さはとてもすばらしいことです。これからも続けてください。**

これら例文はどれも子どもの具体的な姿を示し，それを認め，励ます評価文であるが，残念ながら道徳科の評価としては適切ではない。なぜなら，これらの姿が道徳科の成果かどうかがわからないからである。

次に，児童（生徒）の学習状況の評価ということであれば，このような評価文はどうだろう。

**（文例３）　道徳科では自分のこととしてよく考え，進んで発表し，友達の考えとくらべたり，自分の考えに取り入れたりしていました。**

この評価文からは，道徳科の学習において，この子どもが進んで学習に取り組んでいる姿が想像できる。しかし，これは「国語科」や「社会科」など他の教科の評価文としても使えてしまう。つまり，学習においてこのような子どもを目指しているのは何も道徳科だけではないということである。

それでは，どのようにして評価文を作成するのか。そのことはすでに述べたように，その１単位時間で子どもが何を学んだか，どのような気づきや学び，成長がみられたかを毎時間蓄積しておき，それをもとに一人ひとり子どもにとって顕著な学びがあったものや，意味深いと思われるものを選び出し，それをもとに，子どもが自らの成長を実感し，意欲を向上させるような評価文を作成すればよい。

**• 参考文献 •**


文部科学省（2017）『小学校学習指導要領解説　特別の教科　道徳編』廣済堂あかつき

梶田叡一（2010）『教育評価（第２版補訂２版）』有斐閣

ブルーム，B.S. ほか著，梶田叡一・渋谷憲一・藤田恵璽訳（1973）『教育評価法ハンドブック―教科学習の形成的評価と総括的評価―』第一法規

# 第28章 道徳科の授業における多彩な評価方法の充実と授業展開

———柴田　八重子

## 1 “多彩な授業展開”と“多彩な評価方法”

道徳科で培う道徳性は，児童の人格の全体に関わるものであり，多様で数値などによる評価は適切ではない。道徳性に係るさまざまな成長が，補充・進化・統合され，道徳的価値に裏打ちされて，実感・認知できる場が道徳科の時間である。評価は，振り返りにより，人間的成長のメタ認知や実感となり，自己調整学習能力・評価能力育成に生かされ，生涯をかけた成長に繋がっていく。

道徳教育の評価は子どもと教師の協働的創造的学びを生み，総括的評価に終えず道徳教育カリキュラム評価も併せ，子どもとの関わり改善の手掛かりにする。

道徳科の評価は個人内評価かつ形成的評価である。対話を鍵に，子どもの成長の可能性を開く創造的な関わり・学びを生み出す協働空間をつくる必要がある。教師はその指導を自己評価し，子どもが“創造的に協働して生きる尊厳”を実感するよう，“多彩な授業展開”と“多彩な評価方法”を生み出そうと努める。

### (1) “創造的な学び”を生む，多彩な評価方法

評価は，「指導と一体化」が基本であり，形成的評価である。学びのフィードバックは子どものなかで続く。評価は指導の緒とし“種まき”の種である。

“種まき”について要件が２点ある。１点目，「子どもの力をどう評価するか」に止めず，「その評価を，教師側の指導計画・指導方法改善に生かす」ことが重要になること。２点目，成長する“種”は子どもであり，「子ども自身が当事者・主体者意識をどうもったか」を見取ること。子どもは教師や級友たちと協働で，真剣な自己内対話・他者との対話を往還させ，生々しく創造の緊

張感を生み「多彩で創造的学びを，当事者意識で実感」する。

### (2) “対話空間”創り

学習指導要領解説の「内容の指導に当たっての配慮事項」に，「児童が自ら道徳性を養う中で，自らを振り返って成長を実感したり，これからの課題や目標を見つけたりする……」とある。このような自己評価・学習サイクルは，それ自体が対話を必要とし，課題選択・協働学習・振り返りという3つの創造的学習が惹きおこる。「自分は今，何を学んでいるのか」「その学びは，どんな意義をもち，どこへ向かうのか」……未来のことを自他と対話し，学びを対象化・調整し，課題を次々と更新したくなる。創造的学習空間には対話が欲しい。評価論は授業論へと変わり始める。

## 2 エピソード評価・ポートフォリオ評価・パフォーマンス評価

評価には，一般的に診断的評価，総括的評価，形成的評価がある。学習者や教育者にフィードバックやガイドをする形成的評価を大切に活用したい。

### (1) エピソード評価と授業

エピソード評価は，児童が道徳性を発達させる過程で出た発言や記述をエピソード（挿話）の形で累積し，個々の成長を一本の線と見立て，35人学級なら，35本のカラフルな線とみる。その線を縦糸とし，横糸として紡ぐのが一回一回の道徳科の授業である。“授業の中心的流れやねらいに関わる本題”とは少しずれていても……その児童に意義深い学びがある時……それを評価し生かすようにしたい。「生の実相」の重み，「物語・小説」の意味の深さなど，多くの児童に「なるほど」とアクチュアリティを感じ取らせる“一般化可能な意義”があれば，協働での学びを語り合い共有させたい。また，子ども側は“生きる愉しみに繋がるエピソード”を語る・書くなどの方法で表現できるが，教師側もノート筆記のほかに「座席表」や「週案簿」への併記も手軽な工夫として用いるようにしたい。

### ⑵　ポートフォリオ評価と授業

ポートフォリオ評価は，“ねらい”に即した成果物（変化・成長）を見取り，指導に生かす。授業中の語り合いなどから“道徳性の成長や学習状況”を見取り，“生き方の意義”と“ねらい”をつなげ，指導方法の改善に生かしたい。

シートなどの評価の視点は，価値に関わる生き方が本人にどう意義深いか，「きらりと光る部分」を“子どもが生きる”ように見取り励ましにする教師力が要る。

朱入れをする際，評価の視点毎に色別の線を引き，学期末に見返すと，子どもの考え方の傾向性やよさを発見でき，エピソード評価を加えたポートフォリオ評価にしやすくなる。また子どもがシートに無記入だったり，教師側の励ましが無記入だと気づいた時，教師は自分の姿勢の内省の好機になる。

### ⑶　パフォーマンス評価と授業

この評価は，普段の子どもの姿とパフォーマンス時の姿との違いから，成長を把握し，故にパフォーマンスが生きる創造的空間があって初めて可能となる授業・評価法である。表現の技法ではなく，表現の「内実（子どもにとっての道徳的価値）」と学び表現する「主体（変化している子ども）たち」と教師の「対子ども観」が重要である。① 子どもの表現から何かを「学ぼう」とする，また ② その学びを「生かそう」とする意欲と姿勢が教師と子どもたちにあって初めて可能となる。子どもに学びつつ，パフォーマンスで誘う実践例を紹介する。

「私（教師），A君の演技みてて，『アッ大切なこと落としてた。A君，ありがと……』って気づいた。何かというとね，……誰か，いってくれる？」とここまでいえば，「アッ，僕解る，いわせて！」と教師に呼び水され，子どもたちの新しい水が噴き出す。……「うわあ，私以上に真新しい。解る？……すごく刺激的！　でも，現実だ」……子どもたちは，パフォーマンスを通して新しい生き方を体感的に学ぶ。

## 3　多彩な学習活動を生かす多様な評価

個人内評価には，評価に関わる「実現可能性」と「持続可能性」が必要である。多彩な学習活動を試みながら多様に評価を工夫したい。

### (1) 創造的空気感のある授業実践と評価

〈３年生の実践〉愛知県半田市立岩滑小学校　加藤智子教諭

主題名：「本当の友達とは」（東京書籍教材「なかよしだから」による）　友情・信頼

教材内容：「宿題の答えを教えて」と頼む友人に「なかよしだから教えられない」と拒まれる

◎ “生きてる感”満載の，協働でつくり上げる授業と評価

自信なさげなＡ君を「道徳王」にしたのは，みんなが精一杯生きている「生きてる感」満載の，協働でつくり上げた授業であった。“全員”で，真剣勝負！……子どもたちの対話は，苦渋に満ちた沈黙から，「いい，それでも。友達のために何かをしてあげたくって」……その一声を待っていたかのように，「ぼくもそれっ！」納得解のつぶて振り。痛みを承知で行う決心……パフォーマンスを生み出した。「教室は間違う所だ」を学級経営の柱に，誰もが当事者。“間違い”を乗り越える創造力には“聴き学び”“拝聴”が要る。「先生，落ちこぼれ！」を叫ぶのは教師。

対話指導は教師側の“聴き学び”の姿勢にある。子どもに感染する教師の傾聴と学びの精神。「道徳の時間だけ先生は 30 人も。友達よ！　先生は」「一番落ちこぼれが教師の私。教えて」は子どもが真剣になる魔法の言葉。

◎ 担任から聞いたＡ君の話（図表 28－1）

◎ 実践の意義…論点集中の真剣さで“価値観”を高める取組（図表 28－2）

協働の対話空間は自己調整能力を高め，「間違うから，創造しかなく，学びが真剣になる」という実感をもたせた。Ａ君の成長日は，この日だった。

１時間１点，「本当の友達とは」を考え続けた。→今興味があり放っておけない話。どうすれば……？→何とみつかったのは，方法でなく１ランク上の所。生き方として何を大切にするか……だった。Ａ君の成長が始まる。こんな話ができる，なんてすごい友達。僕，嬉しい。頑張りたい！……と。

◎ 道徳ノートは評価の宝…**メタ認知能力の育成，永いスパンの学びを保証**

図表 28－1　A 君の変容

何をするにも自信なさげのA君は覇気がなく，2年生末の頃は登校渋りも……。学級編成後の3年生，芳しい変化はない。……道徳の時間に注目される発言があり，担任から称揚もあったが，自信は感じられなかった。自己肯定感の低い子……という印象だ。この日も何も目につかない。授業後，道徳ノートを見て驚き感動した。

ノート記：ぼくは気づきました。「一人だけにいいことをするのではなく，みんなにいいことをして，本当の友達になるんだ。」ということです。これからぼくは，たくさんの友達，いや，本当の友達をつくり，自分も本当の友達になっていくつもりです。「本当の友達とは」という勉強をして，少しですが自分を好きになれました。これからは，もっと自分を好きになりたいです。

「道徳ノートの記述から“日々どの子も成長している”ことを学んだ。一学期から，「道徳大好き！」と言われ，授業と道徳ノートに心の繋がりを求めてきた。誰もが教師を超える人になる……そう思った時，誰もが生きすごい勢いで成長しているんだ。全員真剣だ……という実感がどっと湧いた。A君の変化はこの真剣さに拠る。子どもたちから学ばせてもらっている。感謝したい。

図表 28－2　論点集中の学習の流れ

**論点集中と真剣さを大切にした授業の実際（子どもの反応と授業の流れ）**

〈導入〉「友達とは」一緒にいて楽しい等（表層的）→「じゃあ，本当の友達とは」
▼ 何かある。知りたい。

〈展開〉
×教える…先生から叱られる
×教えない…級友から嫌われる
➡ ◎それでも，相手のために何かしてあげたくて…
➡ ア◉何があっても，信じたい。
イ◉助けたい。相手を困らせない。
ウ◉自分がまず，本当の友達に。
⬅ 自分のことより，友達のことを大事に思って，行動したい… 納得解

〈終末〉わ・き・お君について，話そう。書こう。（わ―解ったこと，き―気づいたこと，お―思ったこと）

終末段階で「成長実感」を発言し合いノートに書く。実際のA君の成長の契機は，**みんなで知恵絞り合った協働体験**にあった。A君は以後，「道徳王」とよばれ，道徳ノートに何頁も綴る。永いスパンの学びを保証する道徳ノートは，A君の人生の友・評価の宝である。次頁の図表 28－3 にその学習指導案を示す。

## 図表 28－3　学習指導案

1　**主題名**　本当の友達とは……？　(中学年Ｂ友情，信頼)
2　**教材名**　「なかよしだから」(出典：東京書籍『新しいどうとく３』)
3　**ねらい**　友達のことを互いによく理解し，よりよい関係を作るに要る考えや心掛けを話し合うことを通して，友達の大切さを実感し，必要な判断力・心情を育てる。
4　**指導過程**

| 過程 | 学習活動・主な発問と予想される児童の発言等 | 指導上の留意点 |
| --- | --- | --- |
| 導入 | 1　「友達」と「本当の友達」はどう違うかを課題とする。<br>友達とは，どんな人？<br>•一緒に遊ぶ人達。　•一緒にいて楽しい人達。<br>本当の友達って，どんな人？<br>•助けてくれる人。•信用できる人。 | ■「本当の友達とは」という課題を持たせ，一時間の成長を愉しみに感じられるようにする。 |
| 展開 | 2　「本当の友達」を読み，意見交流をする。<br>①　自分だったら，答えを教えますか。教えませんか。<br>〈教える〉<br>•友達だから。　•友達が困っているから。<br>•頼まれたから。　•自分も教えて欲しいから。<br>•教えないと仲が悪くなりそうだから。<br>〈教えない〉<br>•教えると友達のためにならないから。<br>•友達が自分でできると思ったから。<br>•先生に怒られるから。<br>②　本当の友達とは，どんな友達ですか。<br>•困っているとき，助けてくれる友達。<br>•相手のことを考えられる友達。 | ■中心発問①は考えを書いて発言へ<br>■「教える」「教えない」と板書で分け，理由を要点絞り違いが解るよう書く。<br>■「教える」「教えない」の根拠に，「本当の友達とは」を論じることができるよう下の補助発問を用意する。<br>補 教えないと意地悪な人ととられ，友達との仲が心配では？<br>評・多・自：自分の本音を見つめ，級友の多様な意見から学んでいたか。<br>■教材世界の「教える」「教えない」の根拠に課題「本当の友達とは」があることを納得・実感させる。 |
| 終末 | 3　導入で扱った「本当の友達とは？」と言う課題に自分なりの答えを持てた確認をし，発表・ノート書きをする。 | ■導入と比べ成長をノートに記録。<br>評・多・自：互いの成長実感を語り合い喜び合えたか。 |

5　**本時の評価**：友達のことを互いによく理解し，よりよい関係を作るに要る考えや心掛けを話し合うことを通して，友達の大切さを実感し，必要な判断力・心情を育てることができたか。(教師の指導自己評価)

■多面的・多角的な視点：多様な立場から発言する級友の言葉に耳を傾け，よりよい関係にしていく考え・心掛けについて多面的・多角的に学び取ろうとしていたか。(学習状況・道徳ノート)

■自分ごとに捉える様子，教える理由・教えない理由について，自分の弱み・本音を何とか乗り越えようとしていたか。(学習状況・道徳ノート)

### ⑵　小学校で「生き方」を語り合いたくなる授業実践と評価

〈2年生の実践〉　元：愛媛大学教育学部附属小学校

現：愛媛県鬼北町立広見中学校　小島啓明教諭

主題名：みんなの物（文部科学省教材「きいろいベンチ」による）　C規則の尊重

◎ 道徳的価値の語り直し：着眼点＝先-教材，後-エピソードの関係に着目

中心発問では率直な発言の後，さらに「なぜ，どうして」（先）と級友に理由を問い，互いに見比べ合い，自分の価値観を多面的・多角的に捉えさせ，「自分にとって，一番納得いくのはどの考えか」を問い直し，価値観の“語り直し”をし，自分事として価値理解を深めていく（**評**　自己調整能力・創造的学び）。

この後，子どもの**根拠になるエピソード**を挿入するが，「（さらに）なぜ」（後）と問い，根拠が例としてどう生きているか確かめ，価値と生活経験の繋がりを実感する。それを聴いた子どもたちも価値と生活経験とをつなげて考えていく。“語り直し”は，個別具体のアクチュアリティを大事にしながら，一般性に開いていく力を子どもにつけていける（**評**　自己調整能力・創造的学び）。

◎ 実際の授業実践と意義

先「たかし君が『はっと』したのは，なぜ」を問い，根拠を語らせた後，その後A児の日記を使い「飼い犬のことで考えると何が違うの？」と問う（図表28-4）。

ねらいとする価値と生活経験のつながりを見取り，「自分にも似たようなことはあるか」，さらに「どうして」と問う（**評**　協働での再吟味）（図表28-5）。

「たかし君の『はっと』した理由は㋐～㋕のどれに近いか」と問い，級友からの学びも語らせ終末に向かう。（**評**　ポートフォリオ&エピソード評価）（図表28-6）。

評価では，「友達から学んだ自己の生き方（ポートフォリオ評価）」を生かし，その子にとって「きらりと光る部分（エピソード評価）」を称揚している。

●●対象化する捉え返しは，振り返りができる年齢なら可能だ。「どうして」と自己分析的に捉え返し，自分と他者との対話を往還しつつ語り直しされる。

●●ポートフォリオ評価にエピソード評価も入れる工夫などは，子どもたちに「なるほど，ありうる」と了解可能な一般性・公共性のある納得を生む。

●●「どうして」と，先と後の理由・根拠を比較させ，自分の選択・判断を見つ

図表 28-4　エピソード化した出来事の根拠出し

A児：「お母さんが『犬のうんちは袋に入れること』と言った。うんちはほっとくと臭くて気持ち悪いから，リュックを背負わせて散歩している。」
T　：「その時，犬のリュックは何のため？」
A児：「『みんなが気持ちよくなるため』です。」

エピソード化した出来事を使い，その根拠を問い，例とする。

図表 28-5　協働で再吟味した内容

| | |
|---|---|
| ㋐ 次に使う人が困る。 | ㋑ みんなのものだから。 |
| ㋒ みんなのものは，大切にしたい。 | ㋓ みんなのものを誰も（が）大切に。 |
| ㋔ みんな気持ちよく。 | ㋕ その他 |

図表 28-6　ポートフォリオ＆エピソード評価

【ワークシート】：私は ㋑ にしました。なぜなら，みんなの物は大切にしないと。例えば学校なら，進級すると今まで自分の机や椅子は下級生が使います。次にこの机や椅子を使う人もきれいに使えると私もうれしいです。

め，変化・成長に気付かせることで自己調整能力や自己評価力を高められる。

## 4 未来を創造的に生きていくことと評価

多彩な評価方法の充実と授業展開の一番の基底には「子どもの“生”への“尊厳”」が横たわる。道徳科の評価の特殊性とし，重く受け止め，教師の考え方を洗うものとし“種蒔き”に努めたい。指導と評価の一体化を考え，形成的評価に重心をかけつつ自己調整学習能力育成を思う。人が今と未来を，創造的に“尊厳”をもって生きること自体が多彩である。それを喜ぶ評価でありたい。

・参考文献・


梶田叡一（2020）『教育評価を学ぶ―いま問われる「評価」の本質―』文溪堂

ジマーマン，B.-J.，シャンク，D.H. 編著，塚野州一編訳，伊藤崇達ほか訳（2006）『自己調整学習の理論』北大路書房

西野真由美・鈴木明雄・貝塚茂樹編（2017）『「考え，議論する道徳」の指導法と評価』教育出版

松下佳代（2007）『パフォーマンス評価―子どもの思考と表現を評価する―』日本標準ブックレット

# 第29章 長期的な視点に立つ評価への取組

———杉中　康平

## 1 道徳科の評価は，なぜ「長期的な視点」に立つべきなのか

### (1) 個々の内容項目ごとではなく，大くくりなまとまりで評価する必要性

道徳科の評価に対する基本的な考え方として，「小学校学習指導要領（平成29年告示）解説　特別の教科　道徳編」（以下「解説」）は，「個々の内容項目ごとではなく，大くくりなまとまりを踏まえた評価」をすることを求めている。

個々の内容項目は，子どもたちが「自己の生き方についての考えを深める」上で学ぶべき大切なものであるが，日常生活においては，ある特定の内容項目の学びからだけでなく，これまでのさまざまな内容項目の学びが複合的に関わり合いながら，よりよく生きるための実践につながっているといえる。

したがって，道徳科の評価は，毎時間の道徳科の授業で取り上げる「内容項目」のうちのどれかひとつだけを取り出して，子どもがどんな学びをしたかを詳細に分析して把握することよりも，ある一定期間の子どもの学習状況や道徳性に係る成長の様子を，継続的，俯瞰的に把握しながら，子どもたちにフィードバックすることが必要なのである。

### (2) 1単位時間ではなく，一定のまとまりのなかで評価する必要性

また，「解説」は，「道徳科の学習状況の評価に当たっては，道徳科の学習活動に着目し，年間や学期といった一定のまとまりのなかで，児童の学習状況や道徳性に係る成長の様子を把握する必要がある」と示している。これは，道徳科の評価は，「継続的に」しかも，「長期的な視点に立って」行うべきであることを意味している。

そもそも，毎時間，40 人近い子どもの一人ひとりの学習状況の詳細を，一人の学級担任が把握するということは容易ではない。また，毎時間の道徳科の授業において，その都度，子どもがどのような学びをしたかを詳細に分析して把握したとしても，子どもの顕著な成長が見て取れるとは限らない。道徳科の指導は，道徳性の性格上，1 単位時間の指導だけで，その成長を見取ることが困難であるためである。

## 2 「長期的な視点」に立つ道徳科の評価をどのように進めていくべきなのか

### (1) 何を評価するのか

#### ① 「道徳性」そのものではなく，「道徳性に係る成長の様子」を評価する

道徳科は，内面的資質である道徳性を養うことを目標に行われるものである。しかし，それは，徐々に，着実に養われることによって，潜在的・持続的な作用を行為や人格に及ぼすものであり，一朝一夕に養われるものではない。また，「よりよい生き方」とは，人それぞれであり，あるひとつの理想型に当てはめて，「養われた」と言い切ることなどできないものでもある。つまり，道徳性が養われたか否かは，容易に判断できるものではないということである。

道徳科で養う道徳性は，子どもが将来いかに人間としてよりよく生きるか，いかに諸問題に適切に対応するかといった個人の問題に関わるものである。このことから，小学校段階でどれだけ道徳的価値を理解したかや子どもの「価値観」そのものを問うなどの基準を設定することはふさわしくない。また，1 時間の授業で，子どもの道徳性が養われたかどうか，具体的には道徳的な諸様相としての「道徳的判断力」や「道徳的心情」の一つ一つが育ったかどうかを見取ることは困難である。

そこで，道徳科の授業では，道徳性を養うために行う，指導の結果としての子どもの道徳性そのものを評価するのではなく，道徳性を養うための「学習の状況や成長の様子」を評価の対象にすることを求められているのである。

#### ②　「道徳性に係る成長の様子」はどのように見取るか？

「道徳性に係る成長の様子」とは，「道徳性の成長」そのものではない。「道徳性に係る」とは，道徳性に「関係する」とか「関連する」ということを指している。つまり，前述した「学習状況」（＝道徳性を養うために行った学習の様子）が，どのような様子かなどを見取るということであり，結果として子どもの「道徳性」そのものの変容を評価するのではないのである。

特に，以下の２点について，子ども一人ひとりのよさをしっかりと見取り，評価する必要がある。その際，子どもの学びの「不十分さ」を指摘したり，批判したりするのではなく，一人ひとりの良さに注目し，それを励まし，伸ばしていくといった姿勢が必要である。

| i）一面的な見方から多面的・多角的な見方へと発展させているかの評価<br>ii）道徳的価値の理解を自分自身との関わりのなかで深めているかの評価 |
|---|

### ⑵　何によって評価するのか

実際に評価する際には，普段の学校生活の様子からではなく，あくまで，道徳科の授業のなかでの子ども一人ひとりの取組の様子や発言，道徳ノートやワークシートの記述などの積み重ねを通して，その学習状況や道徳性に係る成長の様子を見取り，評価していくことが求められる。

### ⑶　どのように評価するのか

わずか１時間の道徳科の授業における子どもの姿だけで判断するのではなく，学期ごとや１年間といった，一定の期間に継続的に観察した子どもの成長の姿として，評価していく必要がある。

その際には，以下の２つの「評価」が必要である。

#### ①　横断的評価（発言や記述のよさが発揮された時の様子を評価する）

たとえば，一学期に道徳科の授業が，12回行われたとして，そのすべての時間において，授業中の発言や道徳ノートなどの記述に，その子どものよさが発揮されるとは，限らない。

図表 29 - 1　横断的評価

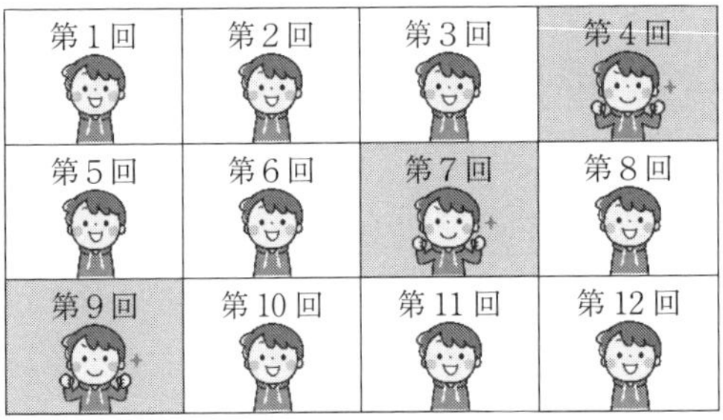

| 第１回 | 第２回 | 第３回 | 第４回 |
|---|---|---|---|
| 第５回 | 第６回 | 第７回 | 第８回 |
| 第９回 | 第10回 | 第11回 | 第12回 |

その子どものよさが顕著に発揮された時の様子をしっかりと見取り，具体的に評価することが大切である。

**②　縦断的評価（発言や記述などを時系列に並べて進歩の状況を評価する）**

道徳科における学習状況や道徳性に係る成長の様子を評価する際には，授業中の発言や道徳ノートなどの記述を，時系列に並べ，その進歩の状況を評価することも大切である。その際には，他の子どもと比較するのではなく，その子どもの昨日より今日の，今日よりも明日の，よりよい成長を見守るという姿勢が大切である。

### ⑷　配慮すべき子どもに対する評価のあり方

学級には，さまざまな子どもがいる。それぞれのよさを認め，励ますためには，それぞれの子どもに寄り添った評価をしていく必要がある。具体的に例をあげるとすれば，以下のような子どもの場合が考えられる。

**①　発言したり，文章化したりすることが苦手な子どもの場合**

このような子どもの場合は，教師や他の子どもの発言に聞き入ったり，考えを深めようとしたりしている姿に着目するなど，発言や記述ではない形で表出する子どもの姿にも着目する必要がある（「ターゲット評価」参照）。

**②　感想文や質問紙に感想をそのまま書くだけの子どもの場合**

このような場合は，年間や学期を通じて，道徳ノートやワークシートなどに，読み物教材の登場人物に共感したり，自分なりの考えを深めた内容を書けたりしている箇所に対して，励ましや勇気づけの文言を書くことによって，そのよさを伝えることが大切である。

**③　発達障害などのある子どもや日本語習得に困難のある子どもの場合**

さまざまな困難を抱えている子どもに対しては，その困難さの状態をしっかりと把握した上で，配慮を伴った指導を行った結果としての評価が必要である。

## 3 長期的な視点に立つ評価への取組の実際（その１）「期末の振り返り」

私たち教師は，毎回，授業の「振り返り」を子どもたちに書かせ，それを「蓄積」にすることによって，長期的な視点に立った「評価」を可能にしているが，子どもにとっても，この「ポートフォリオ」を活用すれば，自らの成長を確認することが可能になる。

この実践は，長期的な視点に立つ評価を教師だけが行うのではなく，子ども自身も，自らの学習状況や成長の様子を大くくりに振り返り，自らのよさを実感するための振り返りを，計画的に実施するというものである。

### ⑴　子ども自身による期末の振り返りを行う上でのポイント

#### ①　印象に残った授業とその理由を書く

毎学期末に，その学期に学んだ教材を見返すとともに，子どもは，自分が書いた毎回の授業の振り返りや感想，それに対する教師のコメントを見返しながら，自分が心に残った授業（教材名も）とその理由を書く。

これは，子ども自身が自らの学びを，長期的に確認できるだけでなく，教師が大くくりに振り返る際に，子どもがこの欄であげた授業の感想やワークシートを見返すことで，道徳性に係る成長や，成長につながる道徳的価値の自覚を深めた様子を見取ることができることにも，活用できる。

#### ②　自分の感想を読み返して，４つの視点に基づき，記号付きで抜き出す

子どもが自分自身の道徳性に係る成長を実感しやすくなるように，ただ過去の感想や教材を振り返って思い出すだけではなく，振り返りの視点として次の４点を示すものとする。

| | |
|---|---|
| ○あらためて深く考えたところ | ☆新しい考えや発見があったところ |
| ◇友人の意見で考えさせられたところ | ※これから頑張りたいと思ったところ |

### ③　自分の成長を感じたことを書く

「自分の成長を感じたこと」という明確な視点を与えて学習状況の変遷を振り返ることは，過去の授業の時点での考えを振り返るだけにとどまらない。その時点での自己の道徳性や，考え方，感じ方，物事の捉え方など道徳性に係る内面について振り返っていることにもなる。この③の活動があることによって，振り返りを子ども自身が大くくりに総括することができ，自らの成長を実感しやすくなる。

### ⑵　デジタル機器を活用した期末の振り返りシートによる実践例

図表 29－2　タブレット上に表示した感想

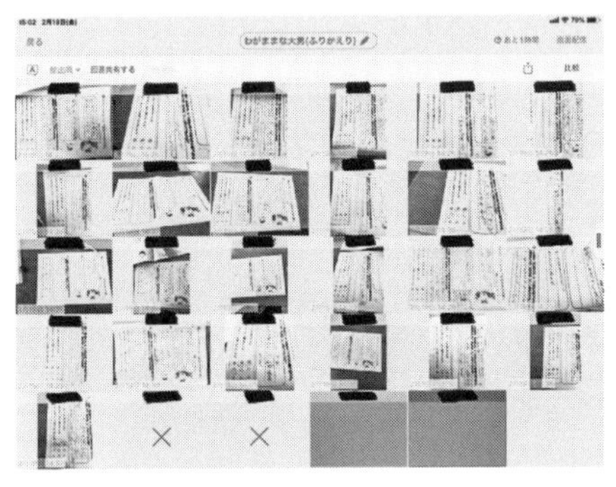

子どもが一人１台タブレット PC を所持する時代がもう目の前に来ている。小学生は，まだキーボードを使って「振り返り」を打ち込むことはできないとしても，ワークシートに書いた毎回の「感想」や「振り返り」を写真に撮り，タブレット上の「提出箱」に提出すれば，「ポートフォリオ」として蓄積できる。

さらに，編集すれば，１学期間に実施した授業の，すべての感想や振り返りをタブレット上に表示することも可能である。

また，管理者である教師の工夫次第では，クラス全員の感想を各自のタブレット上に映し出すことも可能である。

## 4　長期的な視点に立つ評価への取組の実際（その２）「ターゲット評価」

言語活動が苦手な子どもは，なかなか自分の考えや思いをうまく表現できない場合が多い。その場合には，「言語表現」以外で自分の思いを表出していると思われる点を積極的に見取る必要がある。ここでは，札幌市立北野台中学校の磯部一雄教諭の実践を紹介したい。実践者は中学校教師ではあるが，実際に，札幌市内のいくつかの小学校においても，実践されているものである。

### (1) 「ターゲット評価」を行う上での留意点

この実践には，以下の①～④の実践上の留意点がある。

#### ①　観察ポイントを絞る

「うなずき」「笑顔」「真剣」「悩む」「よく聞く」などを評価項目とする。これらは，言語活動が苦手な子どもであっても表出しやすい部分であり，授業者が判断しやすい部分でもある。

#### ②　対象児童を絞る

年間指導計画に沿って授業を進めるなかで，言語活動が苦手な子どもが，ターゲット評価の対象となって浮かび上がってくる。1回の授業で，3，4人。多くても，5，6人の子どもをターゲット対象として，事前に選んでおく。

授業本番に，特に顕著な「動き」をした子どもについては，事前にターゲット対象として選んでいなくても，「観察対象」に付け加えてもよい。

#### ③　評価回数を可能な限り多く設け，継続して記録を残す

授業の雰囲気，子どもの精神状態によって，対象となる子どもの学習状況も変化してしまう場合がある。継続的に記録を残すことで，学習状況のみならず，道徳性に係る成長についても把握が可能になる。

#### ④　タブレットを活用することで，負担を軽減する。

授業者は，授業中，対象となる子どもの学習状況を把握することだけに意識を集中させることは難しい。可能であれば，計画的に複数の評価者を配置することが望ましい。しかし，小学校では副担任などが配置されていないことの方が多く，複数配置は難しいかもしれない。

そこで，タブレットPCを活用することをお勧めしたい。タブレットPCを活用すれば，担任は，授業しながら簡単に記録を残すことも可能となる。この「ターゲット評価」は，いよいよ，令和3年度から本格化する「GIGAスクール構想」の実現に対応した実践ともいえるのである。

### (2) ターゲット評価の実践例

図表29－3は，ある道徳科授業1回分のターゲット評価記録の一例である。

この授業では，A・B・C・D・Eという5人の子どもを対象に，担任は「うなずき」「笑顔」「真剣」「悩む」「よく聞く」という態度や表情を確認したら，その都度，チェックを入れる。タブレットPCを活用すれば，画面に指を触れるだけで，手軽に記録を残すことができる。

図表29－4は，ある子どもが授業中に表出した表情を長期にわたって記録したものである。この子どもは意欲的に授業に参加しているが，めったに意見を発表することはなく，感想文も2行程度しか書くことができない。表の☆マークはこの子どものよさが表出していると思われる部分を2～3個を限度に記録するようにしている。

図表29－3　ターゲット評価（一回分）

| 児童 | うなずき | 笑顔 | 真剣 | 悩む | よく聞く |
|---|---|---|---|---|---|
| A | | | | ☆ | |
| B | | | | | ☆ |
| C | | | | | ☆ |
| D | | ☆ | | ☆ | |
| E | | | ☆ | | |

図表29－4　ターゲット評価（長期）

| 授業 | うなずき | 笑顔 | 真剣 | 悩む | よく聞く |
|---|---|---|---|---|---|
| 1 | | ☆ | ☆ | | ☆ |
| 2 | | | ☆ | | |
| 3 | | | | | ☆ |
| 4 | | | ☆ | ☆ | ☆ |
| 5 | | ☆ | | | ☆ |

**• 参考文献 •**

赤堀博行（2018）『道徳の評価で大切なこと』東洋館出版社

赤堀博行編（2020）『実例でよくわかる中学校「道徳科」評価と通知表記入』教育開発研究所

磯部一雄・杉中康平・近野秀樹（2019）「児童生徒のよさを見取り，生かす道徳科授業のあり方～「動き」のある授業・ターゲット評価・期末の振り返りで，自己評価力を育てる～」日本道徳科教育学会『道徳科教育』第2号

永田繁雄編（2017）『「道徳科」評価の考え方・進め方』教育開発研究所

# おわりに

浅見　哲也

1958（昭和33）年9月の道徳の時間の特設以来60年の年月を経て，2018（平成30）年4月に小学校で道徳科が始まった。翌年5月1日には元号が令和に改まり新しい時代に突入した。時代が急激に変化するなかで，私たちはどのような道徳教育を展開し，道徳科の授業を目指していくべきなのか。

よく物事を見るときに「虫の目，鳥の目，魚の目」で例えられる。虫のような小さな目で物事の状況を細かなところまで見る。また，鳥のように上空から俯瞰して物事の全体像を見る。さらに，魚のように泳ぎながら時代の流れを読む。これらはどれも物事をしっかりと捉えるための大切な目であり，授業，教育活動，子どもの発達や社会の変化などを視点を変えながら捉え，道徳教育を実践していくことが大切である。

さて，時は遡り，1996（平成8）年7月19日，「21世紀を展望した我が国の教育の在り方について」の中央教育審議会第一次答申の第1部(3)「今後における教育の在り方の基本的な方向」において次のようなことが示された。

教育においては，どんなに社会が変化しようとも，「時代を超えて変わらない価値のあるもの」（不易）がある。

豊かな人間性，正義感や公正さを重んじる心，自らを律しつつ，他人と協調し，他人を思いやる心，人権を尊重する心，自然を愛する心など，こうしたものを子供たちに培うことは，いつの時代，どこの国の教育においても大切にされなければならないことである。

また，それぞれの国の教育において，子供たちにその国の言語，その国の歴史や伝統，文化などを学ばせ，これらを大切にする心をはぐくむことも，また時代を超えて大切にされなければならない。我が国においては，次代を担う子供たちに，美しい日本語をしっかりと身に付けさせること，我が国が形成されてきた歴史，我が国の先達が残してくれた芸術，文学，民話，伝承などを学ぶこと，そして，これらを大切にする心を培うとともに，現代に生かしていくことができるようにすることも，我々に課された重要な課題である。

我々はこれからの教育において，子供たち一人一人が，伸び伸びと自らの個性

> を存分に発揮しながら，こうした「時代を超えて変わらない価値のあるもの」をしっかりと身に付けていってほしいと考える。
>
> しかし，また，教育は，同時に社会の変化に無関心であってはならない。「時代の変化とともに変えていく必要があるもの」（流行）に柔軟に対応していくこともまた，教育に課せられた課題である。
>
> —中略—
>
> このように，我々は，教育における「不易」と「流行」を十分に見極めつつ，子供たちの教育を進めていく必要があると考えるが，このことは，これからの時代を拓いていく人材の育成という視点から重要だというだけでなく，子供たちが，それぞれ将来，自己実現を図りながら，変化の激しいこれからの社会を生きていくために必要な資質や能力を身に付けていくという視点からも重要だと考える。

この「不易と流行」という教育の理念は今も変わるものではない。道徳教育にも，これまでの歴史のなかで築き上げてきた基礎・基本，すなわち「時代を超えて変わらない価値あるもの」と，時代の要請，社会の変化に主体的に対応できる能力，すなわち「時代の変化とともに変えていく必要があるもの」があり，これらの理念はこれからの道徳教育の発展にも欠かせないことである。

こうして考えると，道徳教育の大きな転換期に，子どもたちが道徳性の著しい発達を迎える幼児期から児童期までの道徳教育について，本全集第３巻としてまとめることができたことは大変意義のあることである。改めて，ご協力いただいた本会会員の皆様に御礼を申し上げる。

# 人　名　索　引



# 事　項　索　引

＊道徳，道徳教育，道徳性，学習指導要領など頻出する事項は省略した。
なお，「　」付きの用語は論述に取り上げられた道徳教材名である。

## 【か行】



## 【さ行】

**【た行】**

【な行】



【は行】



【ま行】



【や行】



【ら行】



【わ行】

新道徳教育全集　第３巻　幼稚園，小学校における新しい道徳教育

2021年６月30日　第１版第１刷発行　〈検印省略〉

編著者　日本道徳教育学会全集編集委員会
永田繁雄
浅見哲也
大庭茂美
柴田八重子

発行者　田中千津子

発行所　株式会社　学文社

郵便番号　153-0064　東京都目黒区下目黒3-6-1
電話（03）3715-1501（代表）振替　00130-9-98842

乱丁・落丁本は，本社にてお取替え致します。印刷／株式会社亨有堂印刷所
定価は，カバーに表示してあります。

ISBN978-4-7620-3088-8

本全集の刊行にあたっては，公益財団法人上廣倫理財団からの助成を受けています。